张履谦

张履谦，1926年生，湖南长沙人，1951年毕业于清华大学电机工程系（电信组），雷达与空间电子技术专家，中国工程院院士。

张履谦1948年在北平加入中国共产党，并调至北平市军管会参加接管石景山钢铁厂工作；1951年参加中国人民解放军，在军委通信部雷达处任技术员、组长；1956年在总参通信兵部电信技术研究所任研究室主任；1957年调入国防部第五研究院二分院，任研究室主任、研究设计部副主任；1965年转业，任第七机械工业部二院23所副所长；1979年任七机部地球同步通信卫星测控工程总设计师；1985年后任航天工业部、航空航天部、中国航天工业总公司科技委常委，中国航天科技集团公司、中国航天科工集团公司科技委顾问，为国内多所大学兼职教授与博士生导师。

贺信

尊敬的张履谦院士：

新春伊始，迎来了您八十华诞，在此，我谨代表中国工程院，并以我个人的名义，向您致以最衷心的祝贺。

您是我国著名的雷达与电子技术专家，早在抗美援朝期间，就解决了部队雷达抗干扰问题，为我国电子对抗事业做了开创性工作。您参加我国航天事业创建，主持研制我国第一代防空导弹制导雷达并装备了部队。您主持研制微波统一测控系统，实现了我国第一颗同步通信卫星的发射和定点。您参与我国通信、气象、导航、遥感等应用卫星的研制和载人航天及探月工程，为航天事业的发展作出了重大贡献。

几十年来，您始终工作在航天工程科技第一线，您严谨的科学态度，孜孜不倦的学习精神，无私奉献的高尚品德，受到广大同仁的尊敬和爱戴。

今天，您仍以充沛的精力为国奋斗。衷心祝愿您健康、长寿。伫望为国珍摄！

全国政协副主席
中国工程院院长 徐匡迪
二〇〇六年三月一日

全国政协副主席、中国工程院院长徐匡迪致张履谦80岁生日的贺信

2011年4月24日，庆祝清华大学建校100周年大会在北京人民大会堂隆重举行。党和国家领导人胡锦涛、吴邦国、温家宝、贾庆林、习近平、李克强接见部分出席大会代表（二排左二为张履谦）

1963年，刘少奇主席在人民大会堂接见全军先进人物代表（左二为张履谦）

1986年，聂荣臻、张爱萍、钱学森等领导接见航天科技专家（二排左四为张履谦）

1992年，李鹏总理在西昌卫星发射中心接见参与卫星发射的航空航天工业部领导和专家（前排右三为张履谦）

2007年，中央军委领导接见全军信息化咨询专家（二排左三为张履谦）

1984年，张履谦（右二）到基层查看试验数据

2000年1月24日，张履谦（右一）在海南文昌考察拟建的海南航天发射场

老同学相聚（右一为朱镕基）

2008年9月，张履谦（左一）在酒泉卫星发射中心神舟七号飞船发射现场与马兴瑞（右一）、庄逢甘（中）合影

2007年，张履谦和夫人力伯畏参观海南文昌宋庆龄故居

老骥伏枥

志在千里

天穹记忆系列丛书

挑战蓝天

——雷达与空间电子技术专家 张履谦

钟韧 编著

中国宇航出版社

·北京·

图书在版编目(CIP)数据

挑战蓝天：雷达与空间电子技术专家张履谦 / 钟轫编著. -- 北京：中国宇航出版社，2011.10

ISBN 978-7-5159-0048-3

Ⅰ. ①挑… Ⅱ. ①钟… Ⅲ. ①张履谦-生平事迹 Ⅳ. ①K826.16

中国版本图书馆 CIP 数据核字(2011)第 199348 号

策划编辑 石　磊　　**责任校对** 王　妍
责任编辑 黄　莘　　**装帧设计** 03 工舍

出版发行 中国宇航出版社

社　址 北京市阜成路 8 号　**邮　编** 100830
(010)68768548

网　址 www.caphbook.com

经　销 新华书店

发行部 (010)68371900　(010)88530478(传真)
(010)68768541　(010)68767294(传真)

零售店 读者服务部　北京宇航文苑
(010)68371105　(010)62529336

承　印 三河市君旺印装厂

版　次 2011 年 10 月第 1 版
2011 年 10 月第 1 次印刷

规　格 787×1092

开　本 1/16

印　张 16.5　**彩　插** 8 面

字　数 288 千字

书　号 ISBN 978-7-5159-0048-3

定　价 49.00 元

本书如有印装质量问题，可与发行部联系调换

前言

张履谦是我国著名的雷达与空间电子技术专家，中国工程院院士，1926年3月生于湖南长沙，1948年加入中国共产党。1951年毕业于清华大学电机工程系（电信专业），毕业后分配到军委通信部工作，同年8月参加中国人民解放军，先后在军委通信部雷达处、技术处、电信技术研究所任技术员、工程组长、研究室主任。1955年被授予上尉军衔。1957年调到国防部五院二分院雷达设计部，先后任雷达收发设备和总体研究室主任、雷达设计部副主任。1965年随国防部五院（时为中校军衔）转业至第七机械工业部二院23所，任副所长。1979年调七机部450工程办公室，任主任兼工程总设计师。1985年后历任航天工业部、航空航天工业部、航天工业总公司科技委常委、顾问。1999年后任中国航天科技集团公司、中国航天科工集团公司科技委顾问。他还担任过总装备部，国防科工委，总参二、三、四部，空军，国防科工局，国家气象局等单位的技术咨询专家或顾问，哈尔滨工业大学、国防科技大学、北京航空航天大学、空军工程大学、西安电子科技大学等单位的兼职教授、博士生导师，中科院电子所微波成像国家重点实验室、中国空间技术研究院西安分院微波技术国家重点实验室学术委员会主任，国防科工委军工计量标准化委员会主任，《宇航学报》副主编，中国宇航学会、中国电子学会理事，美国航空与航天学会(AIAA)高级会员和外籍院士。

张履谦在抗美援朝战争期间，从事雷达及其抗干扰技术工作，提出同步捷变跳频和加装抗干扰电路等措施，为部队解决了雷达抗干扰问题；领导整修和研制了从超短波至微波频段的侦察接收机与干扰机三十余台(套)，为部队雷达抗干扰训练和科研提供了成套设备；参加了1956年国务院编制我国十二年中长期科学技术发展规则。他是我国最早成立的雷达干扰与抗干扰组织的学术带头人，为我国电子对抗事业做了开创性工作。

张履谦主持研制我国第一代防空导弹制导雷达，成为我防空部队的主战装备，并参加其抗干扰工作，多次击落美国U—2高空侦察飞机。

张履谦领导研制一种C频段单脉冲导弹精密跟踪雷达和一种超远程卫星跟踪引导雷达，其性能均达到当时技术先进水平；组织进行反导系统雷达总体设计，突破相控阵雷达的天线设计、收发组件、移相器和波束控制等关键技术，为先进的空间目标跟踪相控阵雷达的研制，打下良好基础；参与合成孔径雷达的方案设计，成功地应用于我国第一代微波遥感卫星。

张履谦主持研制了微波统一测控设备，采用多个副载波、多种体制调制及伪码与侧音测距、多普勒测速、单脉冲测角的一体化雷达工作体制，成功地用于我国第一颗地球同步通信卫星工程中，实现了对三万六千公里卫星发射的实时控制和准确定点。张履谦在科技委工作期间，分工有关空间电子学专业方面的工作，担负起航天事业的“谋划未来发展”、“型号研制保成功”的重任。他参加了我国发展载人航天、空间站“嫦娥”探月工程的研制，对测控系统提出了适合我国国情的思路，参加测控系统的测控站、应答机、交会对接等关键设备的技术攻关工作。如今，他仍在为发展我国下一步的航天工程和新一代武器装备，作战略性、前沿性的探索研究。他参加了我国多种军用、民用卫星研制中的有关方案制定、技术攻关、故障归零等工作，穿梭于研制厂所和发射基地之间，呕心沥血，辛勤工作。为加快我国航天技术发展，撰写了提高我国应用卫星研制水平的研究报告，被国防科工委采纳和组织实施。他多次参加国际学术活动，出访美、英、法、意、日本等国空间技术研制单位，促进了我国空间技术国际合作和发展。

张履谦学风严谨，作风正派，学习刻苦，工作踏实，平易待人，意志坚强，为了祖国的富强，以自强不息的精神，实时掌握机遇，迎难而上，勇于挑战人生，不停地在工作岗位上战斗，为我国电子对抗、雷达技术与航天事业的开创与发展，作出了重大贡献。20 世纪 60 年代，张履谦是我国国防科研系统学习的标兵，聂荣臻同志赞誉他是“国防科研战线上优秀技术指挥员的代表”，总政治部编写了宣传张履谦事迹的小册子，号召全体国防科研战线上的人员向他学习。他是我国第一批国家有突出贡献的中青年专家，荣立一、二等功多次，他的科研成果获国家科技进步特等奖、一等奖和何梁何利基金科学与技术进步奖，以及工业与信息化部、国家人力资源和社会保障部、总装备部颁发的“中国载人航天工程突出贡献者”奖章。中国工程院院长徐匡迪同志给他 80 岁生日的贺信中赞誉他“为航天事业作出重大贡献”。张履谦在 84 岁高龄还激励自己不断攀登新的高峰，书写了一幅“大江东去奔腾急，黄昏日照争朝夕”的诗句勉励自己。

几十年来，张履谦取得了辉煌的成绩，获得了许多殊荣，但他从不居功自傲。他为人谦和，淡泊名利，为中国航天事业拼搏奋斗，无私奉献。张履谦为人治学、搞科研、做工程的成人之道、成才之路，既是他人生观和价值观的真实写照，又是老一代航天人为国争光，勇于拼搏的具体体现。老科学家、老院士、老专家是我们国家宝贵的财富，他们的严谨认真、锐意创新、实事求是、顾全大局、勇担重任的科学精神和处事风范，影响和培养了一大批优秀的航天工程技术人员，也激励着更多的科技工作者奋发有为。

希望读者能从本书得到更多的启迪和帮助。

目录

第一章　人在少年　树立远志

1　苦难年代，走出纯真少年

至张履谦父亲一辈，张家依靠祖传的几亩薄地，仅能勉强维持一家七八口人的生计，日子过得十分艰难。“糙米饭拌辣椒”，成了张履谦对童年生活的恒久记忆。

绕郭青山一座佳，登高满袖贮烟霞。

湖南长沙，地处江南，有湘江贯穿，又有洞庭湖泊哺育，自古是一座风景秀丽之城。

长沙史上又称“星城”，得名于长沙星。而星宿之所在，对应于凡间，则必是伏凤卧龙之地。长沙因星宿而名，能人异士辈出，“惟楚有材，于斯为盛”，自古已然。

1926 年 3 月 1 日（农历丙寅年正月 17 日），张履谦出生于湘湖大地长沙东乡一个名叫蛇山嘴的小村庄里。村子靠近浏阳县永安镇，位于蛇山之嘴，背靠山腰一片葱郁的竹林。在朝向开阔的田野边，住着他和伯父两家人。

20 世纪二三十年代的旧中国，外受列强欺凌侵略，内遭军阀割据混战，政治腐败，工业和科技十分落后，即便是历来富庶的两湖鱼米之乡，人民生活也极为贫困。

至张履谦父亲一辈，张家依靠祖传的几亩薄地，仅能勉强维持一家七八口人的生计，即使偶尔碰上好收成，也得勒紧裤带，日子过得十分艰难。糙米是张家当时的主要食物。“糙米饭拌辣椒”，成了张履谦对童年生活的恒久记忆。

1945 年　1951 年　1955 年　1956 年　1964 年

1970 年　1980 年　1990 年　2004 年　2006 年　2009 年

张履谦在各个历史时期的照片

张履谦的父亲名叫张子尧，出生于农村，天生有腿疾，后腰脊骨断裂，做农活始终不便。为了谋生，父亲很小就到长沙城一家帽店当学徒。

身为学徒的父亲，早上要比别人起得早，在店开张前将待出售的货物从楼上堆放处取下来，在楼下货架上摆放整齐，到了晚上等店铺打烊后，再把柜台上的货物全部搬到楼上存放，腾出的柜台用来搭铺睡觉。衣帽店里上下楼的工具是用两根竹子做的简易竹梯，竹子质软，人爬上去时总是摇摇晃晃。父亲因腿有病，上下楼十分不便，爬竹梯时一不小心就会摔下来。

虽然在帽店的学徒生活异常辛苦，但这并没有影响父亲想要学好一门本事的决心。当学徒期间，父亲不畏腿疾，工作勤勤恳恳，刻苦认真，凭借一股韧劲，学有所成，赢得了众人的赞誉。

后来，父亲辗转去学医，他发誓要学一门更实用的本领，有所出息。

学医机会来之不易，父亲非常珍惜。平日里，父亲细心学习，仔细观察师傅治病救人全过程，认真钻研师傅望闻问切、对症下药的技艺。每遇到一个病人，父亲都会细细询问病情，对病人殷勤照料，一心想把病人尽早治好。父亲的热心，感染了每一位病人，久而久之，父亲与许多病人建立起了感情，病人也愿意向父亲详细陈述病情。通过不断观察学习，虚心向师傅询问请教，经验不断积累，再经过不断实践，父亲的医术逐渐提高。

善于思考和学习，是父亲的一大特点。父亲师傅的书房有一部《医宗金鉴》医书。这部很有名的医书是清朝乾隆年间著名的皇室医学丛书，全书共90卷，被收录在《四库全书》中。根据师傅的教导，父亲每天都挤出时间学习《医宗金鉴》。凭借自己的勤奋和毅力，父亲将这一整套丛书都读完了。而事实上，这套医书连父亲的师傅也没能全部读完。

《医宗金鉴》是以文言文写的，不容易读。为了掌握文言文，父亲在师傅的指导下，又学了《史记》、《孟子》等古书，从中学到了不少古代经典。

学医期间，每每遇到疑难病例，父亲便会去医书中寻找答案。通过不断学习和实践，父亲的医术日渐精湛。看到自己的徒弟取得如此成就，师傅十分高兴，同时承认徒弟的医术已经超过了自己，青出于蓝而胜于蓝。渐渐地，父亲成了家乡远近闻名的中医。

名声并没有腐蚀父亲内心的朴实无华，反而让他更坚定、更忙碌地投入到治病救人中。当他听到村里有人生病，经常顾不上吃饭，便夹着医药箱，拿着洋伞，赶到病人家里。尽管行走不便，但在父亲行医的一生中，他总是拖着那条不太灵便的腿在路途中奔走。偶尔有时间呆在家中，父亲也不会任自己闲着，而是在庭前院后的田里忙着种菜、浇水。

撑着一把洋伞外出行医的背影，成了张履谦对父亲最深刻的记忆。洋伞是用洋布做的，那时用手纺的布叫土布，用机器织的布叫洋布。南方多雨，夏日的晴天异常炎热，一把洋伞雨天遮雨、晴天遮阳，成为父亲外出行医除携带医药箱之外唯一的随身物品。不管遇到什么样的天气，不管是否逢年过节，只要有病人求医，父亲就会不辞辛苦地奔波上路。行医中，他经常每天走几十里路，日复一日，经年累月，可却始终满腔热情，从没有懈怠和抱怨。父亲对人如对己，一心想着病人，远近的乡亲都亲切地称他为“尧爹”。

父亲认真钻研、虚心求教、体察病人的学医行医从医经历，深深影响着张履谦及其兄弟姊妹。

“履谦”这个名字，可谓颇费父亲的一番心思。《史记·留侯世家》有载：秦末一老父，在下邳桥上故意将鞋子掉到桥下，命张良为其取鞋、穿鞋，张良见其年老，恭而取鞋，跪而为他穿上。之后老父又再三考验张良，最后将《太公兵法》传授给他，使张良成为刘邦最重要的谋士和军师。后人以“进履圯桥”或“张良进履”传述着这一处事谦恭的故事。父亲为子名“履谦”，亦有要求子女“履行谦逊”，务须谦虚向人求取教益之意。

旧社会的中国农村，庄户人家大都日出而作，日落而息。父亲每日很早外出行医，母亲早起为全家人做饭洗衣，弟妹们各有任务，张履谦每天早上的任务是放牛。

张履谦在张家儿女中排行老大，下有三个妹妹和三个弟弟。他秉承了父亲艰苦朴素、坚毅不屈的个性，每天天未亮便起床将牛赶到山上吃草，然后赶快回家拿书包去学校。完成一天的学业回到家后，他要为菜地浇水、施肥。张履谦个子瘦小，给菜地浇水、施肥的工作量很大，经常累得浑身大汗，一直干到天黑。

2 严父慈母，教诲子女一生

父亲对张履谦的严格要求一直没有松懈过。母亲善良温厚，在待人接物上教会了孩子们很多良习。父亲和母亲身上散发出的中国农民身上最朴实无华的品格，以言传身教的方式，使孩子们懂得了为学和为人的道理。

湘湖大地自古山明水秀，英才荟萃。久负盛名的岳麓书院更是以承载千年的文化底蕴，哺育着湘湖儿女。生长在湖南长沙的张履谦，从小就从这种良好的乡土中吸取营养。

6岁那年，父亲把张履谦送到离家一里多路的张家祠堂一所名叫张氏雍睦小学上学。因为是家族祠堂小学，所以，所有费用免费。祠堂小学有三四十名学生，但教课老师只有一个，上课形式是轮班教，即老师给一年级学生讲完一堂课，又接着讲二年级的课。这样的家族祠堂小学虽然留存有以前的私塾遗风，但上课的内容却是新式小学的内容。语文是白话文，有看图识字，如《司马光砸缸》、《孔融让梨》，还有一些文言文。数学有珠算和加减乘除运算等。

张履谦邻居没有孩子在张氏雍睦小学读书，没有同学与他作伴，他每天独自一人去学校，一直上到四年级。不论寒冬腊月，炎天酷暑，张履谦总是按时到校，从未辍学。湘水之滨，雨天多，路上泥泞，张履谦经常光着脚板，打着雨伞冒雨上学，有时还滑倒在稻田里。上学路上，张履谦多次被大雨淋得全身湿透，但他拧拧衣服，坚持坐在教室里听课。

1936 年，张履谦初小毕业，父亲送他到春华镇长沙第三高小继续学习。入校时，校长看了他的小学成绩单后，认为他成绩优异，同意免予考试。张履谦很顺利地进入了长沙第三高小继续学习。

春华镇离张履谦家有十几里路程，在这里上学必须寄宿。于是，从 10 岁起，张履谦就开始了寄宿上学的生活，隔几周才能回家一次，生活必须自理，但这并未能难倒他。或许是深受父亲影响的缘故，父亲的许多优秀品质在张履谦身上得到很好的体现。在长沙第三高小寄宿期间，张履谦读书非常认真，爱动脑子，对数学兴趣浓厚，他的成绩在学校始终名列前茅。

父亲对张履谦严格要求一直没有松懈过。放假期间，父亲总会在前一天晚上给他制订功课复习计划：放牛回来后，上午复习一课国文和算术，国文要做到会读、会写、会默写，还要了解文章意思，算术要弄懂演算方法和应用，答案正确；下午学写毛笔字，认真临摹颜真卿《多宝塔》字帖；傍晚到菜地里浇水。父亲每天晚上都会亲自检查他一天的作业，如有做得不好的，父亲不满意，就会要求他当面重新做一遍。

张履谦是一个懂事的孩子。不管是学校规定的课业，还是假期里父亲布置的作业，他都能认真完成，闲暇之余还经常帮助父母招待病人，烧火做饭，日子过得充实而又忙碌。

勤奋，一直是父亲对张履谦的要求。也正是凭借勤奋，张履谦从一个普通的农村娃子成长为“院士”这一国家最高学术称号的科学家。父亲曾送他两句座右铭：一句是“学而不思则罔”，说的是学习方法，告诉他学习必须经过认真仔细的思考才能有所收获，不加思考的学习是不会有收获的；另一句是“业精于勤荒于嬉”，教导他从事任何工作，如果想做到很精深、很精湛，必

1980 年，张履谦在微波统一测控设备原理性天线前

须勤奋，勤动手、勤动腿、勤动脑，只有业精于勤，事业才能有成就。父亲再三举例说，司马迁虽遭受酷刑，但其著作《史记》流传千古，和他勤奋努力、刻苦学习分不开。

张履谦少年时期的生活清贫艰苦，但对他来说却是一种磨砺。对此，父亲经常结合自身经历，给子女们讲解孟子名言的要义。“天将降大任于斯人也，必先苦其心志，劳其筋骨，饿其体肤……”，在张履谦看来，孟子的这些名言，正是父亲身上优秀品质的写照。张履谦从中汲取经验教训，幻化成自己成长的动力和源泉。

张履谦的母亲名叫王淑仪，是一位勤劳善良的劳动女性。她每天一方面要料理一家人的衣食起居，还要承担许多农活。为了补贴生活，母亲在家喂养了几只鸡和一头猪，剁鸡食，打猪草，煮猪食，从早到晚地忙碌，默默地支撑起这个家庭。

尽管没有上过学，但母亲善良温厚，在待人接物上教会了孩子们很多良习。有时候，父亲在外行医未回，家里坐满了找父亲看病的病人，母亲便吩咐张履谦和弟妹们烧水端茶，招待病人，礼节备至。许多次，来找父亲看病的小孩在他家地上拉屎撒尿，但母亲从不怪怨，还教导儿女们不要怕脏，及时将地面打扫干净。母亲说，人人都有头痛脑热的时候，多体贴一下别人是应该的，将心比心，如果自己病了，不也是这样吗。

2003 年，张履谦在神舟五号飞船发射阵地

尽管没有系统的家教，但父亲、母亲身上散发出的中国农民最朴实无华的品格，以言传身教潜移默化的方式，教给了子女们为学和为人的道理。

而今，张履谦回忆起少年时代的生活和家庭教育仍历历在目，记忆犹新。张履谦用东汉科学家张衡的名言“人生在勤，不索何获”，来总结自己的少年生活。正是先贤们教授的朴实真理和父亲“勤奋努力、谦虚求教”的谆谆教诲，伴随张履谦走过了85个春秋。他说：“勤奋努力，给予了我孜孜以求的意志，煅练了我的体魄，给予了我愉快豁达的心情，更重要的是给予了我为国效力、奉献自我的无穷智慧和精神力量。”

3 天下兴亡，铭记匹夫有责

家国的彻肤之痛，触及了张履谦的心灵。在“抗日救亡”激情的熏陶下，张履谦幼小的心灵萌发出“读书救国”懵懂的爱国思想。

作为一名医生，父亲始终把“治病救人”作为第一要务。从父亲平日的言谈举止中，张履谦感受到父亲很强的忘我为他精神。

父亲、母亲身上传递出救助危难、帮扶他人最为朴素也是最为伟大的中国传统道德观念，对张履谦的影响是一生的。或许正是在父亲匆忙赶去救治病人时留下背影的一刹那，胸怀天下、报效家国的远大理念，在张履谦的心里迸发出了火花。

1937年7月7日，日军发动“卢沟桥事变”，悍然开始全面侵华，抗日战争爆发。

“平津危急！华北危急！中华民族危急！”全国上下弥漫着抗日救亡的思绪。张履谦11岁幼小的心灵，也萌发出“读书救国”懵懂的爱国思想。

不久，平津失守；淞沪战役不敌；长沙受到威胁，学校师生激发起抗日救亡热情，纷纷走向社会募捐支援抗战，张履谦也参加了抗日救亡活动的行列。1938年，张履谦在长沙第三高小毕业班，唱起了《毕业歌》，“同学们，大家起来，担负起天下的兴亡。听吧，满耳是大众的嗟伤；看吧，一年年国土的沦丧……同学们，同学们！快拿出力量，担负起天下的兴亡！”

一首《毕业歌》，表达了千百万学子以天下兴亡为己任的爱国心声，号召有为青年走上抗日救亡的道路。小学的学习经历，让张履谦接触到了更多的社会现实和进步思想，接受到了“天下兴亡，匹夫有责”的古训。当《毕业歌》中一句句铿锵的歌词，一声声敲打着张履谦幼小心灵时，在他心底深处埋下了救亡报国的种子。

1938 年秋，武汉、广州沦陷，国民党采取消极抗战的政策，湖南很快由抗战大后方变为抗日前线。突如其来的变故，打破了张履谦继续读书求学的梦想，他所经历的家乡沦陷、流浪他乡的血与火的生活，更加坚定了他学而有成，振兴祖国的决心。

第二章　抗日战火　磨砺锋芒

1　烽火连天，学会进取生存

抗日战火越烧越近。在数年时间里，战火和硝烟几乎伴随着张履谦走过整个中学时期的求学生涯，而他也从此开始了自我谋生的历练。

1938年，张履谦在长沙第三高小毕业后，投考湖南平大初级中学。

功夫不负有心人。在父亲的督促下，通过自身的勤奋努力，张履谦在初级中学入学考试中取得数学和语文两个满分。看到这个双料“状元”，平大中学的老师们毫不犹豫地录取了他，学校不仅免去了他的学费，还给他颁发了校级奖学金。

自己往日的挑灯夜读和辛劳付出没有白费，张履谦心里稍感安慰。而最感欣慰的是张履谦的父亲和母亲，看着自己的孩子取得如此好的成绩，他们就像看到了自己美好的未来。

1938年夏末，张履谦进入湖南平大初级中学，开始了中学学习生涯。张履谦感到一切都是那么新奇，新的宽大教室，新的知识，新的各科老师，来自各方的新同学，好奇之余，他增加了求知的渴望。

正当张履谦如痴如醉地沉浸在学海之中，1938年秋，国民党在抗日战场上节节败退，战火越烧越近，武汉、广州、岳阳等城市相继沦陷。为了避免长沙沦陷而被日本人所利用，

1938 年长沙大火

长沙大火后留下的废墟

国民党政府实行“焦土政策”，火烧长沙，一夜之间，整个长沙城变为废墟。

突如其来的灾难，打乱了平大中学的教学，也打破了张履谦读书求知的梦想。因战争形势日渐紧迫，张履谦就读的平大中学被迫停课和解散，学校里的老师和同学纷纷被遣散回家。情急危难之中，张履谦和许多路远的同学没来得及收拾行李，就匆匆忙忙地回家了，从此开始了自我谋生的历练。

父亲和母亲焦急地等待着远方儿子的音信。看到儿子回来，全家人这才稍微放下心来。战争阴云密布，前方不断有战事失利的消息传来，长沙民众不知该如何是好，远离城市的蛇山嘴小村子也变得人心惶惶。张家决定尽快撤离村子，于是，张履谦随父亲、母亲以及弟弟、妹妹，还有张家家族叔伯和邻居几十人，一同逃难到浏阳北盛仓九鸡洞的“中洞”里。

浏阳位于湖南省东部，整个地势东北高峻，向西南倾斜递降，其最高点位于浏阳市东北部的大围山。浏阳地势以丘陵为主，到处是小山，一簇一簇四处散落，山中间是平地，当地人称它为“洞”，有“大洞”、“中洞”和“小洞”之分。遇战事紧张之时，许多百姓就躲在这些“洞”里。

湘北第一次会战结束，日军被赶离长沙，张履谦一家和村子里的百姓重新回到了自己的村里。此时的村里已是一片狼藉，遍地马粪。日军实行“三光”政策，不仅把村子里的粮食、家畜等一些能吃的东西都吃光，还把老百姓田地里、家里有用的东西都抢光，还烧毁了许多房子，很多村民无家可归。

1941 年秋，日军发动了对湘北的第二次大规模进攻，战火再次烧到长沙，张履谦父母及其家人来不及逃走，滞留在家乡，他本人则随伯父一同跑到株洲，抢登上由株洲开往郴州的火车，前往湖南衡阳以南的耒阳地区逃难。

由于日本飞机不停地飞来轮番轰炸，往南的火车走一段、停一段，直至一个月后，张履谦和伯父才到耒阳。身处异地，举目无亲，张履谦只能在耒阳过着漂泊流浪的生活。

残忍的日本侵略者给中国人民带来了深重的灾难。湖南的许多城市、村庄被日本鬼子洗劫一空，到处是满目疮痍的景象。张履谦的家也没能幸免，家中财物被洗劫一空，更使他伤心悲愤的是，比他小两岁的弟弟张履中被日本鬼子抓走，至今没有下落。日本鬼子抓走弟弟时，母亲前往哀求，日军用刺刀和枪托狠狠地将母亲驱走。这一切，在张履谦心中留下了永远抹不去的伤痛。

战争的阴影始终缠绕着长沙。第二次湘北会战结束不久，日本鬼子又对湘北发起第三次大规模进攻。在烽火连天的岁月里，张履谦只能流离漂泊，四处奔命，初中的求学生涯时断时续，不可能有系统学习和上课的机会。但即使是在这样的环境里，张履谦也没有丢下学习。在他逃难的日子里，他始终肩挎着装有数学和英语课本的书包，一有时间就拿出课本读，有时躲在防空洞里还念着课本。每天清早起床朗读英语，白天只要有空，张履谦都不忘勤奋学习。

1942 年，张履谦在颠沛流离中好不容易修完初中学业，顺利毕业。由于刻苦努力，张履谦顺利考取了湖南广益中学，即现在的湖南师范大学附属中学。

湖南师范大学附属中学创立于 1905 年，是革命先驱者禹之谟创办的一所具有深厚办学底蕴的三湘名校。抗日战争时期，湖南广益中学迁至湖南衡阳市常宁县大坪村。在广益中学，张履谦认识了学习同样优异的同学朱镕基，朱镕基后来成为国家总理。

1944 年 5 月，各路日军分别向湘北方向发起攻势，第四次湘北会战爆发，长沙沦陷，日军南下衡阳。此时，张履谦在广益中学的学习时间还不满两年。

形势危急，广益中学宣布解散。对张履谦和其他许多来自长沙、益阳、常德、湘潭等地的湘北同学而言，他们又成为无家可归的人。学校老师看到这一情形，不忍心丢下学生，于是，他们把留下的学生集合起来，告诉学生说，只要老师有饭吃，就有学生的饭吃。之后，老师分头带领学生撤离学校，辗转到湘西、湘南一带，一面进行求援，一面组织教学，广益中学也就成了“流浪式”学校。

为了分担老师的负担，湖南嘉禾县同班同学李秀生邀请张履谦和徐文思到他家乡去避难。告别老师后，张履谦和徐文思来到嘉禾县，在同班同学李秀生家安顿下来。

1945 年 8 月，日本战败投降，抗日战争取得胜利。张履谦离开嘉禾县，回到蓝山，找到广益中学。在老师们的帮助下，张履谦又继续学业，念完高中。

湖南师范大学附属中学（原湖南广益中学）成立 105 周年，
张履谦（前排左三）回母校参加校庆活动

2 颠沛流离，锻炼意志体魄

长时间的奔波劳累，恶劣的生存环境，严重的食物短缺，逃难人的生活异常凄苦。那段时间，张履谦身体较差，患有流行疾病。

颠沛流离，是张履谦对中学时代最深刻的记忆。

从 1938 年的长沙大火，到后来的湘北四次会战，长沙每次都是战争的最前线。那时，只要听到“鬼子来了”的消息，老百姓便惊恐万状地四处逃离，大家绝不愿意在日本侵略者的铁蹄下过屈辱的生活。逃难中，张履谦每每夹杂在混乱的人群里，一路坎坷。路途上，到处是国民党的退兵塞道，经常能听到日本鬼子的飞机从头顶呼啸而过，飞机所到之处，机枪随意扫射，田野炮声四起。

逃难的中国老百姓

为了躲避日本追兵，张履谦每天要跑近百里路，匆忙中没有携带任何衣物。天黑了，他就跑到祠堂或寺庙里，睡觉时抓一把稻草盖在身上，有时干脆直接钻进草堆里。第二天醒来后，又继续跑路，一跑就是一个多月。

长时间的奔波劳累，恶劣的生存环境，严重的食物短缺，逃难人的生活异常凄苦。那段时间，张履谦什么流行病都得过。患感冒、发烧等疾病，更是常有的事。有一次，他得了痢疾，没有药吃，路途中一直拉着肚子，数次晕倒在地上。还有一次，张履谦得了疟疾（当地人称“打摆子”），他全身因发冷而发抖，每天下午发作，人消瘦得很厉害。由于当时医疗条件十分有限，既没有医院，又没有药物，加之一直在逃难，张履谦只能硬撑着挺过来。

逃难过程中，并不是所有人都能像张履谦一样在不幸中逃生。一次，张履谦和他的两个同学一同藏在树底下躲避日本飞机，不幸的是，那两个同学被日本飞机的机枪扫射中弹而死。眼看同窗学友在自己的身边倒下，张履谦十分悲伤，他对日寇的罪行更增添了活生生的记忆。

张履谦是幸运的，最终从日本飞机的扫射和炸弹下活了下来，从流行病中挺了过来，从颠沛流离的生活中坚守过来。苦难岁月没有夺去他的生命，也没有压垮他求学求知的意志。相反，日行百里的逃难经历，煅就了张履谦坚强的意志；病痛的折磨，打造了张履谦强健的体魄。

穷人的孩子早当家。生活在战乱时期的张履谦，似乎比同龄孩子更懂事，也表现出超越同龄孩子的责任心。1944 年在嘉禾县避难，落脚于同学李秀生家中，在解决了住所问题之后，如何谋求生计，成了摆在张履谦面前的现实问题。为了不给同学李秀生家里增添负担，张履谦和徐文思在附近找了一间房子，办起了小学生的补习班，他们的报酬是每个学期每名学生为他们提供一斗米。虽然条件非常艰苦，但张履谦和徐文思能够勉强填饱肚子了。在嘉禾县的那段时间，张履谦整天忙碌，在工作、生活和学习中，不断锤炼自己。

办了半年补习班，张履谦由李秀生家人介绍到嘉禾县庐永小学当小学教员，工资是每个学期（半年）一担半米。有了粮食，日子仍然过得很艰难，张履谦便在学校门口辟出一小块菜地，自己种菜。就这样，通过办补习班、教小学、种菜，张履谦自力更生，谋取生计。他每天非常忙碌，既要备课、批改作业，还要抽时间照料菜地。

尽管如此，张履谦始终没有丢下自己的高中课程。在边逃难边学习，边学习边谋生的环境下，张履谦度过了他整个中学求学时代。颠沛流离的生活并没有让他放弃学业，相反更使他深刻体会到学习的意义。落后就要挨打，只有国富兵强，百姓才能安居乐业。在残酷的战火中，在冰冷的现实面前，张履谦心底埋藏的“读书救国”的信念越发坚定！

3 人生抉择，赶赴清华求学

张履谦以坚定的意志和浓厚的热情，始终争分夺秒地学习。读书救国，1946 年张履谦正式成为清华大学电机工程系的一名学生。

随着日本投降，中国国内局势有了些许好转，进入了短暂的平稳期，国家经济和社会秩序得以初步恢复。国内各高等院校逐步回迁，教学活动相继展开。1946 年夏，北京大学、清华大学、南开大学联合在武汉招生，武汉大学、西北工业大学也在此招生。

考大学，在高等学府深造，张履谦少年时代未曾有过这念头，只图长大有饭吃，有所作为。随着中学学习的见识长进，他的内心逐渐形成了继续求学的期望，也是父亲寄予子女的美好意愿。听到北京大学、清华大学等高校在武汉招考的消息后，张履谦马上与同班同学奔赴武汉报名投考。选择哪所学校，他心中并没有多少想法，只是觉得想学工科，工业可以振兴中国，只要进入工科大学就行。于是，他报考了清华大学、北京大学、南开大学等大学的联合招生，还有武汉大学和西北工业大学。

虽然，张履谦的中学基本是“流浪式”学习，教室里的读书声常常伴随着教室外的飞机和枪炮声，他没有正式上过几堂课，所学课程非常有限，所学知识也非常不系统，但他却以坚强的意志和浓厚的热情，始终争分夺秒地学习。招生考试发榜结果公布，张履谦获得了全优，同时赢得了三个学校的录取通知。

面对如此多的选择，张履谦非常犹豫不决。回想多年来奔波逃亡的求学生涯，他深深认识到，只有国富兵强才不会受欺凌，只有振兴工业，会造飞机、大炮，国家才能富强。于是，本着“工业救国”的思想，张履谦选择了清华大学。

电是人类历史上最伟大的发明之一。我国有电始于清光绪五年（1879年）。当年 5 月 28 日，上海公共租界工部局电器工程部毕晓浦（J. D. Bishop）在虹口乍浦路的一幢仓库里，以 1 台 10 马力（7.6kW）蒸汽机为动力，带动自激式直流发电机，发出的电点燃了碳极弧光，第一盏电灯在中国问世。同年 8 月 17 日至 18 日，在上海的英国殖民主义者为了欢迎美国总统格兰特路过上海，特地运来了一台小型发电机用于照明，在上海外滩使用了两个晚上。3 年后的 1882 年，英国人立德尔（R. W. Little）等人在上海创立了中国第一家发电厂。

然而，旧中国内忧外患，战乱频繁，社会不安定，电气事业落后于许多国家。

张履谦认为，电是非常有用的东西，国家要富起来，一定要有电才行。

在清华大学入学志愿里，他毫不犹豫地选择了电机工程系。电机工程系有发电机和电信等专业，张履谦在电信方面的成绩非常好，这与他后来的工作有了直接的联系。

1938 年至 1945 年，为了躲避战乱，清华大学向西南大后方撤离，并在昆明与北京大学、南开大学一道成立了临时性大学，这就是著名的西南联合大学。

在民族危亡的岁月里，西南联大聚集了众多胸怀天下、追求民主自由的知识青年。虽然西南联大僻处西南边陲，但爱国主义精神空前高涨。西南联大校歌《满江红》中唱曰："……千秋耻，终当雪。中兴业，须人杰。便一成三户，壮怀难折。多难殷忧新国运，动心忍性希前哲。待驱除仇寇复神京，还燕碣。"

在颠沛流离中走来的张履谦，始终将自己的命运与中华民族的命运相联系。四处漂泊的他受到西南联大爱国主义精神的感召，选择清华大学作为自己人生的又一个起点，实属必然。

1945 年，清华大学复校迁回北平，即现在的北京。1946 年秋，张履谦告别父母及家乡的亲友，怀揣着对美好未来的憧憬，踏上了北上的路途。

如今，从长沙到北京，可以选择飞机，还可以选择相对便宜舒适的高速火车，十分方便。

当时的京广路由于在抗日战争时期被破坏还未全线修复，也没有飞机可以乘坐。为了北上去清华，张履谦只能先乘火车由长沙至武汉，再从武汉坐船到上海，到上海后坐海轮到天津塘沽，再转火车到达北京。

那是一段辛苦却又充满期望的旅途。张履谦从湖南长沙到武汉所乘坐的火车是汽车车头，挂有两节车厢，仅能容纳 40 多人。炎热的夏天，车厢里十分闷热。到达武汉后，由陆路改水路，坐客轮沿长江顺流而下到上海。到达上海后由清华同学会安排乘坐运兵用的登陆艇，经历四天的海上颠簸到了塘沽。好在塘沽距离北京不远，他们找到火车站，乘坐火车终于到达北京。1000 多公里的路程，张履谦足足走了半个多月。

一路上，张履谦等清华大学新生受到了清华大学同学会的热情接待，他们帮助张履谦等新生解决了沿途交通和住宿问题。1946 年 9 月，20 岁的张履谦终于来到了梦想中的清华园。一到清华大学，热情的清华人早已在校门口等候新同学的到来，为他们提供入学指导，办理入学手续和选课。张履谦和几个同乡被安排在了四人一间的新生宿舍。至此，张履谦正式成为清华大学电机工程系的一名学生。

20 世纪 40 年代，张履谦和清华大学电机工程系的同班同学们
（后排右四为张履谦）

第三章　走向光明　秘密入党

1 高深学府，岂敢虚度时光

进入清华不久，张履谦就遭受到一次“勉强及格”的打击，他暗暗下决心，一定要加倍努力，争取日后考出好成绩。张履谦开始调整心态，改变自己的学习方式。

1946 年，从西南边陲昆明迁回北平的清华大学，重新焕发出勃勃生机。校长梅贻琦依靠一批国内外知名学术大师，从严办学，凝聚了强大的教师阵容。同时，北京大学、燕京大学与清华大学之间，教师相互任课，更使师资优势得到进一步增强。

自上学以后，凭借刻苦努力，张履谦的学习成绩在班里都是数一数二，因此，对于自己的学习能力，张履谦很有信心。进入清华大学后，张履谦同样颇为自信，相信在大学这一新环境中，也同样能取得理想的成绩。

进入清华大学不久，张履谦却受到了打击。在第一个学期月考中，他竟考砸了一门基础主课，成绩未达到 60 分。按照清华大学的计分方法，所得分数开平方乘以 10 达到 60 分算及格。

这次考试后，张履谦暗下决心，一定要加倍努力，争取日后考出好成绩。他开始调整自己的心态，改变学习方式，更加刻苦勤奋。每次上课前，他总是提前预习好功课，做到心中有准备；下课后趁热打铁，温习功课并做习题。遇到不懂的问题，张履谦总是积极求教于老师和同学，不懂就问，给老师和同学留下了深刻的印象。有时一个问题没有弄清楚，他便会寝食不安，把老师和同学纠缠得没完，直至问题解决才肯罢休。

20 世纪 40 年代，张履谦和同学在清华大学校园内
（前排左一为张履谦）

张履谦所在的电机工程系电工原理专业课，内容很抽象，学起来很难，而且要求也极其严格。通过认真思考和勤奋努力，张履谦很快适应了大学生活和忙碌而繁重的学习，掌握了学习方法，培养了好思索和勤做题的学习习惯，每次考试都取得了不错的成绩。

为使学生多掌握一门外文工具，学到更多的知识，学校要求学生在选择英语必修课之外，还要攻修一门第二外国语。张履谦选修德语，他感觉德语文法要求严格，字义清楚，有些专业基础课通过使用德语和英语的文字比对，反倒比较容易理解，他对学习德语更有兴趣了，学习热情也很高。

清华大学宽松的学习环境，为张履谦提供了更加广阔的求知空间：一是可以任选课程。尽管张履谦是电机工程系的学生，但他也能到其他系去听课。他听过土木建筑系的素描课，学了一些绘画知识，还去文学院英语系听英诗课程，感觉英诗与中国的《诗经》、《论语》类似，具有较深刻的寓意和哲理。二是清华大学的学术讲座很多，校方经常在大礼堂或同方部举办一些知识讲座。当时，电真空器件还是一门新学科，校方在大礼堂主办了一场磁控管的学术报告。听完报告，张履谦了解了磁控管推动微波技术进步，激发了学习电波学的热情（电波学是电机工程系电信组的必修课）。在浩瀚的知识海洋里，他如饥似渴地汲取着知识的营养。

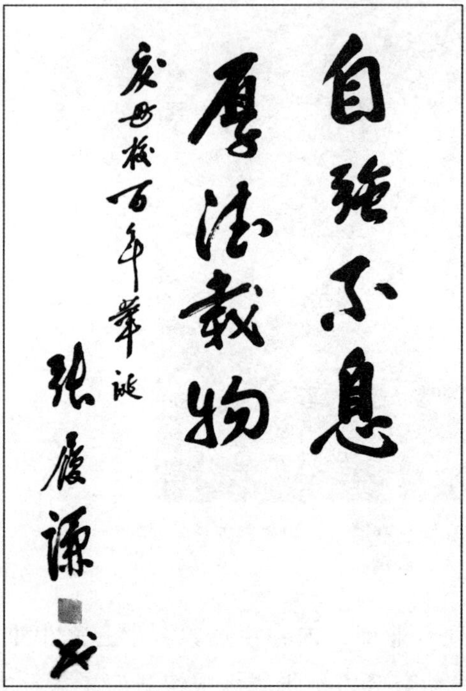

张履谦为庆祝清华大学百年华诞而作书法

除基础课和专业课之外，清华大学还给张履谦一个极为深刻的教育，这就是学会如何做人。张履谦从小就痛恨日本鬼子的侵略，内心孕育着发愤图强的启蒙思想，“自强不息，厚德载物”的清华大学校训，恰与张履谦的思想不谋而合：“自强不息”一直是他追求的目标；“厚德载物”意为做一个有道德的人，像大地一样宽广厚实，载育万物和生长万物，做人处世要心胸开阔，立志高远，严于律己，宽以待人。张履谦从小受父亲谦虚待人的影响，与人为善，胸怀宽大，虚心听取别人意见。“厚德载物”的寓意在他内心深处更加巩固。在清华大学百年华诞之日，张履谦以此校训作书法，作为庆祝母校百年生日的献礼。

通过清华大学的教育培养和个人的自身努力，张履谦所在电机工程系的同班同学中出了不少人才，金怡濂、陆建勋、王众托和张履谦四人当选中国工程院院士，朱镕基曾担任国家总理，还有一些国内知名的法律、经济和教育等领域的专家。

张履谦家乡离学校遥远，交通不便，加之身上没有盘缠，每逢学校放假，他不能回家，便利用假期参加学校组织的社团，积极投身社会活动。张履谦参加了党的地下外围组织主办的“农村识字班”活动，他走出校门，教学校附近的一些农民子弟读书、识字。由于亲身体验过青少年迫切要求学习的心

2011 年，张履谦和同班同学陆建勋、王众托、金怡濂（从左至右）四院士合影

情，他讲课十分热情，备课非常认真，晚上还参加清华地下党组织主办的“职工夜校”，为在校的工友们上文化课，讲授数理基础知识。工友中有水暖工、木工、电工、泥水工，还有清洁工，张履谦结合他们的工作，为他们讲授相关知识。在中医家庭长大的他，还参加了地下党的外围组织主办的“农村医疗队”，到海淀郊区农村，为村民义诊。他经常背着装有红药水、碘酒、仁丹、蛇药、药棉、纱布等东西的简易药箱，为村民们免费诊治。由于从小受父亲行医耳濡目染，张履谦能轻松应对一些常见病。有一个村民被蛇咬伤，吃了张履谦给的蛇药后好了，这个村民十分感激，便在田里摘了一个大大的向日葵给他，以示回报。

放假期间，张履谦每天上午复习功课，下午和晚上去识字班、医疗队和职工夜校，一天忙到晚，也不觉得疲倦。一天，当他背着药箱回校时，遇到了“麻烦”。路上有两个人一直跟踪他的行迹，观察他和谁接触，讲了些什么话，做了些什么事。原来，这两个人是国民党特务。

北京大学、燕京大学、清华大学等高校聚集了许多追求进步的知识青年。由于不能随便进校抓学生，国民党特务便经常在校外寻机抓他们。许多学生经常被不分青红皂白地抓走，挨一顿毒打或被灌辣椒水，逼他们供出“后台”。尽管学校会立即派老师跟国民党警察局交涉，通过写保证书或交赎金的方式救回学生，但还是有一些学生没能被解救出来，从此没了踪影。

对于这些事情，张履谦以前只是听说，没想到自己也真的遇上了。他沉着冷静，暗自思忖对策，努力尽快摆脱特务。当时，北京中关村一带还是荒凉的农村，一条破街，几家商店，马路上还有一些地摊儿，远不像现在的繁华。张履谦小心护着自己的药箱，一边往学校走，一边暗自注意两个特务的动向。趁特务分心之际，他立刻调转方向，拐进了路边一家小饭馆，再从小饭馆的后门走出来，撒腿向地摊儿里的人群中跑去，七拐八拐，安全地回到了学校。

2 黎明晨曦，照亮一颗红心

“我志愿加入中国共产党。”白色恐怖笼罩下的中国，国民党在全国展开了更加残酷的迫害行动。在正式加入共产党组织之前，张履谦就做好了随时被捕和牺牲的准备。

刚到清华大学时，张履谦忙着听课、做习题，如饥似渴地学习知识，受老师为人之道的教育，积极参加学生运动和社会活动，充实而忙碌。渐渐地，张履谦发现大学生活的全部并不是只有课堂和考试，走向社会，关心国家前途和命运，也是其极为重要的一方面。

进入清华大学前，从小生长在农村的张履谦，对国内局势了解不多。进入学校后，他耳闻目睹了许多政治事件。当时，正值闻一多先生做最后一次民主演讲，他在演讲中号召抵制美国的救济粮，后被国民党特务分子暗杀，学生会立即组织召开追悼会，愤怒斥责国民党当局杀害爱国民主人士的罪行。接着，北平举行了抗议美军暴行的示威游行和支持东北学生的请愿游行。学生们的这些正义行动，被国民党当局认定为非法，就连张履谦参加农村识字班、医疗队，也被特务分子跟踪盯梢。

国民党当局抓共产党人、杀害民主人士、把学生列入黑名单实施抓捕等消息，在清华园里传得沸沸扬扬。清华大学大食堂前面的民主墙贴满了反对国民党政府独裁统治的大字报。爱国青年的热情在不断积聚，不断酝酿，随时寻找着爆发的突破口。凭着在清华大学的所见所闻，以及在大字报中看到的犀利评论与一针见血的分析，张履谦的脑海不时地盘旋和思考——不能光

清华大学学生会大字报组成员在民主墙旁（前排右一为张履谦）

顾着读书，要投身学生运动，参加挽救中华民族危亡的行动，这就是张履谦找到的答案。他慢慢了解到，中国共产党领导中国人民打败日本侵略者，作出了很大的努力和牺牲。为了争取国内和平，中国共产党积极与国民党进行合作谈判，但国民党却借此排除异己，一心准备内战，妄图把祖国和人民拖向黑暗的深渊。

校园内的大字报和小字报，带着张履谦进入了另一个世界。他开始留心校园里随时出现的大字报，每当贴出新的内容，他一定要先看完一遍，再进食堂吃饭。空闲时，张履谦还会跑到食堂门口，仔细阅读那些没有被撕去而幸存下来的大字报，同时开始积极关注学生中的一些活动，经常去听一些关于民主革命的演讲会，开始思考除学习之外，自己还能为祖国做些什么。

渐渐地，张履谦意识到，中华民族要富强，不但要发展工业，成为工业强国，更要推翻国民党反动独裁统治，才能获得稳定的社会环境，建设强大的祖国。他不但关注各类民主运动，还积极参加“反内战、反饥饿”等游行活动。对于各种正义的学生罢课、游行和请愿，他总是以极高的热情参与其中。

清华大学“反内战、反饥饿”学生游行队伍

游行中，学生队伍遭到了国民党军队的镇压。国民党军队在新华门布置了消防车，拿着水龙头朝游行队伍中浇，同学们被浇成了“落汤鸡”，但谁也没有退缩，大家手挽着手，高唱“团结就是力量，这力量是铁，这力量是钢……”，英勇地和国民党反动派作斗争。

在和国民党反动派作斗争的民主运动中，大字报是一种非常有效的手段，几张大字报可以掀起一场罢课运动，也可以发动一次北平或全国性的大游行活动。张履谦小时候学的一手流畅又漂亮的毛笔字，有了用武之地。他参加清华大学学生会的大字报组，在北平的几次重大游行中，他抄的大字报起到了很好的宣传和战斗作用。

随着与一些志同道合的校友交往和交流机会的增多，许多进步书籍在同学之间私下传阅，张履谦接受到了许多新思想。就在此时，建设新民主主义新中国的呼声在学生中悄然传开。一些进步的学生会带领同学们讨论国民党的腐败事例，评论四大家族的垄断行为，揭露国民党的黑暗统治，介绍毛泽东的《论持久战》、《新民主主义论》，刘少奇的《论共产党员的修养》等进步书籍。

由于张履谦主动、热情地参加各种民主活动，一些进步学生便主动与他联系，时常给他送一些被查禁的书籍。对此，张履谦有非常清醒的认识，孰是孰非，在他心里早有一杆秤。对这些被查禁书籍，他看得非常痴迷。他的思想和行动，被“有心人”看在了眼里。

读大学三年级时的某一天，同学许宏温主动找到张履谦，他告诉张履谦说，爱国学生运动并不是自发的，而是一个地下秘密组织在背后支持的，这个组织叫“民主青年联盟”，简称“民青”，是中国共产党的地下外围组织，这个组织的宗旨是推翻腐朽独裁的国民党，建立一个富强民主的新中国，张履谦对此很感兴趣。在许宏温的介绍下，1948 年 10 月，张履谦加入了“民青”（解放后“民青”转为中国共产主义青年团）。

2011 年，张履谦和许宏温（左）合影

在国民党统治的黑暗年代，共产党地下组织成员间采取的是单线联系方式，每个党员的联系人都相对固定，联系人之间有约定的口令暗号。因此，即使是住在同一间宿舍，如果不是真正的联系人，谁也无法知道里面有没有自己的同志。

张履谦至今还记得他入党时，与他接关系的庄沂，第一次找他时的情景。

一天晚上，有人敲张履谦的宿舍门。

“你看过茅盾的《子夜》吗？”

“看过。”

“看过几遍？”

“五遍！”

于是，张履谦知道，面前站着的这个人就是自己的入党联系人。在联系

当年参与地下活动的战友20世纪60年代返校时合影
（左起张履谦、郭道晖、李特奇、朱镕基）

人庄沂的引领下，张履谦阅读了更多的进步书籍。

通过多重考察，1948年12月，党组织正式吸收张履谦加入中国共产党。

1948年12月的一个晚上，在清华园荷塘边安静的小树林里，张履谦的心情十分激动，同时对周围的动静充满警觉。他在等人，他等的那个人，是他的入党介绍人庄沂。看到匆匆走进树林的同志，张履谦松了一口气。俩人仔细察看了树林周围的环境，确保附近不会有第三个人出现后，一场神圣的仪式开始了。

“我志愿加入中国共产党，承认党纲党章，执行党的决议，遵守党的纪律，保守党的秘密，随时准备牺牲个人的一切，为全人类彻底解放奋斗终身。”张履谦认真复述着庄沂说出的每一句话，并默默地将这些话记在心里。60多年后，每当回忆起这场神圣的仪式，年届耄耋的张履谦仍清楚地记得自己当时所立下的誓言。从这一刻开始，张履谦加入了中国共产党。

这是一个新的起点，从此，张履谦开始走上了为共产主义信仰、为党和国家的利益奋斗终身的道路。

1948年，白色恐怖笼罩中国，国民党展开了更加残酷的迫害行动，中国共产党员随时面临被国民党逮捕迫害的危险。在正式加入共产党组织之前，张履谦被给予了很严肃的提醒：一旦加入共产党，脑袋就等于是提在手里了，随时可能被

2009 年，张履谦和当年的地下党支部书记彭佩云

捕，也随时可能牺牲。如果被捕了，必须不妥协，不投降，不怕牺牲才行。

这些可能面临的危险，丝毫没有吓倒张履谦。推翻国民党统治，真正实现中国富强，是经历过九死一生的他所追求的，自己的生命在逃难时没病死，在日本人的炸弹下没炸死，现在还会怕死么？只要中国能够进步，这些危险又算得了什么！

2001 年，张履谦参观延安

3 《职工小报》，打造宣传阵地

《职工小报》是石景山钢铁厂解放后办的第一份报纸，主要用于及时宣传共产党的方针政策。小报创办之初，贺敬之写评论，张履谦排版、校对、印刷，承担了大部分工作。

1949年10月1日，毛泽东主席在天安门城楼上庄严宣布：中华人民共和国成立了！伟大的新中国，从此掀开新的篇章。

刚刚从襁褓中诞生的新中国，满目疮痍，百业待兴。国民党败退之际，把能带走的都带走了。中国民众要想过上真正的幸福生活，还要通过一段很长的建设时期。

1948年冬，只有几天党龄的张履谦响应党的号召，服从党的分配，离开清华大学，到北平市军管会参加接管石景山钢铁厂的工作。

张履谦在石景山钢铁厂的工作证

在石景山钢铁厂，张履谦独自负责对全厂职工进行宣传和思想教育工作。在清华大学求学期间，他曾利用假期，多次深入到人民群众中去，为工人、农民传授文化知识，传播进步思想，增进了对人民群众的认识和了解。但当他到石景山钢铁厂工作时，却发现实际情况远比自己以前遇到的要复杂得多。

1949年1月31日，北平宣告解放，厂里的职工由于长期受国民党反动宣传的影响，以为共产党是“共产、共妻”，是“土包子”，对共产党的认识并不清楚，加上“共产党统治长不了，国民党会再回来”的谣言四起，职工之间缺乏合作精神。如何改变这一状况，提高职工的政治觉悟，增进对共产党的了解，调动恢复生产的积极性，是摆在张履谦等人面前的难题和紧迫任务。

张履谦根据在校参加学生运动的经验，到工人群众中进行家访、个别谈心，召开诉苦会，说明共产党是工人阶级的先进组织，为的是全国人民的解放，建设新民主主义新中国，引导工人群众转变思想，提高觉悟。张履谦所做的这些工作，收到了很好的效果，得到了党内文化名人、《白毛女》歌剧作者贺敬之的热情肯定。

张履谦与石景山钢铁厂职工（二排右四为张履谦）

与张履谦一样，贺敬之也是临时被党组织抽调到石景山钢铁厂参加接管工作。作为张履谦的上级领导，他热情回答了张履谦在思想教育工作中遇到的问题，对其开展的一些很见成效的工作非常满意，俩人商议如何开展下一步工作，合计创办一份报纸，取名为《职工小报》。

《职工小报》是石景山钢铁厂解放后党委办的第一份报纸，主要用于及时宣传共产党的方针政策，反映和解决工人思想和生活上的一些问题，并为工人提供表达自己意见的平台，也为军管会了解和掌握职工思想动态提供一个渠道。

《职工小报》创办之初，工作异常繁重。因白天要找工人谈心、家访，所以，写稿、刻蜡版等工作只能留到晚上做。为了使报纸的内容贴近职工群众心愿，必须把稿件文字写的简单易懂。贺敬之主动承担了写政策性强的稿件，如接管政策、重要评论，写好后交给张履谦；张履谦负责写接管动态、党的性质介绍、职工生活、家访、职工思想等方面的文章，还要负责排版、刻板、印刷、分发等工作。为了小报，张履谦没日没夜地忙碌着，一天工作 10 多个小时，他在口袋里备一包花生米，实在饿了就掏出几粒吃。很快，《职工小报》在工人中传开了，成了人人不可缺少的读物。

为使《职工小报》内容更加贴近工人生活，张履谦绞尽脑汁，为文字画插图，画画是他在清华大学土木建筑系听素描课时学的；为反映工人心声，他反复与工人推心置腹，促膝谈心；为把党的思想有效地灌输到工人中去，他学习文件，反复斟酌选词造句，力求写出工人都能看得懂、都爱看的文章。几个月之后，石景山钢铁厂的情况与刚解放相比，有了很大改观，工人的政治觉悟提高了，对党的认识、了解加深了，恢复生产的态度更加热情了，干起活儿来也更有效率了。

这些成绩得到了北京市领导的肯定。北京市委书记彭真到石景山钢铁厂视察工作，张履谦向他汇报了接管后职工的思想变化和工作体会。彭真对张履谦的这些创造性的宣传工作非常满意，通过打听，得知这位主要负责人竟然是清华大学的一名三年级学生，于是，彭真把张履谦叫到会议室专门谈话。谈话末了，彭真语重心长地对他说，你在清华大学还没有修完学业，还是回去先把书念完吧，新中国建设需要有知识的人才，毕业后再出来工作。

张履谦获得的华北解放奖章

随着石景山钢铁厂接管工作告一段落，张履谦向组织递交了返校学习申请，得到了石景山钢铁厂党委书记于寿康的批准。不久，张履谦回到了清华校园，重新开始了专业知识学习。

张履谦长期参加党领导的民主学生运动和地下工作，在另一个战场上参加了中国人民解放斗争，又被组织派遣参加了北平市军管会的企业接管工作，表现了英勇斗争的精神，获得军委批准颁发的华北解放奖章。

4 半个世纪，难忘同窗情谊

8个来自湖南的同乡人，共同住进了清华大学明斋117宿舍。明斋117宿舍里的室友过着“乌托邦”式的生活，这是一段同舟共济、同吃同住的美好快乐时光。

由于家庭经济困难，在清华大学求学期间，张履谦的日子过得十分清苦。虽然学费和住宿不需要花钱，但生活费还是一项沉重的负担。

与南方相比，北平的冬天气温低得多，越冬需要棉衣，学工科做习题和制图需要购买计算尺和制图工具。战争年代，张履谦家中的财物被日本人洗劫一空，七八口人的生活本已十分困难，张履谦离家时，父亲给他筹措的100元钱，是全家人竭尽所能凑来和借来的。到了清华，学长们帮助张履谦申请了公费。作为公费生，每个月可以领到三分之二袋的面粉维持生活。平时同学家中有谁寄钱来，会邀请大家到学校旁边的小饭馆里，每人吃一碗炸酱面打打“牙祭”。

那时，清华大学学生住宿是自由选择的，可以自己找几个人住在一间房子，有钱的人还可以在校园外租房住。在学校的各种活动中，张履谦认识了一些湖南同乡，他们自愿结成伙伴，8个人住在明斋117宿舍。在这个宿舍住过的人，先后有同一年考入清华电机系后来转经济系的刘观丰，有广益中学同学朱镕基，有电机系的同班同学张信传、郭道晖、李特奇、黎模健、陈慎行、李特奇、谢克伦、皮兆鸾，还有文学系的洪锡琪。

住在明斋117宿舍的8个人，过着“乌托邦”式的生活，一直到毕业。这是一段共产主义般的美好时光。那个时候，不管谁家寄钱来，大家都将钱放在一起管，由刘观丰担任会计，需要时，大家都可以用，有吃的，大家都可以吃，有衣服，大家都可以穿。

1948年，清华明斋117宿舍的同学们（前排左一为张履谦）

虽同住明斋117宿舍，但他们之间谁也不知道别人的信息，如谁是“民青”，谁是共产党员。遇学生运动忙碌时，谁也不知谁去何方，其实他们都在忙着写文章，写大、小字报，做教授的统战工作和外校工作。平日，他们合办了一份小报，取名为《晓露》。小报的发行宗旨是宣传共产主义思想，介绍北平学生运动；发行对象是在湖南的中学母校，还尽可能扩大到外省。“晓露”意为“早晨的露水”，它孕育着禾苗的生长，催生着新中国的到来。张履谦负责《晓露》的印刷工作，他刻蜡版是好手，刻得又快又好。

在明斋117宿舍的8个人中，朱镕基与张履谦的友谊甚为深厚。俩人不仅同在清华大学电机系读书，之前还同在广益中学念书。再次在遥远的北平相遇，俩人的情谊更深一层。

作为清华大学学生会主席的朱镕基，常常要外出参加一些学生活动，在寒冷的冬天，他的衣着有些单薄，于是，张履谦就把自己最值钱、也是最保暖的一件皮夹克送给朱镕基。那还是初到清华时，来自南方的张履谦所带衣衫难以抵御北方寒冷的气候，于是，他约上几个老乡校友，找到一家较便宜的店铺，买了一件羊皮里子的皮夹克，这件皮夹克几乎花去了他身上所有的盘缠。在后来几次老同学聚会上，朱镕基多次提到此事。在这个宿舍里，每一个人都是兄弟，每一个人的东西都不分彼此，共用共享。

1997年，张履谦到香港参加何梁何利基金“科学技术进步奖”颁奖典礼，遇到了已担任国家总理的朱镕基。整个颁奖过程中，坐在主席台上的朱

老同学相见热情洋溢

朱镕基及夫人劳安与张履谦及夫人力伯畏亲切交谈

镕基似乎不认识台下的张履谦，但当仪式结束后，朱镕基便走下主席台，紧紧抱住了张履谦。这一举动，立刻使媒体兴奋起来，大家都十分惊奇，一个大国总理，怎么会如此热情地拥抱这位“普通”的科学家？

“朱总理走下主席台，热情地拥抱你，是有什么渊源吗？”一群记者围住张履谦问。

“我是一个普普通通的老百姓。自古以来，中国人讲究‘民为贵’、‘民为邦本’，朱镕基总理最喜欢老百姓嘛！”

张履谦机智的回答，既避开了记者的追问，又防止了回答不当有损总理的尊严，机智而又恰当地解围了这场新闻“大战”。

第四章　电子对抗　建立基础

1 服从分配，参军入伍

到祖国最需要的地方去，到最能挥洒青年热血的地方去。肖华部长专门派人把张履谦等几个年轻学生接到了总政治部，并宣布他们光荣地加入了中国人民解放军。

1951 年 8 月 1 日，对于张履谦又是一个新的开始。从校园学习步入社会工作，张履谦面对的是机遇、挑战和新的未来。

毕业之后，张履谦和几个同学被分配到军委通信部。1951 年 8 月 1 日，这一天，是张履谦到军委通信部报到的第一天。总政治部肖华部长派人把张履谦等几个青年学生接来，并宣布他们光荣地加入了中国人民解放军。总参谋部军委通信部王诤部长和刘寅副部长听说有大学生分配过来，非常重视，不仅亲自在办公室接见他们，还在通信部的小灶食堂里请他们几个小青年吃饭，表示欢迎。这其中有一位就是刚刚跨出清华大学校门的张履谦。

“又是大学生，又是党员，在当时是很难得的。”清华大学的五年时光，改变了张履谦，这时候的他，不仅仅是一名大学毕业生，还是一名共产党员。

张履谦被分配到军委通信部工程师室工作，与他一同参军的几位同学分别被分配到军委通信部的通信工程学院当教员，培养部队通信工程技术人员。当时工程师室的总工程师是我党老一代、党的理论学家陆定一的弟弟陆亘一。工程师室主要由两部分人员构成，一部分人搞通信，另一个部分人搞雷达。张履谦被分配搞雷达，当技术员。一个学电机工程的学生，毕业后被分配去搞雷达工作，虽然有些基础，但毕竟雷达是当时的高新技术，张履谦认为自己还有待补课。但张履谦并不畏惧：“只要工作需要，党叫我干什么，就干什么，而且要干好。”

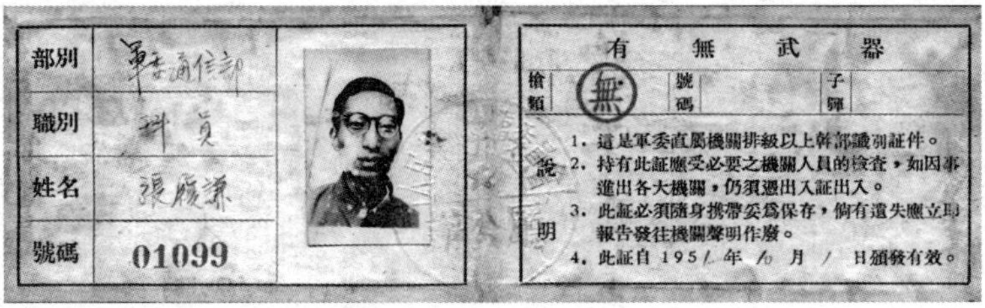

张履谦在军委通信部的工作证

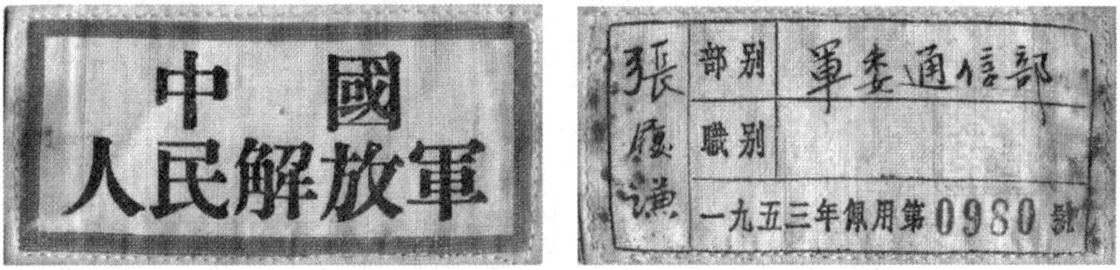

张履谦在军委通信部的军人胸章

当时，大学毕业生参加工作，实行的是分配制，无论分配到哪一个单位，工资待遇都一样，不少青年强调工作分配要符合个人的专业和兴趣，不愿意放弃自己所学的东西而去从事未学过的工作，不愿意到军队和艰苦的地方去。因此，是否服从国家分配，是大学里遇到的难题，也表现出一个青年的品质素养。面对参军，张履谦早在 1950 年朝鲜战争爆发时，就主动报名请求参加中国人民志愿军，表现了一个共产党员听从党号召的觉悟。面对兴趣和工作，张履谦有自己的认识，他认为不能借口专业不完全对国家需要的口而不服从，他说："个人兴趣是一回事，服从工作需要又是一回事，只有把个人兴趣跟党的事业真正结合起来，才是正确的。所谓对口，应当是自己主动地积极地去对国家的口，而不是要国家对自己的口。何况在学校所学的只是一些基础知识，还谈不上在哪一方面有什么特殊的专长。如果过分强调国家对自己的口，就是太不自量，对自己估计过高了。"

雷达的概念形成于20世纪初。雷达是英文radar的音译，为Radio Detection And Ranging的缩写，意为无线电检测和测距的电子设备。各种雷达的具体用途和结构不尽相同，但基本形式是一致的，包括发射机、发射天线、接收机、接收天线，处理部分以及显示器，还有电源设备、数据录取设备、抗干扰设备等辅助设备。雷达的作用类似于人的眼睛和耳朵，它的信息载体是无线电波。

雷达的工作原理是发射机通过天线把电磁波能量射向空间某一方向，处在此方向上的物体反射碰到的电磁波；雷达天线接收此反射波，送至接收设备进行处理，提取有关该物体的某些信息，如目标物体至雷达的距离、速度、方位、高度等。

新中国成立初期，中国没有多少雷达，只有华北防空司令部几部地面警戒雷达布置在渤海湾；空军司令部有几部空军指挥雷达放在各个机场，作为空军指挥控制用；海军也有一些雷达安装港口，用作引导船舶入港，但全军加起来总共只有几十部雷达。

最初，军委通信部雷达处只有张履谦一个搞雷达的技术人员，但很快得到了扩大，扩大后分成几个组，张履谦担任雷达组组长。面对陌生的领域，张履谦和大家一道共同学习雷达，一起将外文版《雷达基础》翻译成中文，供同行学习。张履谦还亲自到雷达部队，了解雷达的工作状况，在雷达荧光屏上看飞机呈现的波形。然而，当时的交通并不像现在这么方便，雷达部队驻在唐山和天津，现场学习带来了很多不便。

1951年对张履谦来说，是一个幸运之年，也是一个新奇之年。张履谦第一次真正步入工作岗位，第一次穿上军装，第一次接触雷达，第一次奔赴前线……

1959 年，张履谦和军委通信部雷达处的同志们在一起（前排右二为张履谦）

2 初出茅庐，临危受命

张履谦、陆亘一随王诤部长一起，连夜坐上前往中朝边境安东站的火车。张履谦在雷达站一呆就是 10 多天，与雷达操作员共同试验，成功研究出几条抗干扰措施。

1950 年，美国打着联合国旗帜，越过北纬 38 度线北犯，侵占平壤，战火迅速燃烧到中国边境。唇亡齿寒，中国安全受到严重威胁，中国人民志愿军保家卫国，入朝参战。

为了打击我国抗美援朝的运输补给，美国 B－29 飞机对鸭绿江两岸进行狂轰滥炸，并施放电磁波干扰，使我军警戒雷达不能发现目标，指挥雷达不能引导空军作战。在紧急形势下，我作战前方要求后方火速采取对策，排除敌方干扰。而当时作为军委通信部雷达处的张履谦，理所当然地成为执行此次任务的最佳候选人。

一天下午，王诤突然将陆亘一和张履谦叫到办公室，语气沉重地念了一份电报——“……火速去前线解决难题。”

美国 B－29 飞机

“总参谋部要我们到朝鲜去解决雷达抗干扰问题。我们三人一道到前线去，今晚立即出发。”

王诤带着张履谦和陆亘一，坐火车一直到达安东（即现在的辽宁丹东），抵达中朝边境第一天就到了防空部队，不久又到了空军部队，了解空军的情况。到达雷达站的当天晚上，王诤亲自坐守雷达站阵地，观看了雷达受干扰情况，他说：“不解决这个问题不回去。”

张履谦留在前线，在简易的雷达站里，面对第一次接触实战的雷达设备，看说明书，请教雷达技师。经过通宵研究，张履谦终于摸清了雷达原理和结构。

敌方飞机非常狡猾，常常选择在晚上十一二点钟起飞，到凌晨一两点钟飞来轰炸鸭绿江桥。敌方打开干扰机，使我军雷达的荧光屏上什么也看不见。张履谦等人把敌方干扰特征记录下来，再把雷达频率动一动，看看是不是有噪声变化，信号有多强。

我军防空雷达

张履谦在雷达站一呆就是 10 多天，和雷达技师一道，观察分析电磁波干扰现象，大家一起商量，想办法。等敌机第二次来时，张履谦等人就将商量好的对策应用于抗干扰试验，并将最大干扰方向上报给指挥所，以便指挥所根据其他雷达受干扰方向，测出干扰飞机所在位置。

张履谦等人在中朝空军联合司令部的几个雷达站调查研究一段时间后，与雷达操作员共同试验，成功研究出几条抗干扰措施：快速改变频道，扩展使用频段，加装瞬时自动增益控制电路，多站联合定位干扰源。这些措施既简单，又十分有效。张履谦的想法向上级汇报后，立刻被前线司令部所采用，并通报前线雷达部队执行。为了让上述应对干扰的方法得到进一步普及和提高，张履谦在完成任务回到通信部后，一方面把在对抗美援朝战场上抗干扰的工作经验整理成文，列出我军第一个抗干扰操作规范，由总参通信部颁发给全军雷达部队执行，这是我军电子对抗最早的一条军事条例；另一方面还研究了一项变手动为联动的快速跳频抗干扰系统，即雷达作抗干扰度盘调整时，让主度盘转动，带动其他几个副度盘一起转，多度盘同步转动，这种系统不仅节省了调试时间，还提高了准确度和成功率。

这套抗干扰系统随后交给前方部队使用，取得了很好的抗干扰效果。美军飞机自日本东京起飞，离开跑道升空，直奔三八线，令他们意外的是，他们的电磁波干扰不灵了，我军雷达很快便抓住了他们，判定了美军飞机的航向，并引导我军战鹰飞上天空，与敌机开展勇猛的空中格斗。

张履谦采用的这种快速跳频抗干扰措施，时隔近 60 年直至现在，依然是现代各种雷达使用的最有效的一种抗干扰手段，只是现代使用的器件进步了，工艺先进了，但其设计思路是一致的。为了表扬张履谦在朝鲜战场上所做的工作，总参通信部在年终总结时给他记了三等战功。

张履谦在解决雷达抗干扰工作时，与朝鲜人民军结成了深厚的友谊。2004 年，张履谦到板门店，见到了朝鲜人民军战士，俩人谈到抗美援朝、打击美国强盗飞机的往事时，备感亲切，依依不舍，合影为念。

2004 年，张履谦在板门店和朝鲜人民军战士合影

3 受命组长，管全军雷达

雷达抗干扰是一项长期的工作。军委通信部雷达干扰与抗干扰组成立，张履谦任组长。王诤对张履谦说，全军的雷达全交给你管了。

抗美援朝战争中的雷达抗干扰问题得到解决后，张履谦从前线回国，王诤高兴地对他说："小伙子，全军的雷达全交给你管了。"王诤指示：你来牵个头，要管好全军的雷达，首先要把雷达抗干扰问题解决，把技术送到部队，我们应吸取战争经验教训，雷达抗干扰是长期不是短期的工作。

随后，王诤给军委写了一份申请报告，请求建立全军雷达干扰与抗干扰小组。

1953 年年初，雷达处的雷达组改名为雷达干扰与抗干扰组，我军第一个雷达干扰与抗干扰组正式成立，张履谦任组长。

张履谦意识到，要搞好雷达干扰与抗干扰，不精通雷达，怎么能有效地干扰它呢？不掌握雷达，怎么能解决它的抗干扰呢？正逢其时，他在图书馆里找到了从香港购进、刚出版的一套外文版《雷达丛书》，这套丛书是美国麻省理工学院（MIT）编纂的。麻省理工学院在第二次世界大战时，深入研究了防空警戒、高炮瞄准、飞机射击、投弹瞄准、导航仪及信标机等技术，并

张履谦刻苦攻读《雷达丛书》

将其装备了美国空军。这部丛书正是麻省理工学院研究的总结性文献，全套28本，分期出版，当时只出了少数几册。张履谦决心下苦功夫，一定要把这套丛书设法从香港买来，把它读完，学好技术，管好全军雷达，搞好雷达干扰与抗干扰工作。

雷达干扰与抗干扰组成立后，王诤给张履谦从雷达学校调来一些人，这些人都是高中毕业后在雷达专科毕业的中技生。

俗话说“巧妇难为无米之炊”，没有器材，干扰与抗干扰研究试验如何进行，课题怎能完成。小组已经成立了，人也调来了，抗干扰必须要搞干扰机作信号，在雷达上才能进行抗干扰研究，这些都没有，怎么进行研究。

在王诤的指示下，通信部打开北京的仓库，让张履谦他们随便挑，只要合适，办个手续就可以。仓库里，只有一些灯泡、电线和插头之类的东西。好容易打听到在南京的仓库里，有一批国民党军队逃走时留下的器材，这些器材中可能有一点旧雷达设备和电子管。于是，张履谦就和组里的工作人员一起跑到南京的仓库找，结果发现了一些不完整、不配套和破旧的干扰机和侦察接收机，还有一些信号分析仪器，但都破损不全，有的少电子管，有的缺电路板。而张履谦他们却如获至宝，将这些东西全都带回了北京。通过修理，再配上通信机用的电子管和他们自做的一些电路板，这些东西基本能用了。

为了增强实践知识，张履谦还申请从部队调来一部即将退役的雷达，运到研究室，用于雷达干扰与抗干扰试验。

跟新同志一道，到仓库里找破旧烂，使用废旧机器，张履谦就是在这样没有条件的情况下创造条件，开展雷达干扰与抗干扰研究工作。

4 领队前线，搞电子侦察

张履谦提出，将台湾、澎湖、金门、马祖等地的雷达侦察清楚，找出其盲区。张履谦和四位同志马不停蹄，赶赴福建前线开展电子侦察，并绘制了台湾雷达布置图和盲区图。

在美国的支持下，1954年，台湾当局不断出动空军部队，对我东南沿海和大陆地区进行袭击、骚扰，台海局势日趋紧张。总参谋部对雷达干扰与抗干扰组下了一个任务，即在我空军进驻福建时，对台湾、澎湖、金门、马祖等地的雷达进行干扰，不让敌方发现我飞机。张履谦接到任务后提议将台、澎、金、马等地的雷达侦察清楚，找出其盲区，我空军可沿着盲区进驻福建机场，不要轻易动用干扰，干扰是在打战时用以制胜的武器，在必要时才动用它。领导接受了张履谦这一建议，于是，张履谦带领俞德生、任德骥、徐月泉和宋旦华四位刚刚从雷达学校毕业的新同志，奔赴福建前线，对台湾地区雷达做电子侦察。

张履谦和四位同志，带着自行修复和研制的雷达侦察接收机、无线电定向仪、信号分析器、发电机和汽油，从北京至上海，经江西鹰潭，到达福州军区。福州军区为他们配备了一辆军用吉普车、一名警卫，军用车载着他们及衣被和口粮，前往福州鼓山、平潭岛、厦门云顶山等地，对隔海相望的金门、马祖岛进行战地电子侦察。

张履谦带领的电子侦察小分队（后排右二为张履谦）

正当张履谦他们坐着吉普车向目的地疾驰时突然，一声急促的刹车声打破了平静，原来军车与迎面走来的老黄牛碰上了。张履谦他们还没反应过来，就听见那位牵黄牛的老乡哭诉道：“这可是我的命根子呀，没有它，我们一家可怎么活呀……”大家二话不说，赶紧下车，老百姓的事可是咱自己的事，老百姓的利益可是咱自己的利益。幸好，老黄牛只是被蹭破了点皮，但老黄牛和放牛的老乡却被吓得不轻，那时，汽车是很稀罕的东西，能与汽车“交手”更是罕见的事情。最后，老乡接受了张履谦他们的道歉。

来到距离金门岛最近的厦门云顶山，张履谦他们带上雷达侦察接收机、无线电定向仪、信号分析器、发电机和汽油，通过人力将它们扛到山顶上。山高200多米，没有路，有一段原始森林，扛着沉重的设备爬到山顶，可以想象当时的艰辛。为了给小分队的同志树立信心，张履谦扛着最重的发电机在前面打头阵，随行的组员看到这一情景，二话不说，也扛着侦察器材和汽油上山了。

当地的老百姓看到张履谦他们把上百公斤重的发电机、接收机等东西扛到山顶上，非常惊讶："这些小伙子竟能把这么重的东西扛到那么高的山上！"

为了测绘出台湾雷达覆盖图和盲区，他们从一座山顶爬到另一座山顶，从一个岛跑到另一个岛。通过山顶上的电子侦察，可以在电表上测出对方雷达的功率，在度盘上读出雷达的频率，用耳机听出雷达在转动和扫描，用信号分析器看出雷达发射波形，用定向仪测出雷达方向，通过几何方法对雷达定位。更有趣的是，在山顶上还可以通过望远镜看到对面国民党士兵从战壕里跑出来，被军官一个个地赶下去。

解放初期，在福建沿海一带乘船不安全，去海岛的水路，常常会有海鬼（海盗）出没，船上的人随时有被打劫的危险。海鬼都是国民党那些人，只要他们看到对方船上有汽油，就会用步枪打穿对方船上的汽油桶，造成全船起火。为了防备这些不速之客，张履谦他们和随行的警卫员配备枪支，随时保持警惕状态。

张履谦带领小分队在福州鼓山执行电子侦察任务（右一为张履谦）

测量侦察工作没有想象中容易。为了能获得台湾雷达的覆盖图，计算出雷达盲区，他们除了翻山越岭，还常常要在一个山头呆上好几天，晚上支个帐篷睡在山上。深山里通常没有路，南方的夏天，像蛇这样的动物经常可见，然而，他们并不害怕，一心只想着完成任务。遇天气好时加紧工作，若遇下雨将机器淋湿了，就什么也测不到和看不见了。没办法，只能干等。

付出总会有收获。通过侦察、定向等测量，张履谦了解到台湾的雷达数量、功能、频率、作用距离等数据。针对福建的地形地貌，他们测出了雷达工作盲区。近半年时间，他们辗转于福建各个山头、各个海岛，测绘出台湾雷达布置图和盲区图，送交给总参作战部，为我驻闽空军提供了重要的作战情报，获得了福建军区和通信兵部领导的好评。

张履谦回忆起这段时光时说：“我是个刚毕业的大学生，他们四人是中专生，我们五个人加一个警卫，要把台湾的雷达找出来，看哪里有盲区，这个问题没人做过，原来想都不敢想。”

5 建十八室，奠定技术基础

在张履谦的领导下，十八室的工作得到了迅速发展。十八室的工作为开创我国电子对抗事业奠定了基础，为促进雷达技术发展、培养专业人才和部队训练，起到了巨大的推动作用。

1956 年，张履谦和电子技术研究所十八室的同志（前排左一为张履谦）

1956 年，雷达干扰与抗干扰组划归总参通信部电子技术研究所，成为一个研究室，代号十八室。张履谦任研究室室主任，研究室增加了成员，扩大了试验室面积。

张履谦把研究室成员分成五个工程组：第一组研究干扰，搞干扰信号源和高功率发射机；第二组研究宽频带和高分辨力接收机，搞雷达侦察接收机；第三组研究雷达信号特征及其解读和存储记录，搞仪器分析和记录设备；第四组研究抗干扰策略措施，实现电路和设备及外场试验，搞雷达抗干扰；第五组搞通信干扰与抗干扰研究。张履谦虽是室主任，但他亲自参加工作，负责雷达抗干扰研究。

在张履谦任总参通信部雷达侦察干扰与抗干扰组组长和十八室主任期间，他组织和指导大家成功修配和研制了 P、L、S、C、X 等频段的雷达侦察接收机、信号分析器及微波、超短波干扰机，共计 30 余台，成功研制出多种雷达瞬时、延时自动增益控制电路，干扰对消电路；研究出抗人为干扰和抗地物和环境干扰的设备；采用水银延迟线，最早在我国成功实现了对地杂波的抑制。通信干扰与抗干扰组还请了一位名叫 B・瓦干诺夫的苏联专家，他和张履谦同在一个办公室办公，指导研制对各种通信干扰最有效的信号源及当代通信体制的有效抗干扰措施研究。

在张履谦的领导下，十八室的工作得到了迅速发展。不到一年时间，十八室的研究人员从 10 多人扩展到近 30 人，著名电子学家、获德国博士学位的黄足，著名导弹武器总设计师李一鸣，电子学专家何午山、周炎、黄谋忠、李信谦、刘锦堂，电子对抗专家俞德生，雷达专家任德骥、何武城等，都先后在十八室搞过课题研究。

十八室的工作，为电子对抗技术进步、促进雷达技术发展、培养专业人才和部队训练起了巨大的推动作用，为我国电子对抗事业奠定了技术基础。今天，我国电子对抗技术从地面、空中，发展到海洋和太空，从几个研究人员，发展到专门的研究所和生产工厂，都与张履谦带领的干扰与抗干扰组先期工作分不开。

“你要搞雷达抗干扰，不懂雷达不行。”从一个没有搞过雷达到雷达干扰与抗干扰室主任，从没有见过雷达到做出许多雷达侦察干扰与抗干扰设备，将敌人的雷达覆盖区与盲区测绘出来，张履谦靠的是抓紧一切可能利用的时间，如饥似渴地钻研有关雷达方面的书籍、文献和资料；靠的是向同志们学习、向实践学习。

边干边学，理论与实际密切结合，是张履谦钻研技术的一个特点；老老实实，虚心求救，不懂就问，不会就学，是张履谦钻研技术的又一个特点。“知识的问题是一个科学问题，来不得半点虚假和骄傲。”

边干边学，理论与实际相结合，是张履谦在技术上成长较快的一个重要因素。他一参加工作，组织上就交给他解决抗美援朝战争中急需解决的雷达抗干扰任务。对此业务很生疏的张履谦承担着巨大的压力和挑战。他反复思索毛主席的教导：我们不熟悉的东西正在强迫我们去做。这就是困难，我们终竟能够学会自己不懂的东西。带着工作中迫切需要解决的问题，他查阅了各种文献资料。“只有跟工作结合起来，学习才有丰富的内容，才有强大的压力，才能钻得深、学得透、记得牢、提高得快。如果学习脱离了工作，就失去了意义，学习就没有压力，效果也就不会好。”张履谦回顾自己的成长之路，时常深有感悟地说。

6 电子对抗，写入国家规划

张履谦建议我国应建立相应的研究、生产机构，有计划、有目标地攻破电子对抗诸多技术关键，造就一支强大的科学技术人才，建立必要的科研、生产保障设施与试验基地。这些建议都被吸纳进我国“十二年科学技术发展规划”中。

随着新中国成立后经济的逐渐恢复，国家设想在第二个、第三个五年计划内更大规模地开展经济建设，制定了宏伟的目标。1956 年，在周恩来总理的领导下，国务院成立了科学规划委员会，调集全国几百名各种门类和学科的科学家参加编制规划工作，还邀请了 16 名苏联各学科著名科学家来华，帮助我国了解世界科学技术发展水平和发展趋势，制订我国第一个科技发展规划——《1956～1967 年科学技术发展远景规划》。

作为雷达和电子对抗领域的专家，张履谦和张直中参加了这一远景规划相关章节的编写工作。张履谦介绍了外军雷达与电子对抗情况，提出了我国应发展雷达干扰、抗干扰电子对抗事业，根据我军任务发展需求提出了发展思路，并应建立相应的研究、生产机构，有计划、有目标地攻破电子对抗诸多技术关键，造就一支强大的科学技术人才，建立必要的科研、生产保障设施与试验基地。这项规划得到了国务院批准。从此，我军的电子对抗事业，纳入了国家长远规划之中。

张履谦在总参通信部工作期间，为我国雷达技术和电子对抗事业作出了较为显著的成绩。作为全军通信兵技术竞赛代表，他在中南海受到了毛泽东主席的亲切接见。

1957 年，毛泽东主席接见全军通信兵技术竞赛代表

张履谦见证了我国雷达技术和电子对抗事业的发展过程。有人把张履谦称为我国电子对抗工作的开创人或奠基者，而张履谦在谈到这一点时谦虚地表示，我只是比别人开展雷达与电子对抗工作早一些，带了一帮人，引了个路，搞了一个开头。

第五章　从业航天　攻坚雷达

1 自力更生，投身航天事业

张履谦负责研制的制导雷达，是导弹系统的重要组成部分。而当时，我国在导弹制导方面，一无设备，二无人才，研制时间却非常紧，要求高。

新中国成立伊始，百废待兴。共和国的开国领袖们精心地谋划国家未来建设的宏伟蓝图。在经受了付出极大牺牲代价的抗美援朝战争和饱尝西方敌对国家挥舞核大棒的威胁、讹诈后，新中国的领袖们深切地认识到，对付强权政治必须依靠强大的军事实力，不掌握现代化的武器，国家和人民的腰杆永远直不起来。作为一个幅员辽阔、人口占世界第一位的大国，只有掌握尖端武器，具备核反击能力，才能真正维护主权，屹立于世界之林。基于这种认识，在建国初期国家经济十分困难，工业基础十分薄弱，科技水平十分低下的情况下，党中央仍然作出了发展尖端武器的决定，毛泽东说，“原子弹就是那么大的东西，没有那个东西，人家说你不算数”，“这是决定命运的。”

1956 年 10 月 8 日，由著名科学家钱学森领衔的中国第一个导弹研究机构——国防部第五研究院，在没有锣鼓喧天、没有花环彩带的寂静院落中悄悄诞生。这是站起来的中国人民面对强大的西方敌对势力，为了民族尊严，为了国家主权，

1962 年 2 月 2 日，国防部第五研究院科学技术委员会成立合影（二排右六为张履谦）

为了那受人欺辱的日子一去不复返而抗争的公开宣言，也是新中国为了维护国家长治久安所选择的一条新路。

在那个阳光灿烂的秋日里，来自全国各地的精英汇聚到了国防部第五研究院。著名科学家钱学森担任院长，任新民、屠守锷、梁守槃、庄逢甘、李乃暨、梁思礼等人担任负责人，初步建立起了导弹总体、空气动力、发动机、弹体结构、推进剂、控制系统等 10 个研究室，以仿制苏式 P－2 导弹的大练兵为开端，拉开了中国人独立自主地研制尖端武器的大幕。

而这个秋日，冥冥之中也与张履谦结下了不解之缘。

一年后，国防部第五研究院任务剧增、队伍扩大，新成立了以导弹总体设计为主要任务的一分院和以研制导弹控制系统为主要任务的二分院。

1957 年秋，根据中央军委的决定，31 岁的张履谦从总参通信部电信技术研究所调到刚成立的国防部第五研究院二分院，开始了从事我国航天事业的生涯，这一干就是半个多世纪。

国防部第五研究院成立之初，没有科研大楼，没有实验室，条件十分艰苦。二分院成立后没有办公场所，用的是位于北京西郊永定路地区的解放军后勤部财务学校的教室。科研人员以通信部电信技术研究所调来的一批人为骨干，还有一批刚从大学和中专学校毕业的学生，有些人大学还未毕业，就被“拔青苗”调入研究院，还有些人是部队转业来的干部和士兵。没有图书馆，没有加工厂，没有试验场地，一切工作都靠白手起家，从零开始。

张履谦调到二分院后，被分派到雷达研究室担任副主任，他和冯世璋主任一道，带领几个新技术人员和部队转业的雷达士兵，开展远程飞航式导弹（现称为老“红旗一号”）制导雷达的研制任务。

远程飞航式导弹制导雷达的作用距离为400公里，技术指标要求很高，测距、测角精度要比在抗美援朝战争中使用的防空警戒雷达和空军指挥雷达高几个数量级，处在当时的紧迫时期，研制时间进度要求很急。

张履谦根据雷达方程计算远距离的目标跟踪雷达，脉冲发射功率达兆瓦级，他建议采用当时从苏联引进的测高雷达发射机，自行研制大型抛物面天线，利用缴获的炮瞄雷达接收机和伺服系统，再配上显示器和电源，尽快地搞出飞航导弹的远距离制导雷达。他提出的这一方案设想，立刻得到了周维院长的支持。于是，研究室的同志一齐动手，在只有几张课桌的研究室，描绘图纸，四处跑器材，开展热火朝天的科研工作。

就在此时，传来了中国与苏联达成两国新技术合作的消息。根据合作协定，苏联愿意向我国提供近程地地导弹（仿制代号“1059”）、地空导弹（仿制代号“543”）、海防导弹（仿制代号“542”）三个导弹型号的研制援助。

1958年6月，“1059”导弹样品先行运抵中国，国防部第五研究院领导决定尽快开展该产品的仿制工作。张履谦停止了老“红旗一号”的研制试验工作，全力投入到“1059”导弹的仿制，负责偏航校正仪的仿制工作。“1059”导弹系统样品到了，但图纸未到。为了抢时间，领导决定自行参照实物描绘。于是，张履谦等人比划着样品，制作蓝图。自行测绘图纸完成后，苏联图纸才姗姗而来，研究人员比对着修改图纸，下厂加工，争取到不少研制时间。

“1059”导弹仿制得到党和国家领导人的关怀，全国各行各业也给予了大力支持。只要仿制导弹有需要，全国各地要人给人，要设备给设备，要材料给材料。导弹仿制速度进展很快。

但好景不长。不久，中苏关系破裂，苏联政府对中、苏双方签订的《国防新技术协定》的态度变得消极起来，他们能拖便拖，能不供货就不供货，甚至有意给“1059”的诞生设置种种障碍，后来干脆撤走来华援助的所有专家，带走设计资料和图纸，留下了一个半拉子工程，原先制定的1959年10

月建国10周年之际完成首次飞行试验的目标未能实现。

面对重重困难，毛泽东坚定地表示："敌人有的，我们要有；敌人没有的，我们也要有，原子弹要有，氢弹也要快。管他什么国，管他什么弹，原子弹、氢弹我们都要超过。"陈毅喊叫着说："当了裤子也要把原子弹搞出来。"以后，他又多次对聂荣臻说："我这个外交部长腰杆还不太硬，你们把导弹、原子弹搞出来了，我的腰杆就硬了。"聂荣臻气愤地说："中国人民是聪明的，并不比别的民族笨，我们要依靠自己的专家和工人搞出自己的导弹……"在随后的一次会议上，聂荣臻用拳头擂着桌子说："逼上梁山，自己干吧！靠别人靠不住，以后就靠在座的大家了。党中央寄希望于我们自己的专家。"

张履谦参加了这次会议。他一回来就把工程组长召集到一起，激动地说："帝国主义欺负我们，修正主义也欺负我们。他们可以从技术资料上、物质上封锁我们，但是我们的革命意志和智慧是封锁不住的。我们一定要自力更生、发愤图强，早日拿出成果来。"他的话叩响了大家的心弦，大家感到自己的双肩突然沉重起来。

在研制"1059"时，张履谦带领研究室的同志突击偏航校正仪的一项关键技术。当时，研究室的基础条件很差，只有几张三屉桌和一块电源接线板，参加此项课题的成员，有的刚出校门，有的连课题的技术原理还没有搞清楚。看到研究室的同志缺乏信心，张履谦便不厌其烦地给大家讲完成这项课题的意义和作用，介绍国内有关研究情况，指出工作的有利条件，教育大家在战略上要藐视困难，在战术上要重视困难。很快，大家精神振奋，干劲倍增。

经过一个月的辛勤劳动，准备工作初步就绪。大家满以为一个季度可以完成偏航校正仪攻关的任务，在三个月之后，仍没有取得理想结果。一次，某电真空元件工作不稳定，在一夜之间就做了40多处的电路修改，还看不出效果。为此，有些同志产生了急躁情绪，信心也有些动摇。

为了鼓舞士气，张履谦一面进行技术分析，一面给大家讲科学试验不会一帆风顺的故事。他告诉大家，杀虫的"六六六"粉是经过600多次试验，常用的红汞药水也是经过220次试验，才获得成功的，以此鼓励大家百折不挠，再接再厉。他还和颜悦色地安慰大家："别忙，不要急，一步一步来。"事后，有些同志回忆说："我看张主任那样沉着、和气，心也定了。如果他急躁起来，发了脾气，我们不知会乱成什么样子呢！"

在张履谦的带领下，经过200多次试验，关键技术终于取得了突破。中国航天人不信邪，大家挽起袖子苦干加巧干，自行研制各种仪器设备和代用材料，终于制造出了苏联人设计的那种导弹控制仪器。

1960 年 11 月 5 日，在苏联专家撤离中国后的第 83 天，一枚使用国产材料、中国人自己制造的“1059”导弹像一把利剑，竖立在甘肃酒泉导弹发射场的发射台上，傲然挺立，直指蓝天。

随着现场发射指挥员下达的点火命令，伴随着惊天动地的一声轰鸣，“1059”导弹拔地而起。几秒钟后，垂直上升的导弹开始按程序转弯，向 590 公里外的远方飞去，准确击中目标。当晚，主管国防科技工业的聂荣臻元帅举起酒杯，向所有的航天创业者们致敬：“在祖国的地平线上，飞起了我国自己制造的第一枚导弹，这是我军装备史上一个重要的转折点！”

继 11 月 5 日发射取得成功之后，“1059”导弹又于同年 12 月进行了两次发射试验，均获得成功，达到了设计规定的战术技术指标，并改名为“东风一号”。

2 艰苦创业，国防科研楷模

张履谦和“543”工程的所有人员一起，发扬自力更生、奋发图强的精神，带领全室同志奋勇拼搏，战斗在科研第一线。张履谦的先进事迹得到了聂荣臻元帅的高度赞扬。

1958 年，国防部第五研究院二分院组织队伍开展仿制“543”地空导弹的工作，张履谦调任二分院二支队四室（雷达收发设备研究室）主任，负责制导雷达站收发系统的仿制工作。1959 年，张履谦又调任一室（雷达总体设计室）主任，主管制导雷达站总体设计、技术集成、外场试验等工作。1962 年，张履谦被任命为支队副主任兼制导雷达站主任设计师。

仿制“543”，历时 7 个年头，张履谦经历了雷达站分机设计、下厂生产、飞行试验、设计定型研制生产整个过程。

搞尖端技术产品，我国科研人员缺乏经验，而上级领导号召要“不走样”地仿制出来，要吃透“543”。张履谦内心十分清楚，要想仿制出不走样、能打仗的雷达，必须搞好“反设计”工作，消化苏联的原设计思想，把技术吃透；要想快速生产出高质量的产品，必须制作出正确的图纸，跟踪图纸加工，控制和保证加工质量；要想攻克技术关键，必须脚踏实地，克服困难，进行大量的科学试验。

然而，他的研究室里近40人中，除少数几人外，全是新调来的人员，大学生、中技生、大学没有毕业就被“拔青苗”的学生。这些学生初出校门，没有做过设计工作，只有张履谦的学历高些，在通信部当过室主任，但也不到10年工龄。许多新来的大学生没有房子住，只能睡在帐篷里过夜。实验室里的设备是课桌和板凳，工具是烙铁和改锥，仪器只有三用表。实验室里最珍贵的仪表是一台示波器，但波形显示很不稳定，仿制所需的微波信号源、频谱仪设备，一台也没有。这些仪器设备当时在全国也是极为少见的，又没有进口来源。由于国家工业基础差，雷达研制所需的高频发射管、高压整流管、高频电缆、开关、继电器等元器件和原材料，要什么，没什么，全得从头研制；苏联背信弃义，撤走专家，雷达研制的一些技术标准原都是执行苏联的，苏联的技术标准与我国的标准不一，且配不上套；雷达研制的一些诀窍，我们无法得知；图纸资料有短缺，我们也无法知道。又值我国三年自然灾害困难时期，生活条件异常艰苦，职工的粮食是定量供应，每人每月28斤，女同志还更少。由于食物严重缺乏，不少同志因为营养不良，得了浮肿病。

在这样的艰苦环境下研制尖端武器，确实是一场考验。而立之年的张履谦，以从小不忘国耻、立志报效祖国的心情和坚强毅力，带领一群年青的航天团队，迎接了这场挑战。

张履谦搞科研，首先是培养人才，他深知没有为航天事业效力的人才，没有懂技术的人才，是出不了成果的。他采取“做事先做人”的思维方法和传、帮、带的工作方法，培养干部。

“做事先做人”，就是做工作要先学会做人。张履谦对每一个新来的同志总是这样讲：旧中国是半殖民地半封建社会，国不富，兵不强，没有飞机、大炮，日本鬼子欺负我们；新中国成立后，美帝国主义又欺负我们，想将我们扼杀在摇篮中；今天苏联撤走专家，又欺负我们。我们一定要遵照聂荣臻元帅的指示，响应党中央的号召，争一口气，搞出我们自己的导弹制导雷达站。聂荣臻元帅在我国三年自然灾害困难时期，组织部队人员到内蒙古草原打黄羊，送给科技人员以补充营养，还从东北调来一批黄豆，做豆腐加餐，我们要体会党对我们的殷切期望和领导对我们的关心，搞出我们的争气雷达站。

毛泽东主席在纪念白求恩大夫一文中说，要做“一个高尚的人，一个纯粹的人，一个有道德的人，一个脱离了低级趣味的人，一个有益于人民的人。”张履谦要求别人，也是这样要求自己的，他在工作中率先垂范，在科研第一线和同志们一起干。

当时搞“543”仿制工作，怎么搞反设计，怎么作试验，以什么教材教新同志搞制导雷达站，都是一个困难的问题。

搞制导雷达是第一次，苏联撤走专家，张履谦无处学习，逼得他只能更加劲地继续攻读《雷达丛书》，更加勤地跑图书馆查找资料。在书中得到知识，结合实际，解决工作中遇到的问题，边干边学，边学边干，边学边教。在雷达干扰与抗干扰研究中，张履谦已攻读《雷达丛书》，掌握雷达技术。仿制“543”，有雷达总体设计和部件设计方面的问题，而这套丛书有雷达作用距离计算、电波传播原理、微波技术、核心雷达器件、收发及显示、伺服控制等理论设计和实现电路等内容，十分切合仿制“543”的工作需要。张履谦如饥似渴地继续学习，每天下班回到宿舍总要学到晚上12点钟后才睡觉。夜里读书困了，他就用凉水浇头，清醒后继续攻读。同研究室的同志睡觉前，总会去看张履谦宿舍的灯还亮不亮，如果灯亮着，大家也不早睡。节假日对张履谦来说，是最宝贵的学习时间，他常常早上随便吃些早点，拿上两个馒头，夹点咸菜，便跑到研究室附近的树林里读书，一读就是一整天。

张履谦利用业余时间刻苦学习

张履谦不仅自己苦读书，还给室里的同志讲雷达。每天下午，研究室的几十人聚在张履谦身边，从什么是雷达开始入门，到什么是定向跟踪天线、磁控管、放大器、变频器，信号怎么接收，怎么放大……，一点一滴，张履谦从最基础的部分讲解，联系实际，逐步引向深入。

为了搞好“543”的反设计工作，在云岗地区运来了一套雷达站实物，供总体和各个分系统作短期的学习和观摩。从永定路到云岗，没有直达的公交车，只有敞篷汽车作为交通工具，行车需一个小时左右。那时正值寒冬腊月，为了赶快吃透“543”，消化“543”，搞出自己的雷达站，张履谦带领研究室的同志，冒着风雪去试验场进行调试，一干就是半年多时间。在张履谦的带动下，全体同志从不缺席，学习干劲倍增。

1959 年，张履谦在风雪时节奔赴“543”雷达站试验场

聂荣臻元帅对从事国防科研工作的同志，提出了要发扬严格、严肃、严密的“三严作风”的号召，张履谦认真地在工作中予以贯彻。除了给同志们补习雷达理论知识，他还总结出了 10 条必须掌握的基本功，并亲自演示和训练他们。这 10 条基本功是计算、绘图、接线、摆置、焊接、调试、读表、计量、校准、修理。具体说来，计算——误差的工程计算方法；绘图——符合加工生产要求的蓝图绘制；接线——匹配的试验设备连接；摆置——电磁兼容的仪器布线和摆放；焊接——用电烙铁焊接电路板的规范要求；调试——消除误差的仪表度盘调试方法；读表——采用投影光进行电表

读数；计量——仪表精确计量；校准——设备的标定；修理——电路、机箱修理。以摆置为例，每个仪器摆置的位置极其有讲究，因为放的位置不同，线路的联接电缆走线有异，仪器之间就有可能出现相互干扰的情况，这将直接影响雷达调试工作的正确性和准确性。正因为如此，张履谦对每一项基本功都严格训练，绝不含糊，保证了仿制“543”的质量控制。

张履谦和同志们一起研究仿制控制雷达站

很快，研究室的同志迅速成长起来。黄文鑫担任微波接收机组组长，张通担任高功率发射机组组长，张云龙担任微波网络组组长，王大志担任雷达总体组组长。这些工程组组长，都是张履谦的得意徒弟，在带他们的过程中，张履谦不仅给“面包”，还传授“猎枪”。张履谦认为，教他们知识，让学生们有“面包”吃，这是应该的，但“面包”终究会吃完，还得教他们本领，给他们“猎枪”，让他们真正学会本领，学会自己独立工作。张履谦以这样的做法，培养了研究室人才。

张履谦还在研究室建立学术活动制度，每个月举办一次学术经验交流会，由他带头讲。室里的同志每人每月写一篇结合工作的学术报告，每周在工程组交流一次工作学习心得。大家相互讨论，相互提高，研究室的学术风气十分活跃。

俗话说，巧妇难为无米之炊。张履谦却硬是带领研究室创造了“无米也成炊”的奇迹！没有设备，他们就根据书中仪器的原理和样子自己做，在照

张履谦和张云龙（右）、黄文鑫（左）合作攻关

猫画虎的磕磕绊绊中，他们模仿书中的图画，做出了雷达发射器、波导等仪器。

这些仪器中，最复杂的要算雷达接收器了，单这一件仪器的制作就需要100多个步骤，其中的测量信号强度器件和材料，这也没有，那也没有，制作表头的材料，不知道到哪儿去找。

“有一次，我们要制做弯形铜管，跑到工厂里去定做。结果工厂说，我们没做过，也不会做！怎么办呢？只好自己跑到工厂里去，告诉他们在铜管里灌沙子，用木板钉钉子作型坯，加热弯曲成形，就是这样和工人一道做出了弯形铜管。为了解决器件和材料问题，张履谦已记不得自己往西安、成都的生产厂家跑了多少回，而在这个过程中，又反反复复出了多少问题。

张履谦带上图纸跑到车间，详详细细地跟工人比划，好不容易等需要的零件加工出来，但又因这些产品远远超过允许误差的范围，只得忍痛重新再做。还有一些零件应该使用钼钢，但因当时我国没有这种原材料，只得寻找替代材料，经过张履谦等人的系列研究，最终选择钨钢作为钼钢的代料。类似这种超差代料的问题，谁也不记得究竟面对多少次了。

“又要出去了？”妻子力伯畏看到张履谦又在收拾行李。

“嗯。”

“北方？”妻子已经习惯了不问丈夫到哪里出差，她知道丈夫不能说，就算自己开口问了，他也不会说。

她解开丈夫已经捆好的被子，往里加了一件自己织的毛衣，“天气冷了，多带点衣服御寒。”

为了确保零件准确无误地制作出来，一段时间，张履谦频繁奔走于北京、西安、成都等地。每次出差都自己背着被子，带着牙刷，跟同事们一起，坐上几天几夜的火车或汽车。到了目的地，对方单位通常只提供一间屋子，冬天冷时，屋子里没有任何可以用来取暖的设施，彻骨的寒冷让他们睡觉连衣服都不敢脱，经常是裹着毯子或被子和衣而睡。

在张履谦和同志们的不懈努力下，他们自行设计和研制出微波信号发生器、驻波仪、微波转换开关、高压电表、场强计等多种仪器设备，既解决了研究工作的急需，又提高了动手能力。

没有模拟计算设备，很难设计出最优的控制系统。张履谦和留苏生吴佩文一道，千方百计，引进了一台很初级的模拟计算机，并在这台设备上进行制导站控制系统的仿真工作。雷达设计中的威力计算、杀伤区范围、命中精度等大量计算工作，靠拉计算尺、摇手摇计算机来进行。

张履谦就这样带领大家边干边学，边学边干。研究室的同志都夸他既是做研究工作的能手，又是会教学生的好老师。张履谦自己总结说，教学生是一个带、帮、放的过程：带，就是带着干，老师做给学生看，教学生处理实际问题；帮，就是给学生安排任务，让学生自己动手干，遇到困难时，帮助学生一起解决；放，就是给学生提出要求，指点方向，交代原则，大胆放手地让学生自己干。

1961 年，张履谦带领研究室人员到雷达设备生产工厂，指导“543”制导雷达生产。到了工厂，张履谦首先解决图纸修改问题，原先的图纸是根据苏联的标准绘制的，而现在自行研制则必须依据我国的标准进行修正，必须把所需材料全部改为国家标准。为了解决制造工艺和加工超差等问题，张履谦亲自到车间与工人一起研究解决问题的方法。工厂为张履谦准备了一间办公室，他坚决不要，而是天天到车间，站在机床旁边，仔细跟踪设备制造过程，一站就是几个小时。下厂期间，张履谦审定了许多苏联专家撤走时未作交代的重大设计与工艺问题，更改了图纸原则性问题 154 项、一般问题 400 余项，协助工厂解决了关键技术难题 200 余个。

1962 年，“543”制导雷达站的仿制工作进入工厂生产的末期。而就在这个时期，制导系统的许多关键性技术问题却暴露出来，成为科研工作进一步开展的绊脚石。

首先是接收机行波管噪声太大问题。行波管放大器的噪声下不来，会严重影响雷达的作用距离和测量跟踪精度。发现这一情况后，张履谦冷静观察，重新分析了行波管磁场的分布和强度，计算出磁路的磁阻衰减，找出了行波管的最佳匹配位置。经过不断修改调试，最终解决了问题。

其次是天线系统误差超差问题。“543”制导雷达天线是蜗牛形结构，经测量发现其波束形状对不同点频有不同的偏差，这种偏差极大地影响着制导雷达的测量精度，将导致防空导弹的命中率降低。发现这个问题后，张履谦好些日子没有睡好觉，他通宵达旦地研究这个问题，和我国天线专家陈敬熊一道，寻找解决问题的方案，成立了以陈敬熊为首的专家组。经过理论分析和反复修改试验，这个问题终于得到了解决，其研究成果获国家发明一等奖。

制导雷达系统由收发车、控制车、显示车、指令车等集成，设备复杂，总装调试期间遇到了许多分机和系统故障，有的接口不协调，有的分机不稳定，更谈不上系统调整到最佳状态。对此，张履谦严肃认真，丝毫不放过，他耐心细致地和同事们一起逐项解决，组织各辆车的技术负责人，将车辆调整到额定状态下，统一方案，统一步骤，排除故障，寻找最优状态。他说：一个雷达站就像是一棵树，盘根错节，要想彻底找出故障，就要沿着树的枝干逐一筛选和查找，才能挖出根源。以后出现的故障树法与张履谦的比喻不谋而合。

在多年的科研工作中，张履谦自我摸索出用一种新的迭代法去寻找故障，效率非常高。大家都称他是排除故障的能手，而他却毫无保留地将这个方法传授给他们。故障解决后，张履谦又提出采用相关参数拉偏法检验故障排除效果，相关参数拉偏试验有利于解决设备工作的稳定性问题，同时把设备性能调整到优化。此外，张履谦还教实验室的同志降额使用元器件的设计经验和数据设定。故障排除了，各项指标合格了，“543”制导雷达站运到了20基地试验靶场。

一次，在作飞行校准和打靶试验时，制导站总体集成对接发生了漏脉冲和脉冲抖动，这个故障严重影响了雷达的方位角、俯仰角和距离的测量精度，其来源可能出在全系统的某一部位。由于整个制导站系统设备分散在四个车箱，系统接口达百余个，电路、机箱相互交错，研制人员调试了一个多月，仍没有排除故障，研制进度大大推迟。炎热的夏天，戈壁滩上的白天气温高达40多摄氏度，在这样的条件下工作非常辛苦，进度也十分缓慢，领导与在场的同志都十分焦急。张履谦带领技术人员不畏酷暑，最终排除了全部故障，使整机设备得以稳定运行。

张履谦和研究室的同志讨论飞行试验

困难远不止这些。由于当时条件十分落后，技术水平也有限，生产出来的系统出现了各种问题，包括发射机波导漏气、伺服系统漏油、下雨时车箱漏雨等。张履谦领导全试验队人马沉着应对，和工厂同志们一道，最终将问题一一彻底解决。

参加“543”靶场试验的单位很多，有各生产厂、使用部队、试验基地人员和总设计师单位相互间难免产生不同意见：生产单位很珍惜自己的设备，不愿意作更改；使用试验单位对设备性能要求很高，对超差极为重视；总设计师单位要按照使用条件把关，提出各种解决办法。有时候，大家的做法不一，意见分歧，甚至吵得面红耳赤，拍桌子，有时还使试验工作停止。而这时候，张履谦总是根据实际情况，本着谦虚谨慎又求实认真的态度，从工作的大局出发，解决工作中遇到的各种问题。

在多年的下厂工作中，张履谦总结出处理矛盾和搞好团队协作的六条原则：对待别人看到成绩，观察问题全面细致，分析问题追根到底，商讨问题谦虚谨慎，得出结论以理服人，处理问题实事求是。在这样的工作氛围中，大家形成了团结协作的精神，不仅使遇到的困难迎刃而解，而且还大大提高了工作效率。正是有这样一种良好的工作氛围，张履谦和他所在的研究室解决了许多仿制难题，成功地仿制出地空导弹制导雷达站。

在研制过程中，张履谦总是身先士卒，战斗在科研第一线。张履谦认为，自己还年轻，应该抓紧年轻时代精力旺盛的时机，学好本领，打好基础，为党和国家多做些工作。他不知疲倦地投入到工作中。在出差的火车上，张履谦也不忘带上要解决的问题的方案和设想草稿，争分夺秒地和同志们交流讨论。三年困难时期，组织上关心张履谦的健康，补助给他一些副食品，但他却认为自己是一名共产党员，应该吃苦在前，享乐在后，总是婉言谢绝，有时别人代收了，他便分给大家共享。张履谦对自己个人的终生大事也无暇顾及，直到1959年，33岁的他才结婚。

1963年，完成了“543”导弹仿制，6月，进行了模型弹飞行试验。1964年10月6日，导弹成功击落了中高空模拟目标，12月，导弹得以定型。1966年，“543”经过多发实弹打靶，完成了国家定型，被命名为“红旗一号”。

张履谦的先进事迹得到了聂荣臻的高度赞扬。1964年2月6日，聂荣臻给张爱萍、钱学森等去信，对张履谦的先进事迹作了批示。批示指出，张履谦同志“能够全心全意为党的事业服务，顽强地钻研科学技术知识”，“研究室办得好”，“我认为，这是一个又红又专科学技术干部的代表，是国防科学技术战线上优秀的基层技术指挥员的代表，值得提倡学习。”国防部第五研究院根据批示，将张履谦树立为全院学习的标兵，总政治部国防科学工作部印发了《向张履谦同志学习》的小册子。书中以《一个又红又专的科学技术干部——张履谦同志的先进事迹》为题，从全心全意为党工作；刻苦钻研，长期不懈；深入第一线；狠抓研究室的工作；通过工作实践，大力培养干部；依靠组织，依靠群众；思想领先，以身作则等几大方面，向国防科技界宣传介绍了张履谦的先进事迹。

《向张履谦同志学习》宣传册封面

对此，张履谦在一次讲话中激动地说，“共产主义的事业是伟大的，我只是做了一些应做的本岗位工作，还很渺小，今天只能说是开始，希望同志们给我帮助，共同为美好的明天奋斗”。

张履谦和二院院长、政委在院树立标兵表彰会上，记录领导的指示

3 出谋献策，痛击 U－2 飞机

张履谦几乎可以断定，敌 U－2 飞机新装载的肯定是“13 系统”。张履谦指出只要将我制导雷达的发射信号改为连续照射信号，“13 系统”的引偏干扰系统就会失灵。

1960 年后，根据中共中央的统一部署，一批又一批军内外的科技精英隐姓埋名，迅速云集大西北，开始着手建立中国自己的尖端武器如导弹、原子弹、人造卫星等试验基地。

美国迫切想了解中国发展核武器的进展情况，派出了 B－17、RB－57D、P－2V 等各种低空侦察机先后被解放军空军击毁，后来又利用台湾空军飞行员驾驶 U－2 高空侦察机，深入大陆内地侦察照相，妄图搜集大陆工业设施、军事部署等情报。

U－2 飞机是美国洛克希德公司为美国情报机关特制的一种机型，被国外称为“蛟龙夫人”，是一种高空间谍侦察飞机，有两个绝技：一是飞得高，续航时间长。它的实际升限可达 2.2 万多米，当时装备的任何一种歼击机和高射炮对它都无能为力，它一次能飞8小时，航程数千公里。二是谍报本领强，它装有巨型航空摄影机，不仅可进行照相侦察，还具有很强的电子对抗能力。

1960年，台湾当局从美国手里接收了U－2飞机，挑选飞行技术好、飞行时间长、具有空中侦察经验的人员担任飞行员，编成“第35气象侦察中队”。该中队实际上是美国情报机构控制的一个战略侦察中队。因其队徽是红色底漆加一个黑猫头，所以被称为“黑猫中队”。从1962年1月起，“黑猫中队”开始进入大陆窜扰侦察，在半年时间里，敌U－2飞机对大陆的侦察飞行达11架次之多。U－2飞机每次都从台湾桃园机场出发，大摇大摆地经福建、江西直到陕西、甘肃、内蒙古等地，刺探我国军事部署、靶场建设和尖端武器试验情报，然后返回，除新疆、西藏外，其航迹几乎遍及大陆。

中央军委对此十分重视。指示刘亚楼、王诤、岳振华等同志尽快采取对策。起初，U－2飞机并不知道我国有地空导弹，它大摇大摆地沿东南海边直插我国西北地区。事实上，当时我国能用于对付U－2飞机的武器只有从苏联引进的543导弹，军委将它布置在江西南昌向塘地区隐蔽设伏。为了引诱U－2飞机上钩，我军以频繁调动航空部队为诱饵，引诱U－2飞机出动。根据所掌握的U－2飞机的飞行规律，我防空部队事先准确预估了它的飞行路线，并部署了543导弹。1962年9月，一架U－2飞机离开桃园机场，由平潭岛上空进入大陆，经福州、南平，沿鹰厦铁路上空北进。为了进一步麻痹敌机，我军在它飞进时不着急打它，但我防空部队的多部雷达却紧盯住U－2飞机的航迹。等待它返航回去时，我防空部队出其不意，用543导弹第一次击落了U－2飞机。

这一事件引起了国外的高度关注，在一次外国记者招待会上，面对国外记者接连追问“中国是如何打下U－2飞机的?”问题时，时任外交部长的陈毅元帅诙谐地说：“我们是用竹竿把它捅下来的。”

U－2飞机被击落后，美国也因此获知了我国有地空导弹装备，于是，在飞机上安装了一个“9系统”电子设备。这是一个侦察接收报警系统，能接收到我方雷达信号，并进行识别和报警。一旦接收和识别我543导弹系统的雷达站开机，“9系统”就会报警，U－2飞机便立刻进行机动，转弯逃走。

U－2飞机第一次被击落的消息传到了正在仿制“543”的国防部五院二分院，特别是地空导弹雷达站总体室的同志们受到了激励，决心加快仿制“543”进程，因他们深知敌人是不会甘心失败的，一定会再来，一定要防它第二手。

1963 年 1 月至 9 月，U－2 飞机又先后 17 次深入我内地侦察，543 导弹多次开机未能命中，都遭遇到飞机改变航向而躲脱了导弹的打击。

正在进行仿制 543 制导雷达的张履谦得知了这个信息，日夜不安，为了采取对抗措施，他和研究室及导弹总体设计的路平等同志共同研究，出谋献策，提出了两个措施：一个是“短、平、快”的战术策略，另一个是借用高射炮瞄雷达或其他雷达作引导。

所谓“短、平、快”的战术策略，就是 U－2 飞机来了，我雷达站不开机，等 U－2 飞机进入 543 导弹火力区离我们很近时，我制导雷达立刻开机并发射导弹，等它的“12 系统”报警时，已来不及转身逃走。实现“短、平、快”措施，要根据飞机的航速、航向、导弹的机动性能、地面雷达的快速反应性能等诸多参数，准确掌握雷达的开机时间。他们还为此编制了专用表，设计了专用的计算尺，提供给指挥员临战时使用，只要根据飞机的距离、速度和方位等参数，一查表或拉计算尺，就可以很快查算出按雷达和导弹启动按纽的时机。

夏天的一个下午，王诤部长在他的家里召见了张履谦，详细询问了 543 导弹制导雷达的工作频率、功率、作用距离、导弹杀伤区等情况，又询问了导弹系统是如何获知、跟踪和精确命中目标的等细节，张履谦都作了详细回答，为了研究如何再次打下 U－2 飞机，俩人一共讨论了 4 个多小时，还在王诤家里吃了一顿晚饭。原来王诤和其他军委领导同志也在研究对策。

二营官兵根据军委近打、快打的指示策略，开动脑筋想办法，他们将雷达开机后的操作程序整合、简化，苦练本领，并将高射炮瞄准雷达和其他雷达的测量参数接入雷达，用作引导，相互配合，以压缩 543 雷达开机的时间。

1963 年 11 月，U－2 飞机再次侵入我国领空，从温州进入大陆，侧飞西北，我军二营设伏在浙赣交界处。当敌机飞到距我 60 公里时，为了隐蔽“543”发射的信号，防止惊动这位“尊贵的蛟龙夫人”，二营官兵采用高射炮瞄准雷达进行目标跟踪，将 543 雷达开机时间压缩至距敌机只有 35 公里，快速准确地在 8 秒钟内连续发射 3 发导弹，U－2 飞机被我击中爆炸，残骸坠落在地面，国民党空军少校飞行员叶常棣跳伞被擒，我方第二次打下了 U－2 飞机。这次打击如果按以往“543”在 60 公里时开机，U－2 飞机早就转向逃跑了，我们采用炮瞄雷达引导和“短、平、快”的快打、近打手法，获得了完全成功。

U－2 飞机第二次被打下后，敌方不知道飞机是怎么被打下来的，仍然坚持敌意，不停地到我内陆侦察，并在飞机上安装了先进性的“12 系统”。1964 年 7 月，地空导弹二营在福建漳州地区设伏，再次出色地运用了炮瞄雷达引导，进一步压缩 543 制导雷达的开机时间，在距离目标 32 公里时启动雷达，3 秒钟内 3 发导弹联射，第三次击落了 U－2 飞机，飞机残骸坠毁在漳州东南。值得一提的是，这次是由国民党空军有“头号王牌”之称的少校飞行员李南屏驾驶的，他曾 12 次驾驶 U－2 飞机侦察大陆并安然逃脱。

美国 U－2 高空侦察机

被我军击落的 U－2 飞机残骸

连续击落三架 U－2 飞机，实在是令人振奋的消息，U－2 飞机此后很久未敢露面。针对击落的第二架 U－2 飞机上的 9 号电子侦察系统和第三架 U－2 飞机上的 12 号侦察系统，张履谦和同事们丝毫不敢放松。对于敌方快速改进装备能力和如此速度的应用能力，他们一方面抓紧对我国地空导弹进行抗干扰研究，另一方面对缴获的两台电子侦察系统进行详细的剖析。大家心里都很清楚，敌人绝不会这样轻易放弃入侵，下一次狭路相逢，问题一定会更棘手，任务一定会更艰巨。

1964 年 10 月 16 日，中国第一颗原子弹在西部地区成功爆炸。对此，美国和台湾当局都急于获取有关情报，在两个月的时间里，他们先后 11 次出动 U－2 飞机进入大陆侦察。面对如此密集嚣张的侦察活动，我空军地空导弹部队摩拳擦掌，信心百倍地等待命令，准备再次给骄傲的“蛟龙夫人”以彻底的打击。

1964 年 11 月 26 日，一架 U－2 飞机从福建连江进入大陆，经过导弹二营设伏的火力范围，等待已久的导弹二营迅速反应，遵照过去的打法瞄准、发射，但奇怪的是，明明地面的制导雷达准确抓住了目标，联发 3 发导弹，但实际上敌人的飞机却好端端地从导弹旁边飞走了！在战斗准备、兵器操作、各项保障工作均良好的状态下，发射出的3发导弹无一命中！

此后，这个怪现象又出现了好几回，尽管我们的导弹按照雷达监测结果显示是成功了，但敌人的飞机并没有被击落，仍飞临内地上空，如入无人之境，在我国的领空穿梭。我们的近、快打法失败了，这是怎么回事呢？

具有“英雄营”称号的导弹二营顿生挫败感：从苏联进口的543导弹在苏联专家撤走之后只剩下50多发，我国自行研发的地空导弹还不多，我们的导弹可不能总这么浪费啊！

瞄得越准，打得越偏。导弹部队认识到这次遇到的问题与前几次大不同，向上级作了报告，请求帮助。

我军高级领导和技术专家王诤同志受命解决这个难题，他及时地将情况告诉了为抗美援朝解决雷达抗干扰问题的张履谦，并专门找张履谦谈话，“研究室的主要工作是做研究，部队是咱们研究成果的实际使用操作单位，所以，我们的研究一定要注意跟部队相结合，这个问题要和部队一起想办法。”

经过领导、部队和仿制543的工程技术人员一系列的推测和分析，大家认为可能是U－2飞机上新装有回答式干扰装置，这种装置能利用我们的雷达频道，转发出一个假信号，造成我军雷达在打击目标时，瞄得越准，导弹反而越偏离目标。张履谦参加了这次有部队和工厂参加的对策研究会。当时，王诤指着他说：“你是543雷达的主任设计师，你先谈谈看法。”事实上，张履谦也始终牵挂着雷达的作战情况，经过详尽的分析，他断定U－2飞机新装载的肯定是“13系统”。这个系统能够接收我方雷达的发射信号，并附加上引偏的干扰信号调制，然后，用雷达相同的频率转发回来。而我543雷达采用一种边扫描、边跟踪的雷达体制，利用最大回波法来定位，“13系统”正是利用这一点对我543雷达进行干扰欺骗。

张履谦详细向大家阐述了这种干扰的原理和自己的抗干扰所想，并提出只要将我制导雷达的发射信号改为连续照射信号，“13系统”的引偏干扰系统就会失灵。张履谦的看法，得到了大家一致的肯定，王诤站起来说：“好办法，以其人之道，还治其人之身。”

王诤立即指定张履谦前往786厂，和工厂总工程师张钖熊一道，选定适合的照射天线，设计馈电网络和辐射喇叭，生产加工波导，改装发射和接收系统，迅速研制信号处理抗干扰装置，制定调试细则。

1965 年 1 月，一架 U－2 高空侦察机从山东海阳进入大陆，以 2 万米的高度、750 公里的时速，经过黄骅、大同，飞向包头。当目标进入导弹火力范围，设伏在包头市东南萨拉齐、负责这次攻击任务的地空导弹一营打开制导雷达发射机，立刻就“抓住”了飞机，3 发导弹连发，U－2 飞机被击落，国民党空军少校飞行员张立义跳伞被俘。这是我空军地空导弹部队第四次击落美国 U－2 飞机，也是第一次在夜间击落敌机，地空导弹一营也因此荣获国防部记一等功的奖励。

1964 年，张履谦和 786 厂
张钖熊总工程师（中）在西安合影

从地空导弹部队频繁传来的捷报，让每一个中国人感到自豪。作为国产地空导弹研究队伍中的一员，张履谦与同志们在高兴的同时，面临的任务也更加艰巨，最终让他们扫去心头阴霾的是击落第五架 U－2 飞机。1967 年 9 月，又一架 U－2 飞机进入浙江嘉兴地区侦察。我国导弹机动部队较之前已有所增加，设伏在浙江的地空导弹十四营接到上级命令，负责此次打击行动。值得一提的是，这是我军首次使用国产地空导弹——红旗二号，加上我国自行研制的照射体制地空导弹雷达，有效地对抗了 U－2 飞机的回答式干扰，将其击落。

张履谦和同志们一起研制雷达站抗干扰电路

从此，敌U-2飞机再也不敢来大陆侵犯了。但是在我们自行研制的雷达上，还预埋了许多抗干扰技术措施，准备和他们再决高低。

在击落美国U-2飞机之前和以后的岁月里，张履谦对电子对抗已参加和经历过多次。在1951年的抗美援朝战争中，他为前方雷达解决抗干扰问题；1954年，他为我空军部队进驻福建，对美蒋台、澎、金、马地区雷达作电子侦查；在20世纪末，他根据越南战争情况，研究利用雷达组网和诱偏的方法，实现对反辐射导弹的对抗；2002年，"法轮功"邪教分子利用我"鑫诺"卫星进行反动宣传，他参加研究，准确找出其地面站位置；他目前又在研究新时期信息化战争的特点，写了现代空间电子对抗文章。他说，当今电子对抗向陆、海、空、天领域和网络化方向深入发展，不论是平时或战时，都是存在的和严峻的，我们绝不能和平麻痹，掉以轻心。

4 改进提高，研制"红旗二号"

加强抗干扰措施，成为研制"红旗二号"的重点工作。张履谦建议可优先采用照射体制的雷达站，并以单脉冲方案作后备。钱学森说，这一方案经过实践检验，是可行的。

1964年1月，国防部第五研究院提出在"543"导弹仿制成功的基础上，研制红旗二号地空导弹任务。

"红旗二号"的指标要求是扩大作战空域，提高精度，加强抗干扰性能。雷达设计部提出了几种研制设计方案，最后集中在两个方案：一是沿用成熟的照射体制，提高雷达接收灵敏度，安装多种先进的抗干扰措施，增大发射功率，此方案是张履谦等同志分析论证提出的，名为"照射体制"；二是新研制单脉冲天线，采用高重复频率，此方案是李蕴滋等同志提出和论证的，名为"高重复频率体制"。

张履谦组织总体室和分机技术人员，对上述两个方案进行深入的计算分析和论证。经过支队多次研究讨论，认为两个方案都具有先进性和可行性，相比而言，"照射体制"的技术较成熟，继承性好，可以快一点研制出来。于是，支队组织队伍，研制设备，进行照射体制的飞行试验，并积极开展高重复频率方案的预研技术攻关。

1963 年，张履谦带领同志们对“红旗二号”制导雷达进行技术攻关

一天，国防部第五研究院院长王秉璋和副院长钱学森亲自组织在二院召开了“红旗二号”方案论证评审会，这个会议就在张履谦所在的研究室现场。张履谦在会上作了制导雷达两个方案的论证报告，提出进一步改进雷达制导系统，保证制导精度，提升导弹作战空域，使红旗二号导弹威力比 543 导弹提高 10%，具有抗干扰能力，可以优先研制照射体制导弹雷达站，单脉冲高重复频率方案作后备。经过一天的讨论，钱学森说，照射方案继承性好，经过实践检验，有创新，可以很快出成果，是可行的。王秉璋说，导弹飞行高度提高 10%，是非常不容易的，照射体制已打落过 U－2 飞机，又增加了新措施，可以很快研制出装备。照射体制方案得到了王秉璋和钱学森的肯定。

要想将导弹威力提高 10%，必须提高制导雷达的发射机功率和接收机的灵敏度。当时雷达发射机所用微波发射管已达兆瓦级，接收机也已采用了当时处先进水平的低噪声行波管，当然也可以通过提高天线增益的手段来实现，但这一手段要改动天线，伤筋动骨，研制周期太长，关键技术短期攻不下来。

张履谦和张通、张云龙一起研究采用发射机双机并联，研制功率相加波导，将两个兆瓦级的发射机同步并联运转，如果能实现同步运行，则能使微波发射功率提高一倍。张履谦又和黄文鑫研究采用微波参量放大器，缩短传输波导长度，进一步降低接收机噪声，同时采用被动式雷达测角工作体制、加装干扰对消设备、改变频率等措施，进一步提高抗干扰性能。这个方案，

1963 年，张履谦和研究室的同志一起讨论技术攻关问题

就是当时“红旗二号”制导雷达站的设计的基本技术方案。

1966 年年底，“红旗二号”武器系统经过多次战斗弹和遥测弹的飞行试验，获得了成功。1967 年 7 月，“红旗二号”设计定型，批量装备部队，又一次击毁了入侵的敌 U－2 高空侦察飞机。

之后，我国在“红旗二号”的基础上进行了改进，研制出“红旗二号甲”和“红旗二号乙”。红旗二号系列地空导弹定型后，大量装备了空军部队，多次参加天安门国庆阅兵式。从 20 世纪 60 年代直至 21 世纪初，它一直是我国防空部队作战的主战武器，担负着保卫祖国领空安全的神圣任务，值勤时间长达 40 多年。

“红旗二号”地面雷达站英姿

第六章　“文革”岁月　坚持工作

1　颠倒黑白，痛恨“四人帮”

作为副所长的张履谦被夺了权，被勒令靠边站。最让张履谦想不通的是，自己居然被批判为走“白专道路”。

1964 年 11 月，根据全国人大的决议，以国防部第五研究院为基础，成立中华人民共和国第七机械工业部，目的是要“把科研和生产扭在一起”，同时加快发展中国的导弹事业。

随着第七机械工业部的成立，张履谦也调任七机部二院 23 所，担任副所长职务。七机部二院主要负责地空导弹系统的研制，而 23 所负责制导雷达系统总体研究。随着“红旗二号”研制工作的不断推进，张履谦带领全所研究人员不断提高制导雷达的技术性能，不断研究提高制导系统的抗干扰能力。至 1966 年年底，张履谦带领 23 所科研人员完成了“红旗二号”制导雷达的定型工作。1966 年 6 月，轰轰烈烈的“文化大革命”开始了。在摧毁“资产阶级司令部”、“打倒走资本主义道路的当权派”的夺权声中，全国逐步陷入“怀疑一切”、“打倒一切”、“全面内战”的混乱局面。

“文革”之风也很快蔓延到了位于北京永定路的七机部二院，除五天工作之外，还要求进行一天的政治学习。大字报在院里“满天飞”，不时就有人被莫名地打成“资产阶级分子”、“白专分子”。很多人怕被打成“白专分子”，不敢再学习外语、专业知识，一些想学习的，也只能偷偷躲着学习。

作为23所副所长的张履谦也很快被夺了权，他被勒令“靠边站”。随后，院里进来了工宣队，又进驻了支左的军管会。张履谦在军管会的安排下，担任23所军管会生产组组长，一面搞革命，接受改造和再教育，一面抓工作，促生产。

在批斗走资派的大批判浪潮中，张履谦毫无例外地受到了冲击。一天早上，二院23所9号楼的墙壁上贴出了批判张履谦的大字报，他走上前一数，大字报竟长达98页之多，其内容都是批判他“只顾专而不顾红”，“埋头业务，拉车不看路”，走“白专道路”。有几张大字报更是大肆诬蔑，说张履谦不是国防科研战线的标兵，恰恰相反是“白专道路”上的标兵。诸如此类事情，张履谦都被指责为走“白专道路”。在张履谦被树立为国防科研战线标兵时，他刻苦攻读《雷达丛书》的事迹被认为是走“白专道路”例证。研究室政委看党内文件后，在文件上作记号，以便让张履谦有更多的时间搞科研工作，这也被认是在培养白专人才。

张履谦并没有追究那些写大字报的同志，他体谅革命青年的热情，和他们促膝谈心，以“有则改之，无则加勉”的态度，对待群众的批评。

那时领导干部都被要求参加劳动改造。张履谦每天很早就到办公室，先把办公室所在楼层的厕所打扫干净，再用拖布把走廊拖两遍，做完这些事情后，便投入紧张的工作中。他还被指派到食堂参加劳动改造，做洗菜、切菜、打饭、打菜、烧火添煤和洗碗等工作。他还被下放到北京南郊丰台地区的304天线场，参加插秧、拔草、收割水稻等劳动。此后，他被下放到生产加工车间，干些扫地、擦机床、扛大锤的粗活。

当时，领导干部被要求做到“三同”。所谓“三同”，就是和群众同吃、同住、同劳动。张履谦被安排住在集体宿舍，四人一间，人多嘈杂，而且经常要搬家。在几次的搬家折腾中，他学习《雷达丛书》的笔记遗憾地丢失了，从外文书店买的《雷达丛书》原文影印本也弄丢好几本，这些书是他用参军时从生活费里省下的钱买的。

最让张履谦想不通的是，自己居然被批判为走“白专道路”，要如此地进行思想改造。参加工作以来，他始终一心扑在事业上，努力钻研，勤奋工作，虽然工作做得还不够好，但专心搞业务并没错啊。最让张履谦担心的是，爱人力伯畏也受到了“文革”冲击，被下放劳动。由于夫妻俩都被下放，根本不可能照看小孩，只好把两个女儿都交给保姆照顾。

面对混乱的社会环境，张履谦为党的事业奋斗终身的信念始终没有动摇过。在混乱的岁月里，他深刻牢记党和国家领导人对他的亲切接见以及对雷达研制人员的重托。

1954年10月中旬，通信兵部在中南海瀛台举办了一场通信和雷达装备展览会。在此次展览会上，军委把在朝鲜参加抗美援朝以及新中国成立后我们自行研制的雷达装备向党中央、毛主席进行了汇报。张履谦负责操作一部空军指挥用雷达，他向毛主席介绍了雷达的工作原理，并亲自演示给主席看。上午10时许，毛主席来到雷达车旁，张履谦难抑激动的心情，情不自禁地跑上前去向主席敬了个军礼，主席亲切地紧握着张履谦的手。

张履谦搀扶着主席上了雷达车，他指着雷达荧光屏上闪动和移动的雷达回波亮点向主席汇报说，雷达已经探测到了一架飞机，亮点就是飞机的雷达回波。看到雷达荧光屏上的亮点，主席笑着说，我在这里看到了几十公里远的飞机，真是千里眼！张履谦深刻地体会主席所说的这句话，是对他亲切的鼓励和深厚的期望。紧接着，刘少奇也踏上了雷达车，亲自操作雷达，尝试探测空中的飞机。陈毅、彭德怀、贺龙、李先念等领导也都观看了张履谦的雷达表演，体现了党和国家对雷达事业的关心。

1957年，军委举行通信兵竞赛，毛主席和其他国家领导人在中南海接见了参赛人员，主席和张履谦亲切握手，勉励参赛人员好好工作，鼓励他们为新中国的国防建设不断努力。1963年五一国际劳动节前夕，国家主席刘少奇也在人民大会堂接见了张履谦。张履谦与党和国家领导人多次在中南海和人民大会堂合影，而他也对老一辈无产阶级革命家和他们所从事的革命事业怀着无比炽热的崇敬之情。在“文革”中，张履谦身心受到了冲击，遭受了各种不公正的待遇，他深恶痛绝“四人邦”，制造国家和人民深重灾难，但他对党的感情、对国家建设事业的热情却始终没有减退，他不顾一切地排除困难，坚持工作。

在军管会的安排下，张履谦积极投身到反导系统的预研工作和“三线”建设的任务中去。

1963 年，刘少奇主席曾在人民大会堂接见厅接见张履谦

2 反导攻关，献计雷达方案

当张履谦和室里的同志一同开始着手反导雷达系统预研时，国际上的雷达技术已发展到了第三代。张履谦认为，反导雷达系统必须采用新技术和新方法，现有的雷达技术体系无法满足反导系统的应用要求。

第二次世界大战结束后，美、苏两个霸权国家大搞冷战和军备竞赛，大力发展战略核武器、远程打击武器和反导弹武器的研制。根据毛主席“有矛必有盾”的指示和钱学森的建议，1964 年，我国启动了导弹防御系统的预先研制工程——640 工程。

反导系统是一种摧毁敌方来袭的弹道式导弹（中程导弹、远程导弹、洲际导弹）的武器系统，一般包括预警雷达、地面引导雷达、指挥控制中心和拦截武器等部分。不难看出，反导系统对雷达技术提出了更高的要求。首先，要能够发现远在高空数千公里以外来袭的导弹处在何方，它的位置坐标和速度各是多少；其次，测出这些参数后，还要对真假弹头进行识别，还要能准确计算来袭导弹的飞行轨迹；再次，要能引导我方的拦截导弹飞行，精确拦截来袭目标。要发现和跟踪几千公里外的来袭导弹，必须提高雷达技术水平数倍，才能实现对远距离目标的方位、速度的精确测量要求。

640工程分预警、跟踪控制、拦截导弹、通信指挥等大系统，张履谦参加了跟踪控制雷达（640－4）工程的研究。当时，“文革”之风愈演愈烈，在钱学森的领导下，七机部二院没有停止反导预研工作。为了加强640工程的领导和协作，1969年8月，国务院总理周恩来批准七机部二院集中力量对“反击”系列反导拦截导弹和“先锋”系列反导大炮展开攻关。同年，中、苏两国发生珍宝岛战争，中国开始进入全民备战状态，反导计划也变得急迫起来。

为了研制这样一个高难度的反导雷达系统，23所的同志们从各自的专业角度，为其出谋献策。作为23所的主要负责人之一和反导雷达系统的主要设计者之一，张履谦更是冥思苦想，一心扑在预研工作上。为了弄清一些技术原理，了解国外雷达技术进展，他经常往图书馆跑，仔细查阅各种资料文献，浏览各种期刊。为了尽快拿出设计方案，张履谦经常在办公室工作到很晚，反复进行方案论证，并积极组织总体室同志一起讨论。在工作和生活上，张履谦不拘小节，也没有什么架子，又多年从事雷达研究，因此，全室的同志都非常愿意和他一块儿工作，也十分尊重他的方案设想。

当张履谦他们开始着手反导雷达系统预研时，国际上的雷达技术已发展到了第三代。雷达出现在第二次世界大战前夕，当时的雷达主要利用超短波工作。第二次世界大战期间，磁控管、速调管等新器件先后发明出来，并被应用到了雷达上。第二代雷达是在应用微波技术后，加上采用新的设计体制，雷达的精度获得了很大提高，雷达的探测距离也大大增加。在第二代雷达技术的基础上，发展了远程警戒雷达、机载雷达、精密炮火控制雷达等应用。20世纪五六十年代，出现了单脉冲比相测角、线性脉冲压缩技术，基于硅基晶体管的计算技术也被应用于天线辐射单元的相位控制，发展了相控阵雷达，雷达作用距离、测量精度和多目标跟踪性能，更是显著提高。至此，雷达技术迈上一个新台阶，发展到第三代，雷达也被广泛应用于空间目标的跟踪和测量。

在广泛学习国内外雷达知识的基础上，张履谦认为，反导雷达系统必须采用新技术和新方法，现有的雷达技术体系无法满足反导系统的应用要求。为此，张履谦和23所的同志们提出，反导系统要研制一部转动式的远程相控阵跟踪雷达和一部单脉冲导弹跟踪雷达。

这个方案的形成，中间经过数十次方案讨论和指标论证计算，来之不易。其中的关键点一方面是要看能否完成跟踪探测任务，另一方面还要看国内是否有条件能很快地把设计的雷达研制出来。为了尽快拿出方案，23所各个室的同志齐上阵，日夜奋战，人人献策，个个献计，找资料，外出作调研。张履谦跑遍了北京几所大学的图书馆，翻阅了最新的文献资料，亲自拿着计算尺，与研究室的同志一起进行指标论证和计算数据核对。有时某个数据出现差错，张履谦便会要求大家反复计算，直到消除为止。数据出来后，张履谦仍不放心，还会亲自核对一遍大家计算出来的结果。

这个方案的特点是相控阵体制雷达探测距离远，能够发现远距离目标，同时能实现多目标跟踪，抗干扰性能也较好，是雷达技术发展的重要方向；单脉冲体制雷达的测量精度高，能满足拦截导弹需要精确制导的要求。此外，相控阵雷达作为一种新体制雷达，越先开始研究，就越能为今后打下基础。这个方案的难点之一是要研制一个载重几十吨的精密转台，将相控阵雷达安装在转台上，作全方位的扫描和跟踪。

方案最终得到了反导总体单位的认同，但因所里的军管会同志对反导雷达系统并不熟悉，因此对方案也无法审定。军管会领导多次找张履谦咨询。张履谦向他们详细阐述了设计方案的内容和相关细节，表达了他自己的看法。有了张履谦和所内有关专家的表态，这一方案最终得到了军管会的认同。与此同时，张履谦向军管会领导表示愿意参加相控阵雷达技术攻关和单脉冲雷达研制，从而获得了在“文革”中继续从事科研工作的机会。

3 选择重点，攻相控阵关键

23所组织了攻克相控阵雷达六项关键技术的攻关队伍。张履谦亲自深入到实验室，和同志们一起开展研究，还下到车间和工厂，了解加工进度，跟踪相关设备的加工和生产。

相控阵雷达是利用改变雷达阵列天线辐射单元的相位，来实现改变波束指向的雷达，因其是以电子方式控制波束扫描，而非传统的用机械转动天线的方式，故又称电子扫描雷达。

远程跟踪相控阵雷达类似于蜻蜓的眼睛。蜻蜓的眼睛是由许许多多个小眼组成的，每个小眼都能成单独完整的图像，这样就使得它所看到的范围要比人眼大得多。相控阵雷达天线由许多个收发单元组成，收发单元数目愈多，成像质量愈好，收发单元数可设计为几百个到几万个。这些单元有规则地排列在平面上，构成阵列天线。

利用电磁波相干原理，通过计算机控制各辐射单元电流的相位，就可以改变波束的方向进行扫描，故称为电扫描。收发单元把接收到的回波信号送入处理计算机，完成雷达对目标的搜索、跟踪和测量。每个天线单元除了有天线辐射器之外，还有移相器等必需的器件。不同的辐射器通过移相器可以被输入不同相位的电流，从而在空间辐射出不同方向性的波束。天线的单元数目越多，波束在空间形成的方向性能就越好。这种雷达的工作基础是相位可控的阵列天线，“相控阵”由此得名。

相控阵雷达的能量在空间相加，可以使雷达得到很大的发射功率，实现大功率的要求，而大功率能延伸雷达天线的作用距离，使雷达的探测距离更远；相控阵雷达的波束采用电子控制，不用机械拖动，机动灵活；采用相位控制天线形成的多个波束，可以同时跟踪多个目标。因此，用相控阵雷达跟踪几千公里以外飞来的敌方导弹，是一个极佳的选择。

事实上，相控阵技术早在20世纪30年代就已出现，但直到20世纪五六十年代才研制出可应用的相控阵雷达。相控阵雷达作为尖端科技，当时只有美国拥有较为完善的技术体系。要想从美国获取这一技术或产品，是非常不现实的，为此，中国必须自己研制。

为了开展相控阵雷达的研制，23所组织了攻克六项关键技术的攻关队伍，其中，一室负责雷达总体，二室负责相控阵天线，四室负责高功率发射机，五室负责低噪声接收机，六室负责波束控制器，八室负责移相器。对于23所来说，在这几项关键技术中，天线、移相器和波束控制器三个项目，因之前没有搞过，也没有相关技术储备和积累，所以最为关键。

作为军管会责令抓生产的负责人，张履谦没有游离于攻关队伍之外，而是亲自深入实验室，和同志们一起搞研究，还下到车间和工厂，了解加工进度，跟踪相关设备的加工和生产。

在天线室，张履谦经常到熊继衮和姜新发等同志的技术攻关现场，观察测试环境条件，了解技术情况和工作进展，和他们讨论交流，查看测试数据，获取第一手资料。在张履谦的带领下，经过日夜钻研和持续的技术攻关，天线室的同志先做出了天线的子阵，而后在测试中又解决了各天线单元的馈电和相互耦合等问题，实现了天线增益、副瓣等高性能指标，并进一步解决了各天线单元的加权与大阵的设计问题。

2008 年 9 月 23 日，张履谦（左六）与 23 所老同志们合影

移相器的关键技术是降低传输能量损耗，实现移相的准确相位移和器件在批量生产中的一致性。这对移相器所用材料的配方和纯度都提出了严格要求，需通过大量的科学试验才能进行生产。同时在材料烧结过程中，还要求烧结工艺控制稳定可靠。为了研制出合格的移相器，张履谦亲自蹲在实验室里，观看材料配方和烧结全过程，直到亲眼看到测试数据出来，性能达到要求，才放下心来。

波束控制器是一个由逻辑电路组成的控制设备，其作用是控制波束相位。波束控制器研制的关键问题是设计逻辑电路和解决元器件生产问题。张履谦亲自跑到七机部的仓库里查找，为了查找一个元件，他在库房里有时一呆就是几个小时。如果库里没有，他会亲自跑到兄弟单位求援，直至研制出波束控制器。

张履谦以高度的事业心和责任感，参加了相控阵雷达的技术攻关，突破了关键技术，并在攻关工作中培养了许多骨干人才，为研制高级相控阵雷达打下了良好的基础。

4 抓单脉冲，研制跟踪雷达

张履谦参加了导弹单脉冲精密跟踪雷达的关键技术攻关和研制。他经常出差，到外协单位为研究室跑协作，同时还带领一批有志青年，艰苦攻关。

根据张履谦等人提出的单脉冲雷达用作拦截导弹制导的技术方案，在精密跟踪单脉冲雷达研制方面，23 所又组织了五项关键技术的攻关队伍，其中，一室负责总体，二室负责天线馈源，三室负责液压随动系统和测角装置，五室负责双通道相幅平衡低噪声接收机。

单脉冲雷达是精密跟踪雷达，它每发射一个脉冲，回波就能同时从若干个天线波束进来，将各波束回波信号的幅度和相位进行比较，当目标位于天线轴线上时，各波束回波信号的幅度和相位相等，信号差为零；当目标不在天线轴线上时，各波束回波信号的幅度和相位不等，产生信号差，驱动天线转向目标直至天线轴线对准目标，这样便可精密测出目标的高度角和方位角，从而实现对目标的精确测量和跟踪。单脉冲雷达对目标跟踪作用距离远，测量精度高，用它来跟踪导弹是一种最优选的方案。

张履谦参加了导弹单脉冲精密跟踪雷达的关键技术的攻关和研制，其主要关键技术有抛物面天线、多模馈源、精密测角码盘、液压伺服系统、双通道接收机。

在天线馈源的攻关过程中，张履谦深入车间，了解天线正、副反射面的加工成型和馈源的精密铸造情况，协调技术指标。“文革”动乱期间，生产车间基本瘫痪，做出来的样品多次不合格，工人们变得不耐烦了，打算撂挑子不干。张履谦并不气馁，他亲自找工人们谈心，向他们解说科学试验大部分没有一次成功，失败是常有的事，反复试验才合格并不奇怪。经过多方周折，多次试验，最终成功地拿出了高指标的天线系统。

精密光学编码盘是由外协单位研制的，液压伺服系统的精密加工也是由外协单位完成的。为了使雷达总体各系统能齐头推进，张履谦经常出差，到外协单位跑协作。

单脉冲各分机分布在各实验室里研制，受“文革”影响，实验室处于散漫状态。有时仪器室的人不在，有时器材处的人不在，张履谦为研究室跑仪器、跑器材，马不停蹄，整天连轴转。攻关技术问题并不是什么难事，管理和协作却成了大问题。各部门人心涣散，工作效率极为低下，安排的进度几乎每次都落空。但就是在这样的情况下，张履谦仍以忘我的工作精神，带领一批有志青年艰苦攻关，日夜奋斗，最终搞出了单脉冲精密跟踪雷达各分机系统。

最终，雷达各分机系统被集中到 304 场进行总装调试。304 场位于北京丰台区云岗，当时还没有完全建成，场地泥泞不堪，到处是杂草和泥水。人员只好暂时住在云岗三院招待所，招待所离试验场有 3 里多路。在 304 场工作时，条件非常艰苦，没有厕所，大家自己挖坑搭建，1200 亩的试验场，晚上经常从围墙外跳进不速之客，也得自己值班看守。

为了加快雷达的总装调试进度，一室王金奎，三室夏福祥、洪大光，五室黄文鑫等同志都参加了进来。张履谦和 30 多名工作人员每天吃住在 304 场，一道工作，一同调试，一起打扫实验室，一起进行技术攻关，大家就像一个战壕的战友似的亲密。

有一天，雷达液压系统出现了漏油问题，张履谦等人查了好几遍，也没能解决问题。于是，他专门请来车间的佟继君师傅，迅速解决了这一问题。接着，雷达波导连接又出现了差错，他又亲自去请车间的张君义师傅，把问题给解决了。

但问题远不止这些。雷达跟踪天线塔上信号源抖动，接收误差信号不稳定，张履谦带领同志们用尽了各种办法，依然没有解决。那时整机用来调试的仪表只有三用表，用这个仪表查找故障的效率非常低。大家心情十分着急，连吃饭、坐车甚至睡觉都在想这个问题。

作为排查故障的能手，张履谦有自己一套方法。他组织所有人员在机房开跟踪回路分析会，详细分析雷达在早、中、晚，阴、晴、雨等各个时段和各种天气情况下测得的数据，最终发现天线塔上的信标信号不稳定，原因在于随着温度的变化，地面雷达接收机两个信道参数产生了不同的变化，晴天调好了，阴天又不行了，因此必须重新调整信道参数。

接收信道不平衡、误差信号不稳定问题解决后，雷达跟踪时的 S 曲线变得很平滑了，单脉冲天线的关键指标达到了要求，张履谦他们终于第一次成功研制出 C 频段单脉冲导弹精密跟踪雷达，命名为 101 雷达，其性能指标达到当时国内先进水平。该项成果荣获 1978 年全国科学大会奖。21 世纪初还利用它成功地进行了逆合成孔径雷达（ISAR）成像试验，获得了飞机影像。

在张履谦的亲历亲为下，相控阵雷达和导弹跟踪单脉冲雷达相关关键技术得到了突破，产品被研制出来，并参加了系统联试。后来，640 工程进行了进度调整，只保留少数科研人员进行技术跟踪的预先研究。但通过这些扎实的工作，23 所有了预先研究成果，积累了丰富的研制经验，培养了许多技术人才，实验室的设备也得到了充实。

在张履谦等人的共同努力下，23 所相控阵雷达和单脉冲雷达的研制具有良好开端，为当代的远程相控阵跟踪雷达和靶场测量的研制，奠定了较好基础。

5 忠诚为国，支援三线建设

为建设三线基地，张履谦亲自到湖南隆回、邵阳地区选择厂址。面对三线建设的劳苦任务，他没有任何怨言，尽心尽力地完成了每一项工作。

1964 年后，基于当时复杂的国际环境考虑，党和国家领导人作出决策，要“争取时间，积极建设三线战略后方，防备帝国主义发动侵略战争”，同时提出三线建设的总目标是“要争取多快好省的方法，在纵深地区建立起一个工农业结合的为国防和农业服务的比较完整的战略后方基地”。

在强烈的民族危亡意识的感召下，怀着对党忠诚、对祖国负责的信念，张履谦义无反顾地投入到三线建设任务中。根据三线建设“靠山、分散、隐蔽”的选址原则，七机部二院选择贵州遵义地区作为地空导弹的三线建设基地，张履谦参加了方案设计。根据战备要求，张履谦等人将 23 所负责的制导雷达研制生产分为四个部分，分别由四个厂承担，各个厂分别负责研制生产收发车（微波雷达的发射、接收系统）、指令车（导弹控制指令产生及发射系统）、计算车（弹、目坐标和拦截控制计算系统）、显示车（战斗指挥操作显示系统）。为了使四个厂尽快建成、投入运行，张履谦不辞辛劳，加班加点，为四个厂作方案设计和仪表、加工设备的配备选型工作，并多次到现场，指导微波实验室建设。

地空导弹三线建设方案完成后，张履谦又参加了反导雷达三线建设工作，他亲自到湖南隆回、邵阳地区选择厂址。在湖南考察期间，为了能够选到符合要求的基地，张履谦在湖南一呆就是一个多月，每天跋山涉水，行程近百里。天晴时，赤日当空，太阳晒得人头昏脑胀；下雨时，道路泥泞，让人寸步难行。张履谦和同志们穿着草鞋长途跋涉，不畏酷暑湿热，不惧蚊虫叮咬，直到考察定点完成为止。在张履谦等人的努力下，23 所在三线的基地建设进展十分迅速。完成厂址建设后，在领导的安排下，张履谦又多次前往三线各个厂进行产品研制和生产指导。

而今，七机部二院在遵义地区的主要厂所已迁至贵阳，在隆回、邵阳地区的厂所已迁至长沙。目前，在贵阳和长沙这些厂、所的基础上，又建设了航天城，为航天事业发展壮大作出了贡献，同时这些地区也因这些厂、所的存在和转制，使地方经济获得了巨大发展。

三线建设的功过后来有许多评说。在当时复杂的国际形势下，党中央作出建设三线的决策有其必然性。作为一名党员，张履谦本着对党忠诚、对祖国负责的态度，面对三线建设的劳苦任务，没有任何怨言，甘之如饴，尽心尽力地完成了每一项工作。

6 疾病困扰，难阻壮士鸿志

张履谦被告知得了冠心病，医生要求他立刻进行治疗和休息。虽然在家养病，但他仍一直跟踪关注现代雷达技术国外发展动态，一直心系我国雷达关键技术的攻关和型号研制。

张履谦无私奉献，发愤图强，刻苦学习，待人可亲，给所里同志留下了很深的印象。“文革”期间，张履谦在23所军管会的领导下，负责科研生产工作。在那个生产瘫痪的年代，由他负责抓科研工作，有一定的影响力和号召力。军管会对他的学识和为人很信任，放手让他负责反导型号的预研攻关。怀着强烈的责任感和富国强兵的宏伟心愿，张履谦忘我地投入到工作中。

由于被划入走“白专道路”，张履谦科研工作之余，要到食堂、车间参加劳动改造，直至精疲力竭。

1975年，张履谦到湖南隆回、邵阳为反导三线基地选点，为了找到“进山、靠山、隐蔽”的地址，一个月下来，他的身体严重透支。长期的辛苦工作，加之三线选点的艰苦任务，终于把他的身体压倒了。一天清晨，张履谦像往常一样，准备外出选点，突然感到心脏刺痛，心慌呕吐，晕头转向。他没有将病情告诉同事，稍稍休息后，硬是以坚强的毅力，咬牙坚持与同事们一同外出。领导赵琪发现张履谦的脸色不太好，精神状态也有些疲劳，问他是否有哪儿不舒服，是否需要休息，为了不影响大家情绪，更为了不影响基地选点工作进度，张履谦咬牙说“没事”，直到完成三线选点任务。

回到北京后，张履谦才向单位和家人诉说了在湖南选点途中发生的病情。在单位和家人的安排下，他被送到北京医院进行检查。几天后，检查结果出来了，医生告知他心电图有异常，当时是冠心病急性发作。医生要求张履谦暂停手中的所有工作，进行治疗和休息，如果还带病坚持工作，他的身体情况会很危险。

过惯了战斗式的紧张生活，突然间被要求不许触碰工作，被安排在家休息，张履谦心里憋得发慌，脑袋也乱糟糟的。他的病情几个月未见好转，反而愈加恶化，爬一层楼梯都喘得很厉害，双腿无力，身体更加虚弱。

时间流逝不知情。一晃过了一年，“不能再这样光躺着了”，张履谦对自己说。他请所里的同事到图书馆和办公室，找来很多书籍，边养病边学习。在这段难熬的日子里，书籍成了张履谦抵抗病魔的良方，读书成了他对付病痛的有效手段。

张履谦觉得一篇名为《雷达的波形设计》外文文献，很有价值。这是一篇有关雷达理论与实践意义的经典文献，作者从理论上阐述了微弱雷达信号的提取，论述了雷达分辨力、模糊度的约束条件以及雷达信号设计的理论与方法。长期从事雷达研制的张履谦敏锐地意识到，这篇文献对提高我国雷达技术人员的理论水平很有好处，而当时国内正缺乏这些基础理论知识。于是，张履谦伏首案头，日夜工作，开始了文献的翻译工作。为了使译文尽可能地符合原文宗旨，通顺完整地阐述作者的理论体系，张履谦查字典，翻阅大量资料，没少下功夫。数天后，张履谦将这篇文献完整地翻译出来，并发表在

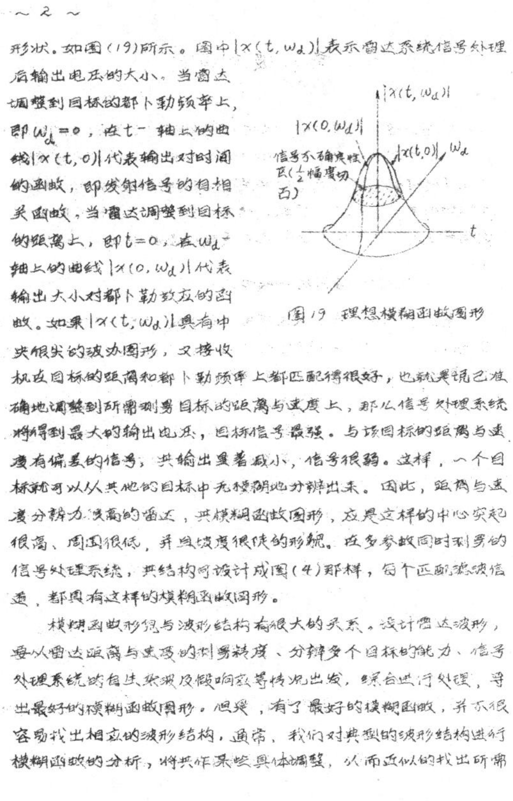
~ 2 ~

形状。如图(19)所示。图中$|\chi(t, \omega_d)|$表示雷达系统信号处理后输出电压的大小。当雷达调整到目标的都卜勒频率上，即$\omega_d=0$，在t一轴上的曲线$|\chi(t,0)|$代表输出对时间的函数，即发射信号的自相关函数，当雷达调整到目标的距离上，即$t=0$，在ω_d一轴上的曲线$|\chi(0,\omega_d)|$代表输出大小对都卜勒效应的函数。如果$|\chi(t,\omega_d)|$具有中央很尖的波动图形，又接收机在目标的距离和都卜勒频率上都匹配得很好，也就是说已准确地调整到所需测量目标的距离与速度上，那么信号处理系统将得到最大的输出电压，目标信号最强。与该目标的距离与速度有偏差的信号，其输出显著减小，信号很弱。这样，一个目标就可以从其他的目标中无模糊地分辨出来。因此，距离与速度分辨力很高的雷达，其模糊函数图形，应是这样的中心突起很高、周围很低，并且坡度很陡的形貌。在多参数同时测量的信号处理系统，其结构可设计成图(4)那样，每个匹配滤波信道，都具有这样的模糊函数图形。

图19 理想模糊函数图形

模糊函数形状与波形结构有很大的关系。设计雷达波形，要从雷达距离与速度的测量精度、分辨多个目标的能力、信号处理系统的自适、杂波及假响应等情况出发，综合进行处理，导出最好的模糊函数图形。但是，有了最好的模糊函数，并不很容易找出相应的波形结构，通常，我们对典型的波形结构进行模糊函数的分析，将其作某些具体调整，从而近似的找出所需

张履谦翻译的《雷达的波形设计》手稿

《电子技术文选》内部刊物上。

张履谦从国外光电子杂志得知美国贝尔实验室已研制出电荷耦合器件（CCD）。这是一种光学数字成像器件，材料使用探测光的硅片，比传统底片更能敏锐地探测到光的变化。张履谦洞察到这种新器件比传统胶片成像灵敏度高，成像质量好，是一种新的革命性的成像器件。他立刻写了《电荷耦合器件及其应用》评述文章，介绍其工作原理与应用，并发表在《技术工作通迅》和《航空知识》等杂志上。张履谦在文中指出，作为一种用电荷量来转换不同强度照射的高动态敏感器件，CCD 技术将来必定会在卫星对地观测成像和日常生活摄影中，具有深远的意义和广阔的应用前景。近 30 年来的技术发展，再次证明了张履谦的敏锐眼光。如今，CCD 技术已在数码相机等电子产品，卫星对地观测成像、姿态测量中得到了广泛应用，成为卫星测姿和卫星遥感的主要器件。

治病期间，他还积极搜集“文革”以来有关雷达方面的外文刊物，仔细进行研读分析，同时结合从事雷达研制 20 多年的经验，在病床上撰写了《雷达技术走向新的发展阶段》论文。这是一篇关于现代雷达技术发展总述和展望的文章，张履谦通过严谨的论证分析指出，随着当代数字技术和计算技术的发展，出现了相控阵雷达，使雷达技术走向了新的发展阶段；我国必须在有关关键技术上进行攻关，力求有所突破，使我国能在未来新体制雷达的研制上跟上国外的先进水平；相控阵雷达作为一种新式雷达，具有许多优势，我国应把握时机，加快相控阵雷达的研究，不能错失发展机遇；相控阵雷达的优势在于其能量在空间相加，具有强大无比的功率，能实现大功率、作用距离远的需求；波束扫描以相位控制方式形成，无须大型天线转动，无惯量、精度高；天线可形成多波束，可发现和跟踪多目标，抗干扰性能强；预言相控阵雷达的应用必将使武器装备发展出现新水平，上一个新台阶；建议不能错失机遇，必须快速突破相控阵雷达的相关核心关键技术，使我国能在不久的时间内赶上国外先进水平。这篇论文在七机部主办的《技术工作通信》杂志发表后，立即引起部、局领导和科技人员的重视。正在制定反导方案和技术攻关的同志看到这篇文章，更加坚定了反导预研的信心和决心。

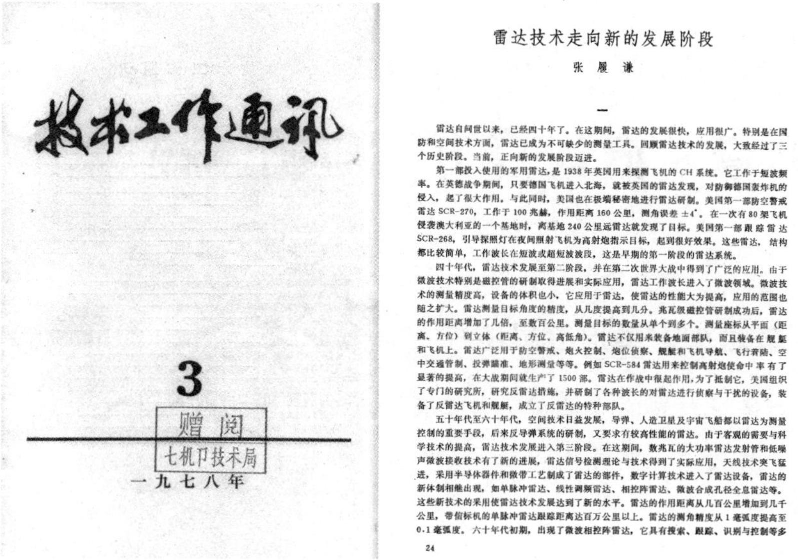

雷达技术走向新的发展阶段

张履谦

一

雷达自问世以来，已经四十年了。在这期间，雷达的发展很快，应用很广。特别是在国防和空间技术方面，雷达已成为不可缺少的测量工具。回顾雷达技术的发展，大致经过了三个历史阶段。当前，正向新的发展阶段迈进。

第一部投入使用的军用雷达，是1938年英国用来探测飞机的CH系统。它工作于短波频率。在英德战争期间，只要德国飞机进入北海，就被英国的雷达发现，对防御德国轰炸机的侵入，起了很大作用。与此同时，美国也在极端秘密地进行雷达研制。美国第一部防空警戒雷达SCR-270，工作于100兆赫，作用距离160公里，测角误差±4°。在一次有80架飞机侵袭澳大利亚的一个基地时，离基地240公里远雷达就发现了目标。美国第一部跟踪雷达SCR-268，引导探照灯在夜间照射飞机为高射炮指示目标，起到很好效果。这些雷达，结构都比较简单，工作波长在短波或超短波波段，这是早期的第一阶段的雷达系统。

四十年代，雷达技术发展至第二阶段，并在第二次世界大战中得到了广泛的应用。由于微波技术特别是磁控管的研制取得进展和实际应用，雷达工作波长进入了微波领域。微波技术的测量精度高，设备的体积也小，它应用于雷达，使雷达的性能大为提高，应用的范围也随之扩大。雷达测量目标角度的精度，从几度提高到几分。兆瓦级磁控管研制成功后，雷达的作用距离增加了几倍，至数百公里。测量目标的数量从单个到多个。测量座标从平面（距离、方位）到立体（距离、方位、高低角）。雷达不仅用来装备地面部队，而且装备在舰艇和飞机上。雷达广泛用于防空警戒、炮火控制、炮位侦察、舰艇和飞机导航、飞行着陆、空中交通管制、投弹瞄准、地形测量等等。例如SCR-584雷达用来控制高射炮使命中率有了显著的提高，在大战期间就生产了1500部。雷达在作战中很起作用，为了抵制它，美国组织了专门的研究所，研究反雷达措施，并研制了各种波长的对雷达进行侦察与干扰的设备，装备了反雷达飞机和舰艇，成立了反雷达的特种部队。

五十年代至六十年代，空间技术日益发展，导弹、人造卫星及宇宙飞船都以雷达为测量控制的重要手段，后来反导弹系统的研制，又要求有较高性能的雷达。由于客观的需要与科学技术的提高，雷达技术发展进入第三阶段。在这期间，数兆瓦的大功率雷达发射管和低噪声微波接收技术有了新的进展，雷达信号检测理论与技术得到了实际应用，天线技术突飞猛进，采用半导体器件和微带工艺制成了雷达的部件，数字计算技术进入了雷达设备，雷达的新体制相继出现，如单脉冲雷达、线性调频雷达、相控阵雷达、微波合成孔径全息雷达等。这些新技术的采用使雷达技术发展达到了新的水平。雷达的作用距离从几百公里增加到几千公里，带信标机的单脉冲雷达跟踪距离达百万公里以上。雷达的测角精度从1毫弧度提高至0.1毫弧度。六十年代初期，出现了微波相控阵雷达，它具有搜索、跟踪、识别与控制等多

24

张履谦在病床上撰写的《雷达技术走向新的发展阶段》论文

在加强雷达技术理论研究和探索雷达技术发展的同时，张履谦还不忘推广普及雷达科学知识，他认为科学技术工作人员，不但应提高技术水平，还应积极地做些科普宣传工作，使先进的科学技术为广大群众所了解，提高广大群众的科学素养。为此，他写作了《雷达技术的发展概况》和《种种雷达》等科普文章，以近半版的篇幅，刊登在《光明日报》和《解放军报》上。在这些文章中，张履谦阐述了雷达的科学原理，提出相控阵雷达、单脉冲雷达、线性调频雷达、合成孔径雷达、分布式雷达等，是未来雷达的发展方向。他的许多见解和观点，虽是在20世纪70年代提出的，但直到今天，我国雷达技术的发展路径仍是沿着他提出的这样一条思路走的。张履谦的许多建议和观点，有的已成为雷达研制的技术方案，有的已研制出实际型号，足见其远见卓识以及在雷达领域丰富的经验和深厚的造诣。

第七章　群策群力　研制测控

1 关键时刻，勇担卫星测控

张履谦说，我宁肯病倒在实验室，也不愿躺在病床上。他带病重新走上工作岗位，担任450工程办公室主任，同时兼任450工程总设计师。

正当张履谦每天在病床上以书为伴、撰文为乐，学习国外先进科学技术知识，跟踪国外先进雷达技术时，一天下午，七机部人事司司长蔡恒泰找到张履谦的家，受七机部部长郑天翔的委派，专门探望张履谦的病情，同时邀请他“出山”工作。

“文革”期间，我国“两弹一星”的科研秩序受到了很大冲击。粉碎“四人帮”后，中央军委批准了我国试验通信卫星工程（即331工程），它和潜艇水下发射导弹、发射洲际导弹一道被列为“三抓”工程。

事实上，早在我国第一颗人造卫星发射成功以后，根据国家的需要，有关部门就已开始了通信卫星的预研工作，提出了研制地球静止轨道试验通信卫星的初步方案。由于当时正处“文革”时期，正常的科研生产秩序受到严重破坏，加上卫星通信工程是一个庞大的系统工程，技术复杂，涉及面广，又没有一个统一的组织来指挥和协调整个工程的研制和建设，各大系统自身问题尤其是各分系统之间的相关问题得不到及时解决，因此，整个工程进展非常缓慢。

1972 年 2 月，美国总统尼克松访华，随身携带了一套卫星通信地面站系统。同年下半年，日本首相田中角荣访华，也随身携带了卫星通信地面站系统。这两件事对周恩来总理的触动很大，在周总理的努力下，我国买下了这两套卫星通信地面站系统。

1974 年 4 月，邮电部给周总理写信，建议由国家统一组织卫星通信工程。5 月 19 日，周总理批示，由国家计委、国防科委联合召开有关部门参加的会议，将卫星通信工程研制、协作和使用方针先定下来，然后再按分工作出规划，督促进行。这就是著名的“5 · 19”批示。

为落实周总理批示，国家计委、国防科委、邮电部等多次联合召集会议，明确制造、使用、计划分工和协作范围等问题，成立相应的小组，由四机部（主要负责电子工业）部长王诤担任组长，并于 1975 年 2 月 17 日提出《关于发展我国卫星通信问题的报告》，报请中央审批。

1975 年 3 月 31 日，中央军委第八次常委会议讨论通过了报告，此项通信卫星工程被命名为 331 工程。不久，该报告获得了党中央和毛主席的批准。从此，我国卫星通信工程——331 工程，正式列入国家计划。

卫星通信工程主要包括通信卫星、运载火箭、测控系统、发射场和地面应用通信等五大系统。在国防科委的具体组织下，各部门密切配合，奋力工作，很快改变了工程过去几年的徘徊局面，各大系统的技术攻关取得了重大进展。

发射地球静止轨道通信卫星，关键是要突破远在约 36000 公里之外的卫星测控难题。1971 年年底，国防科委组织有关部门讨论了我国地球静止轨道通信卫星测控系统的方案设想，当时提出了两种方案：一是由微波跟踪测量系统，超短波遥测、遥控系统独立组成的分散测控系统方案；二是由跟踪测量、遥测和遥控等多种功能集成在一套微波频段设备上的统一测控系统方案，简称为微波统一载波测控系统。

1972 年至 1973 年，在通信卫星工程测控系统总设计师的主持下，由国防科委测量通信总体所牵头会同星地测控系统各个研制单位，经大量的调研、论证和协调，一致认为静止通信卫星测控采用微波统一载波测控系统，“既经济又有效”，在技术上也是现实可行的。

由于确定采用的地面微波统一载波体制难度大、技术新，国防科委决定由七机部和四机部各研制一套。前者代号“450”，安装在闽西，由七机部450工程办公室负责技术总抓；后者代号“155”，安装在渭南，由四机部十院10所总抓。

450工程机房

两套设备的基本设计思路和框架几乎完全一样，两方各研制一套是为了保险起见，以防一方的研究力量不够，另一方可以补充，同时也是为了抢进度，谁先研制出来，就用谁的系统。但这在一定程度上难免导致两家单位在后来的研制过程中相互竞争。

四机部的技术基础好，155工程研制进度遥遥领先，而七机部的450工程则远处落后状态。粉碎“四人帮”后，国防科委要求七机部积极抢抓因“文革”延误的研制任务，七机部在研制测控系统方面急需一个技术带头人，郑天翔首先想到了张履谦。蔡恒泰向张履谦详述了这些情况，征询他是否可去450办公室担任总设计师，张履谦早已在病床上躺不住了，他不假思索地回答说，我是党培养教育出来的，是国家培养我长大的，党和国家需要我，我宁肯病倒在实验室，也不愿躺在病床上。

1979年夏秋之际，张履谦带病重新走上工作岗位。虽然身体抱病，但他的心情十分愉快，能够重新走向工作岗位，“文革”中所受的不公正待遇、多年来的病痛折磨，全都一扫而空。张履谦被安排到七机部450工程办公室任主任，同时兼任450工程总设计师。

2 循序渐进，进行原理验证

由于要赶进度，450工程队伍中的部分人员出现了急躁情绪。张履谦认为，科学来不得半点虚假，一定要脚踏实地，循序渐进。为保证450工程的万无一失，必须尽快将各原理性分机对接，作完原理性验证飞行试验。

微波统一载波测控系统是综合跟踪测轨、遥测、遥控、数传等功能为一体的“四合一”雷达，同用一个载波频率。它的工作体制极为复杂，在跟踪测角方面，采用10米大型抛物面卡塞格伦单脉冲天线、高位数码盘、液压传动；在测速方面，采用上下载波相干的双向频移测速体制，同时采用伪随机码加测距音的精密测距系统。遥测信号被调制在两个下行的副载波上，一个为数字编码遥测，另一个为模拟遥测，前者传送卫星各种工程参数，后者传送卫星姿态参数；而遥控也作为副载波，被调制在上行载波上。为了实现测控站之间的数据传送，在上行副载波和下行副载波上，又分别调制了数据信息。这样多的副载波调制，被调制的信号又有编码、相移、键控、音频等形式，在国内最复杂的雷达和电子设备中均未曾有过，在当时尚属首次。

450工程有两个雷达系统，一为450－1系统，即上述的微波统一载波测控系统，二为450－2系统，即超远程引导雷达系统，用来引导450－1系统和155系统跟踪目标。为了研制450工程，七机部投入了全部有关电子研究所、厂的力量，主要研制单位有一院704所，二院23所，五院502所、504所、510所和539厂、549厂，还有部属289厂、693厂。

1979年秋，当张履谦来到450工程办公室时，各分机设备正分别在各研制单位制作原理样机，还没有进行对接，设置在七机部701器材库的对接厂房基建仍未完工，还在进行土建之中。按照一般流程要求，系统的原理性试验尚未完成，正样任务书定不下来；正样任务书定下后，下到各研究所、厂进行正样研制，需近一年时间；正样研制出来后，还需进行总体对接、调试、飞行试验和可靠性增长试验，才能交付使用。根据卫星将于1982年发射的总体安排，时间非常紧迫。七机部领导十分着急，副部长兼331工程总设计师任新民经常亲自到试验现场，检查和指导研制工作。

450工程能否搞出来？能否按时进入闽西站安装调试？张履谦肩上的任务十分艰巨繁重。由于要赶进度，450工程队伍中的队员出现了急躁情绪，产生两种思想，分歧严重。一种思想认为可以跳过在701库进行原理性验证试验阶段，各研制厂、研究所立刻作正样研制，直接到闽西站进行总装对接；另一种思想是各研制厂、研究所研制试验样机先尽快在701库作对接，搞好原理性飞行试验验证后，再下正样研制任务书，循序进行正样研制，而后在闽西站进行总体对接。

这样一个宠大的系统工程，跳过原理性验证阶段行不行？张履谦深刻认识“一着不慎，满盘皆输”的道理。他不敢大意，更没有妄下定论，而是立刻深入

1980 年，张履谦（右一）与任新民（右二）
到试验现场检查和指导工作

各研究所和研制厂进行调查研究，与各研制厂、研究所、450 工程办公室的同志们进行广泛的交流探讨，对每一个关键技术细节进行认真的分析研究。

时间紧迫。张履谦往返于北京各个研究所进行技术摸底，有时，上午跑一家研究所，下午还要赶到另一家研究所进行调研。为了能在下班前摸清问题，张履谦经常连午饭都来不及吃。为了弄清一个加工环节或技术底细，张履谦有时会在工厂或实验室里呆上一整天，晚上也不闲着，整理白天调研所得，测算各技术环节的成熟度，写相关文字材料。通过艰苦细致和踏实的工作，张履谦全面掌握了 450 工程牵涉到的全部环节以及需要深入攻关的关键技术难点，对各个环节和各项技术难点做到心中有数，在此基础上，形成实施下一步的具体方案。

张履谦认为，科学来不得半点虚假，一定要脚踏实地，循序渐进。为保证 450 工程万无一失，必须尽快将各试验样机在 701 库对接，做完原理性验证飞行试验，只有过了原理关，才能下正样研制任务书，进行正样研制。只有这样，才能确保对接一次成功。

先原理性验证，后研制设备，是张履谦一贯的工作思路。一个宠大的系统工程，不经过关键技术攻关，不搞系统的原理性验证试验，就有可能给整个工程造成颠覆性危险，这不但不能赶进度，反而会推迟进度。张履谦把自己的想法和调查研究的情况向七机部领导作了汇报，七机部领导对此非常认同，450 工程的所有科研人员也很快统一了思想认识。张履谦提出的方案得到了一致通过。

解决了认识问题，高涨的工作热情又在701库开始燃烧。在张履谦的带动下，大家团结一心，挑灯苦干，日夜奋战。不久，701库很快盖起了机房，建起了天线基座，试验样机也很快从研制单位搬运了进来。安装设备、布放电路、调试仪器、测试信号、排查故障等各项工作相继展开。为了工作方便，450工程办公室的同志在701库建立起临时招待所，开办起食堂。有的同志天刚亮就来到机房，有的同志搬来铺盖，干脆住在701库。

1980年，450－1微波统一载波测控系统各分机原理性样机在701库机房中对接，由于是首次研制，虽说没有颠覆性问题，但却出现了许多待解决的难题，这些问题包括10米直径抛物面天线的形面误差调整，静压伺服系统跟踪精度测量，单脉冲雷达的坐标标定，频率源的稳定度测量，测音、伪码测距、多普勒测速的精度校准，PCM/PM及FSK/PM调制解调及定标等。这些关键问题如果不解决，下一阶段的飞行试验就无法进行。

450－1天线

张履谦和450工程办公室的所有同志一起加班加点，对450－1微波统一载波测控系统进行测试调整和故障排除，最终完成了各分机的集成对接和接口匹配。之后，又在飞机上安装应答机，进行角度、距离、速度的精度校飞和遥测信号下传、遥控指令上发等试验。经过飞行试验考核，系统满足了总体指标设计的要求，原理性过了关，打赢了研制过程中的一场硬仗。1980年6月，在认真核查各项指标的基础上，450－1微波统一载波测控系统通过了飞机验证试验，获得了领导认可，确定了正样研制任务书，可以转入正样研制生产阶段。

450－1系统研制没有走回头路，没有煮夹生饭，赶上了155系统的研制进度，保证了在闽西站的总成和实时运转，为后来卫星的发射任务提供了保障。

3 准备扎实，打赢闽西硬仗

450各分系统在闽西站对接，不打一场硬仗，把机器调整在最佳状态运行，是不可能完成卫星发射任务的。经过四个战役的硬仗，450－1系统设备通过了连续6个10小时时段的开机运行考验，未发生系统故障，各项指标满足要求。

1981年年初，根据研制任务书技术指标的要求，450－1工程各分系统正样设备在各研制单位研制成功，被运送到福建省沙县进行安装、对接、调试和校飞。这是检验450－1系统能否执行卫星发射和交付使用任务的一场硬仗。

450工程闽西站外景

450－1微波统一载波测控系统由60余个机柜组成，分立元器件达10余万个，焊接点达百万余处。60余个机柜安装在两栋楼房的15个房间内，连接电缆有10余公里长，操作人员近40人之多。这么复杂的设备，由10多个单位共同研制，虽经原理性试验验证下达了正样任务书，明确了各分系统的指标和接口要求，规定了质量保障措施，但各分系统在闽西站对接后能否正常运行，能否将地球静止轨道通信卫星发射到36000公里高度和准确定点，谁也不敢打保票。因此，不打一场硬仗，不把机器的可靠性提高，不把机器调整在最佳状态运行，是不可能完成卫星发射测控任务的。

第一场战役，主要是打的电磁兼容仗。各分机在机房安装就位，用电缆接线连起来后，发生了信号相互串扰，导致接收到的信号不纯，噪声增大。虽经采用多种方法和措施，经过一个多月的努力还是没能解决问题。10余公里长的电缆接线分布在室内室外，房左房右，楼上楼下，相互交错，千头万绪，要将故障准确定位，谈何容易！为了确保质量，张履谦下定决心推倒重来。他带领大家一起动手，拆掉所有的电缆布线，更新连接插头插座，采用多种隔离、屏蔽措施，信号、电源、机壳三线分别接地，防止电流串扰。经过缜密的布线设计和施工，采取诸多防干扰方法，问题逐一得到彻底解决。

第二场战役打的是指标仗。从北京到福建省沙县，路程近2000公里，由于条件所限，设备不能用飞机运输。450－1系统60余个机柜的设备是经过汽车和火车的长途运输运来的。闽西地区多雨，道路泥泞颠簸。运输过程中，许多仪器设备结构、状态发生了变化，加上当地潮湿闷热，气温很高，一些元器件的性能也因为环境温度、湿度的改变而发生了变化。有的螺丝松动了，有的焊点脱线了，有的参数漂移了，有的器件发霉了，有的机柜进入了多余的杂物，甚至个别机柜还进入了苍蝇、蚊子。张履谦带领大家细心目检和清点机柜中的每一个元器件，对60余个机柜进行清洁整理，逐个机柜地进行指标测试，最终将数以千计的参数调整到规定的技术指标要求上来，再进行固化。这又是一项何其庞杂和细致的工作。

第三场战役打的是指标优化仗。各分系统机柜完成指标调整后，要进行各分系统联调，以使整个微波统一载波测控设备系统指标优化。为了达到450－1系统设备的整体协调保证系统高质、高效地运行，分机工作稳定是基础，无论哪个局部出了问题，都会影响整个系统的协调运行。由于闽西站环境条件的改变，频出的故障考验着每个人的智慧和毅力。在这关键时刻，张履谦和同志们沉着冷静，夜以继日地逐一解决故障，最终将故障归零。

第四场战役打的是质量仗。所有分系统联调正常后，450－1系统开始运行，指标也逐步实现优化。卫星发射时要求设备能连续数天可靠稳定地工作，因而，保证电子设备持续运行的可靠性，对保障卫星发射非常重要。为了增强系统整体的可靠性，排除元器件早期失效，450－1系统进行了多次连续长时间的通电老练试验。试验队成员连续几天几夜地工作，虽然是轮流值班，但骨干成员几乎连续几天都等待在机房，唯恐出现故障。张履谦带领大家认真分析系统各环节，仔细查找可进行改进的地方，以提高系统的稳定性和可靠性，降低系统的干扰。

闽西夏天室外气温可达四五十摄氏度，人即使不干活，呆着都会出一身汗。那时没有空调，室内配备的大批风扇也起不了多大作用。吃饭时，男同志们干脆把上衣脱了，光着膀子，但仍然全身是汗。因为心脏病没有痊愈，张履谦是带着氧气袋到闽西站的。作为工程总设计师，他丝毫不敢休息，因为他深知人心安定至关重要，如果自己偷懒散漫，势必影响整个团队的士气，从而延误系统的安装调试和执行任务。于是，在闽西站的每一天，张履谦和大家一起冒着烈日酷暑，带病坚持工作。有时，他心绞痛患了，呼吸困难，便含上一片硝酸甘油，吸一口氧气，等心脏稍微好一些，又继续投入工作。

1982 年，张履谦在闽西站与参加 450 工程的研制人员（前排右二为张履谦）

来闽西之前，七机部副部长宋健对张履谦的助手兼闽西站常务副队长邱贤佐千叮万嘱，让他一定照顾好张履谦的身体，工作中要让他多休息，主要进行指导就可以了，更多的工作由两个副队长邱贤佐和童铠做就行。

由于张履谦的心脏病未痊愈，邱贤佐便吩咐行政组的同志每天提前准备好氧气袋，以备不时之需。许多次，邱贤佐让张履谦在办公室休息，但他却怎么也不同意，一定要亲临现场，身先士卒，参加每一个重大故障的排除工作。在邱贤佐眼中，张履谦高高的个子，瘦瘦的身材，几乎整天穿着一件背心，看上去更显瘦骨嶙峋。

1983 年，宋健到闽西站视察工作，张履谦陪同他视察。由于雷达天线标定设备架在山顶上，当地道路又不好走，接送宋健的车开到山的一半便开不上去了。考虑到张履谦心脏不好，宋健让张履谦在山下休息，由邱贤佐等同志陪他上去，但张履谦却坚持着陪宋健爬上了山。

张履谦勤勉敬业、任劳任怨的模范带头作用，深深感染了闽西站的每一位同志。为国富兵强而奋斗的光荣使命，将大家的心紧紧地连在了一起，有同志收到母亲病危的消息，也不请假离开工作岗位；有同志面临儿女上初中、考大学的重担，也不请假回家照料。正是这一批批赤子忠心的中华儿女，把我国第一颗地球静止轨道通信卫星成功地送上了太空。

经过四个战役的硬仗，至 1984 年，450－1 系统设备通过了连续 6 个 10 小时时段的开机运行考验，未发生重大故障，各项指标满足要求，随后又用飞机进行了精度检飞试验，设备显示稳定可靠。在后来两次执行卫星发射任务中，450－1 系统连续工作三四十天，每天工作 14 小时至 19 小时，经受了严酷环境中的各种考验。

4 群策群力，众创优质工程

航天是一项众智集成、集体创新的事业。张履谦根据科研人员的特点，积极发挥每个人的长处，同时十分信任他们，放手让他们独立地开展工作。

无论在最初的方案论证，701 库的原理性验证飞行试验，还是在闽西站系统集成联试，450 工程都凝结了无数科技人员的心血。

研制过程中，工程总设计师张履谦表现出了高超的学术水平和工作能力，同时表现出严谨的工作作风和有效的科研组织管理能力。他深刻地认识到航天事业是一项众智集成、集体创新的事业，无论个人能力再大，也绝不可能一人完成整个工程任务。张履谦说，450 工程研制任务最终取得成功，应该归功于整个团队。

450 工程的战斗集体（二排右四为张履谦）

童铠，是张履谦为450工程专门找来的助手，在450工程中担任副总设计师。童铠有留苏学习的背景，有很好的理论造诣和工程调试技术，在卫星飞行目标捕获和轨道预报方面作过深入研究，在中频频谱相位噪声调试上也很有经验。张履谦与他一起深入研究450－1信道系统，较好地解决了调相体制中的微弱信号检测问题。在450－2系统调试中，张履谦又与他多次到549厂，解决信道中频谱不纯和超远距离跟踪精度问题。正是由于童铠的有力协助，张履谦带领团队很快完成了在北京701库的原理性验证校飞试验，并抢在雨季到来之前，完成了整个设备进基地的安装任务，扭转了系统研制工作的被动局面，赶上了卫星发射进度。

柳东升，450－1信道系统主任设计师，在遥测技术上很有造诣，对信道设计很有研究，是一个擅长总体设计的优秀能手。为了发挥他的特长，张履谦请他全权负责信道指标的协调任务。随着信道指标协调性问题的高效解决，450－1工程得到了系统优化。柳东升提出采用短路法进行雷达距离标定，这项创新被应用于系统，设备简单，效果非常好。张履谦对大家说，用简单的方法解决复杂的问题，这是最为可贵的。张履谦倡议每个航天工程技术人员都要像柳东升那样肯动脑筋，深入思考想办法。

张云龙，与张履谦一起工作多年，俩人形成了亦师亦友的关系。张云龙在微波天线与电路方面有很好的理论与技术基础，张履谦请他担任450－1工程天线、伺服、馈源系统的主任设计师。多年来，张履谦与他在工作中形影不离，经常一起深入现场，共同解决大型天线跟踪精度难题，保证了微波统一设备单站定轨功能。

邱贤佐，在系统工程管理方面有独到的能力与经验，张履谦请他担任450工程的指挥调度。邱贤佐采用流程协调、节点控制的方法，对系统工程进行调度管理，统筹全局，突出重点，突破了诸多关键技术。由于邱贤佐等同志管理得力，复杂、庞大的450工程进度得到了较好保障。在闽西站进行系统总成调试期间，邱贤佐更是担任了常务副队长一职，成为张履谦的得力助手。

甄润已，在天线方面有深厚的知识积累。甄润已提出可以利用一个直径不到半米的小天线，对450－1系统的10米大天线的极化轴比进行测量校准。这个建议很具新颖性，当时很多人对此并不认同，但张履谦却积极支持他把这个小天线研制出来。在张履谦的鼓励下，甄润已果然不负所望，成功研制出能校准大天线的小天线，为总体联试作出了贡献。

在 450 工程的整体研制中，张履谦的个人威望与影响力是保证系统顺利研制的关键。当时既懂理论又懂技术的雷达专家并不多，而张履谦却是雷达行业内公认的专家，无论在原理验证、技术设计，还是在系统总成联调、故障分析排除等方面，都有非常丰富的经验。从朝鲜战场的电子对抗到打 U－2 飞机，从研究雷达制导到研究反导雷达系统，几乎在我国的每一项重大雷达工程中，都有张履谦的贡献。尤其是 20 世纪 60 年代，张履谦被树立为国防科研战线上的标兵，他在国防科研工作中所表现出的出色工作能力、忘我工作精神，已深入人心。在张履谦的号召下，一大批年轻的科研人员聚集在一起，大家朝着一个目标而努力。

更难能可贵的是，张履谦在工作中一直保持谦虚谨慎的态度，没有架子。在整个工程中，张履谦与科研人员打成一片。为了全面掌握 450 工程的关键技术问题，无论是工厂还是实验室，张履谦都曾亲自跑过，并与研究人员和工厂师傅深入交流。正是这种平易近人的为人、谦虚学习的态度和求实严谨的工作作风，为广大科技人员树立了榜样。而事实上，通过交流讨论，张履谦自己也学到了别人的长处，增长了知识，扩大了思路，并对团队中的许多成员有了更详细深入的了解。

504 所的曾邑铎、李力田、宋剑鸣，539 厂的林鸿英、乐俊国、钱玉琴，549 厂的陈炳祥，502 所的叶万根，23 所的张以森、蔡澜、冯印堂等科研人员，都有自己独特的才能。张履谦多次虚心向他们学习请教。他根据科研人员的特点，积极发挥每个人的长处，同时十分信任他们，放手让他们独立地开展工作。遇到问题时，张履谦总会与他们一起分析设备机理，共同谋划改进措施。450 工程在闽西站集成调试过程中暴露出 500 多个大小不同的技术问题，但在张履谦带领的团队的共同努力下，这些问题在交付前全部得到了彻底解决。

张履谦说，航天工程是一个将大家智慧集成在一起的工程，要充分发挥群众智慧，团结一心，步调一致，将大家的知识和能力、优点和特长集成在一起，相互取长补短，才能创建优质的工程。450 工程就是在这样一个氛围下，整个团队心往一处想，劲往一处使，以党和国家的利益为重，不计较个人得失。这是一个能吃苦打硬仗的团队，为了保证执行任务一次成功，团队中的所有成员日夜奋战，不辞劳苦。

450 工程是一个协调工程。张履谦通俗而又形象地把 450 工程比喻成一棵大树，工程中的各项设备，就像树叶、树枝、树干和树根，相互关联，相互影响，排除故障要建立故障树，搞设计、分指标、攻关键、搞分工等都要建立“树”的概念，逐项有条有理地把它抓好。在实际工作中，张履谦便是以“树”的理念来抓450工程的。

450工程由总设计师和各分系统主任设计师组成的核心组负责从顶层设计上，将这棵“树”描绘和构建出来。主任设计师是树的枝干，要负责把分系统搞好；工程组是枝叶，要为枝叶选好形，着好色。张履谦率领全体人员从全局出发，将每个人的工作职责切实担负起来。450工程建立了许多“树”，如流程进度树、指标树、岗位责任树等，才使工程管理条理清楚，工作开展忙而有序。

张履谦还虚心听取用户的批评建议，如果用户提出的建议是对的，他会立即积极改正。一次，部队操作人员与工程研制人员针对450系统机柜操作面板上的一个开关安装位置问题争执起来，部队操作人员认为开关所装位置不合理，因它和另一个指令开关相距太近，如果不慎按错，将会造成灾难性事故。为此，部队用户坚决要求更换开关安装位置。

如果接受部队操作人员的批评意见，就意味着机柜内部布线要改变、面板要重做、一系列图纸要修改，这将花费很长的时间。工程组人员与部队操作人员协商、研究，是否可以凑合着用。张履谦得知此事后，认为部队操作人员反映的建议十分在理，坚决反对“凑合着用”的做法。他立即责令相关工程组重新设计，亲自和大家一起日夜赶工，更换开关位置。张履谦以此为案例，教育大家要认真听取来自部队一线操作人员的正确意见。

正是由于广大科研人员的默默无闻和无私奉献，450工程在闽西站的安装调试和校飞检验均按要求及时完成。在第一次执行发射卫星任务中，450-1系统提前发现并自动捕获了目标，还进行了多次卫星数传试验。

1984年4月8日，我国用长征三号运载火箭第二次发射东方红二号试验通信卫星，450-2系统实时引导450-1系统和155雷达，准确测出卫星飞行轨道，共同完成了我国第一颗地球静止轨道通信卫星发射测控任务，我国从而成为世界上少数几个掌握高轨卫星发射、同步定点测控技术的国家，揭开了我国在地球赤道上空占有轨道位置的历史。

1984 年，张履谦（右二）到基层查看试验数据

5 发射未成，测控得到考核

闽西站的雷达系统发现了目标，跟踪捕获了卫星，得到了卫星在轨运行数据。虽然卫星未入轨，但张履谦认为“450”的研制方案论证、技术途径、质量和人心都已入了“轨”。

在第一次执行发射东方红二号试验通信卫星 01 星任务时，由于火箭三级发动机二次点火失败，卫星未能进入预定轨道，进入了一条较低的轨道。在上级统一指挥下，450 系统对卫星进行了数传通信试验。

根据测算出来的卫星轨迹，450－2 雷达守候在地平线的预报方位，对卫星进行扫描探测。当 01 星刚一升出地平线，450－2 雷达立即探测到它，就如猫抓耗子，一下子就将它抓住了！之后，它稳定地跟踪着目标，成功地引导 450－1 微波测控设备，对 01 星实现信号捕获、角度跟踪测量、码捕获、信号解调等功能，获得了很多宝贵的遥测数据。与此同时，设在渭南站的 155 系统，也对卫星进行了跟踪。在宋健的指挥下，渭南站与闽西站的雷达系统都成功地进行了数据通信试验。

第一次卫星试验虽未发射入轨，但地面测控与数传通信系统得到了实践，经受了考验，取得了圆满成功。

回过头看，技术先进、难度巨大、系统复杂的 450 工程之所以能够一次研制试验成功，是因研制思路和研制方法科学正确。张履谦说，虽然 01 星未入轨，但 450 工程研制却已入了“轨”。

首先，方案选择入轨。450 工程采用先进的统一载波、四合一（跟踪、遥测、遥控、数传）测控雷达体制，能单站定轨，具有中国特色，全部采用我国自行研制的设备和元器件，走自力更生的道路，有自主知识产权，是我国电子技术发展的一项重大创新，方案正确。

其次，技术途径入轨。450 工程立足于国内，脚踏实地攻关，从原理试验开始，一步一个脚印，通过飞行试验验证原理，关键技术获得了突破，研制过程中没有出现颠覆性的问题，技术途径正确。

其三，工程质量控制入轨。严把质量关，设计、元器件使用、调试、验收、对接、考机、演练各环节，均从实际出发，从严把关，质量控制有效。

最后，人心入轨。这一条最为重要，团队人员群策群力，心往一处想，劲往一处使，克服了恶劣环境条件、家庭、个人等诸多困难，心怀“青山埋忠骨”的豪情，在工作中挥洒热血和汗水。

450 工程最终荣获国家科技进步特等奖。为了表彰张履谦在 450 工程中所作的突出贡献，航天工业部为张履谦记一等功并颁发了奖励证书。

张履谦荣获国家科技进步特等奖证书

张履谦荣立一等功证书

6 统一测控，奠基设备研制

微波统一测控系统是我国空间测控网建设的里程碑式设备，其研制成功，为我国后续测控设备研制打下了技术基础。张履谦是我国空间测控网建设的功勋人物。

半个世纪以来，我国导弹与航天测控建设经历了从初创、导弹与卫星测控网、导弹与航天测控网三个发展阶段，目前正朝着陆、海、空、天一体化方向发展。

1973 年 9 月，著名科学家钱学森提出要在全国建立导弹与航天测控网，根据我国发射第一颗人造地球卫星等任务的需要，科研人员研制了光学测量和无线电跟踪、测轨、遥测等设备，初步建立了我国飞行器测控网。为了发射地球同步轨道通信卫星，必须建立跟踪距离大于 36000 公里的测控站，能在远地点控制火箭发动机点火，使同步卫星入轨，最为关键的设备就是微波统一测控设备。

450－1 微波统一测控系统为 C 频段，是我国第一个微波统一测控系统，其研制成功，奠定了后续几十年我国发展微波统一测控站的基础。21 世纪初，我国建立了载人航天测控网其主要设备 S 频段统一测控系统（即 USB），采用了 450 工程的成熟技术，沿用了先进的统一载波、相位调制体制，并集遥测、遥控、数传等功能于一体。当前，我国探月工程用的深空测控站也采用了微波统一载波测控系统诸多成熟技术。

中国宇航学会飞行器测控专业委员会成立 30 周年纪念邮票

2010 年 9 月，中国宇航学会飞行器测控专业委员会成立 30 周年，同时也是我国测控通信研究所成立 50 周年。在为纪念中国航天测控网成立 50 周年而作的《经天纬地》一书中，将 450－1 微波统一测控系统喻为里程碑式技术设备，将张履谦列为我国航天测控网建设的六个功勋人物之一。中国宇航学会飞行器测控专业委员会还专门制作了一组有张履谦、陈芳允、王大珩、沈荣骏、魏鸣一、陈炳忠头像的明信片和有张履谦头像的纪念邮票，以示表彰他们为中国航天事业所作的业绩。

中国宇航学会飞行器测控专业委员会专门制作的印有张履谦头像的纪念邮票

第八章　型号研制　保驾护航

1 空间技术，责任十分重大

“一线中的二线，二线中的一线”，是张履谦对自己在科技委工作的定位。张履谦始终本着认真、负责的态度，每天不停地在各地奔波，为卫星研制保驾护航。

随着我国第一颗地球同步轨道试验通信卫星的发射成功，450 工程研制宣告结束，“三抓”任务胜利完成。

1985 年，张履谦由七机部 450 工程办公室调到航天工业部科学技术委员会，担任常委工作，具体负责雷达与电子学领域，侧重空间技术。科学技术委员会（简称科技委）是为航天工业部领导决策提供科学技术咨询的工作部门，到科技委工作后，张履谦的工作性质由亲自在基层第一线抓科研型号研制，变为到上层搞决策咨询，责任更大。科技委工作最重要也是最繁忙的任务是保证一线的型号研制任务顺利实施和发射成功，除此之外，还要搞调查研究，谋划工程型号和航天事业的未来发展，向领导提出咨询建议。

在航天工业部及以后的航空航天工业部、中国航天工业总公司，张履谦一直是部科技委员会常委。1999 年后，他被聘任为中国航天科技集团和中国航天科工集团两大集团公司的科学技术委员会顾问，还被聘任为国防科工委专家咨询委委员，国家国防科工局科技委委员，总装、总参、空军等单

张履谦在科技委办公室工作

位的咨询专家或顾问，哈尔滨工业大学、北京航空航天大学、华中理工大学、空军工程大学、国防科技大学的兼职教授和博士生导师。

“一线中的二线，二线中的一线”，这是张履谦对自己在科技委工作的定位。张履谦说，在航天部门，一线工作主要由总设计师抓，作为科技委委员或顾问，我们不承担一线型号研制任务，不承担决策责任，不去为型号研制拍板定案，所以不是一线；但作为科技委委员，我们要对科研提出切实的咨询意见，在评审设计方案正确与否时，要亲自计算评估设计是否有错，还须亲自动手调查研究，下到一线，了解第一手资料和情况，从这点上来说，我们也在做一线的工作。

正是基于对自身角色的这样一种定位，张履谦始终本着认真、负责的态度，每天不停地在各地奔波。即便是80多岁高龄，张履谦每年也仍有近半年的时间在各地出差，指导解决型号研制中的关键问题，搞设计方案评审，参加故障归零，作调查研究，讲课和传授技术。几年来，张履谦的足迹遍及上海、西安、成都、酒泉、西昌、太原等地，几乎把航天领域的各个研究院、

张履谦主持型号方案评审

所和发射基地都跑遍了。

在科技委担任常委、顾问期间，张履谦为我国军用民用卫星的立项、方案评审、技术攻关、故障归零和卫星应用做了大量工作，至 21 世纪初，他参加了十多种 30 多颗卫星的研制阶段评审和技术关键攻关工作。他参加了我国风云气象卫星、资源卫星、雷达卫星研制全过程，跟踪卫星研制直至交付使用；他主持了海洋卫星三计（微波高度计、散射计、辐射计）和精确定轨方案审查及关键技术攻关；他领头作调查研究，撰写了我国卫星上水平的调研报告；他为发展我国数据中继卫星和北斗导航卫星，进行国外调研、分析论证、出谋献策，积极提出建议；他参加了我国载人航天工程和探月工程研制，为测控系统的方案制定和技术攻关做了大量工作。他的这些工作，促进了我国空间技术的发展，拓展了雷达技术在航天领域的应用。

2 干航天活，做透地面工作

看到国家投入巨额资金研制的卫星发生了故障，张履谦十分心痛。航天这门功课，只有把地面工作做透、做深，卫星上天才不会有问题。张履谦建议所有科研人员都应该深刻地吸取经验教训。

1984 年，我国发射了第一颗试验通信卫星——东方红二号通信卫星，随后，各省市和各大军区相继建立起点对点的通信，各部委也相继建立了多个专业通信网，同时实现了电视信号的全国卫星广播，这对我国的政治、军事、经济和文化建设，具有十分重要的意义。

但要想实现卫星在天上可靠、持久的运转，却并不是一件容易的事。

就在东方红二号通信卫星上天后不久，通信卫星信号突然中断，所有地面接收站都收不到东方红二号通信卫星的电视广播节目，而就在几天前的晚上，当时的国务院总理李鹏还在卫星地面站观看了中央电视台转播的卫星电视节目，图像清晰。

有人怀疑故障的原因在于卫星姿态变了或卫星漂走了。西安卫星测控中心传来信息，根据遥测数据判断，是卫星广播电视转发器的行波管发生了故障。

这可不是一件小事！中央领导对此十分重视，社会各方面也都在关注。

卫星工程大系统总设计师任新民心里十分着急，亲自出马，分析故障原因。张履谦受领导和机关指派，也火速赶往研制单位，帮助分析转发器行波管故障。

通过遥测数据分析，专家们认为行波管产生故障，首先是缘于螺旋电流增大，而后瞬间消失，导致行波管输出不了信号。张履谦认为问题很明显，其故障来源于行波管和它的电源这两个组件上。

为了尽快查找出原因，任新民和张履谦没有片刻耽误，他们亲自到行波管研制单位——中科院电子所了解行波管设计、生产、工艺制造等各个环节的情况，和研制人员一起讨论分析，并安排了进行故障分析的各项试验。

张履谦又和科研局的吴继云同志，一同到行波管电源研制和总装单位，了解电源的电路设计、使用元器件、装配和环氧树脂固封工艺，以及出厂检验等数据档案，并安排了故障分析试验工作。张履谦特别强调，不但要作分机试验，还要将行波管连接在一起，作分系统的联试，不但要在桌子上试，还要在真空条件下作环境模拟试验。

试验分析过程十分漫长，张履谦始终牵挂着这两个部件的测试分析情况，经常向科研人员询问有否查出故障原因。有时，科研人员没有思路，张履谦便会亲自下到研究所，对相关试验进行指点。经过长时间的故障分析试验，终于找出故障原因是由于一个电源泄放电阻造成的事故。这个电阻是真空密封型的，在空间工作一定时间后，充气气压外泄，产生了真空临界放电，因而造成行波管螺旋电流增大，电阻烧毁，并最终导致转发器行波管放大器失效。依据故障现象，最终作出了定位准确、机理清楚、问题复现、措施有效的归零结论。

张履谦说，此次发生的卫星故障事件，可以说明两个问题：一是我们对事物的认识仍然不够深透，对真空密封电阻在空间环境条件下工作将会产生什么效果还认识不透；二是，我们搞航天，不认识的事物很多，这就要靠我们仔细钻研分析，把所有的技术细节都认真考虑到，只有在地面上把工作做充分、做透、做深，卫星上天才不会有问题。他建议所有科研人员都应该深刻地吸取这次故障的经验教训。

看到国家投入巨额资金研制的卫星转发器发生了故障，张履谦十分心痛。他说，东方红二号通信卫星等航天科技产品，代表了国家科技发展水平，我们在设计和工艺制造上要加强经验交流，相互学习，对每个部件设计和交付都要组织评审，杜绝犯别人已经犯过的错误。切忌一个人抱一个部件，自作主张，想弄成什么样就什么样，那只能是代表某个人的水平，而不能代表国

1984 年，张履谦和科研人员研究东方红二号通信卫星故障归零问题
（右四为张履谦）

家的最高水平，那样会给我国的航天事业带来巨大危害。

张履谦说，卫星上用的元器件如电阻、电容、开关、继电器，不过十几元钱或几百元钱，但一颗卫星研制动辄几亿元，凝聚了众多科研人员的心血和汗水。由于其中一个元器件发生故障，导致整个卫星故障，这是何等不应该。张履谦语重心长地说："我们的元器件要搞得可靠，我们在电路设计和元器件选用上，千万不能掉以轻心。"他建议电路设计要认真总结经验，要搞好标准化，推广成熟电路的应用。

3 "风云一号"，重视空间环境

空间环境对电子元器件的破坏有许多。张履谦多次奔赴电路与器件研制单位，要求科研人员在设计时必须考虑到空间环境的影响和破坏。

为了适应我国国民经济建设和社会发展的需要，我国在 20 世纪 80 年代就开始了气象卫星的研制，主要有两种类型：一种是极轨气象卫星，如风云一号气象卫星，其改进型为风云三号气象卫星，它是一种传输型的气象遥感卫星，轨道高度近千公里，绕地球南、北极飞行，每天全球成像一次；一种是地球静止轨道气象卫星，如风云二号气象卫星，其新一代为风云四号气象卫星，定点于赤道上空约 36000 公里，用于快速获取半球的气象资料。这两种型号卫星相互配合应用，对全球气象情况进行较为实时的监测。

张履谦参与了风云一号气象卫星和风云二号气象卫星研制的全过程。从两个卫星型号的方案论证，到卫星的技术攻关、正样研制，再到出厂评审以及在轨运行发生问题时的抢救和故障归零等，每一个步骤都有张履谦的足迹，每一个步骤里所发生问题的分析和排除，都有张履谦操劳的身影。

1985 年，我国启动了风云一号气象卫星研制，并将它列入“七五”期间我国卫星型号发展的重点项目。张履谦最关心风云一号气象卫星研制问题是空间环境对电子元器件的影响。空间环境对电子元器件的影响因素有许多，如高低温循环、高真空、射线辐照、高能单粒子轰击、磁场磁暴等，都会对卫星电子元器件造成破坏。由于风云一号气象卫星轨道穿过地球南、北极的强磁场，且飞行高度较低，张履谦认为其中最严重也是最难防范的是高能粒子对集成电路芯片的轰击，造成电路闩锁、错位或失效，也就是单粒子效应。

张履谦在风云一号气象卫星方案评审会上（前排左起为任新民、孟执中、张履谦）

在风云一号气象卫星设计方案评审会上，张履谦详细分析了空间环境状况，以及不采取相关防范措施可能引发的严重后果，呼吁要重视高能粒子对卫星的破坏作用，建议在作卫星设计时提前考虑采取防范措施。风云一号卫星的总设计师是孟执中，他曾在苏联科学院主攻自动学与运动学，参加过我国东方红一号卫星、长空一号卫星的有关设计工作，在风云一号卫星设计中，孟执中提出采用数字计算机的三轴姿态控制方案，对卫星受空间环境的影响十分重视。张履谦在风云一号卫星方案评审会上的发言，提出要重视空间高能粒子对卫星的破坏问题，孟执中原本也有此想法，得到了他的积极支持。此后，研制单位为此专门成立了研究小组，配备了相关人员，召开了多次学术交流会，研究单粒子效应的影响及防护措施。

风云一号气象卫星在天运行 39 天后，果然发生了单粒子事件，卫星姿态失控，正常工作停止。张履谦十分关心，东奔西跑，出谋献计，积极协助研究单位和研制人员挽救这颗卫星。在后来研制的气象卫星中，研究单位在卫星结构设计上采用合理的屏蔽措施，在电路设计上采用监测、纠错、重构等多种防护手段，将上天前的部件放在粒子加速器中进行试验验证，取得了较为明显的效果。

风云一号气象卫星还发生过传输图像不正常的故障，张履谦参加了故障分析会。他和总体组同志一道，在气象卫星敏感器、超短波发射机、地面接收机直至图像处理器等各个传输环节上，认真作分析研究，最后找到了故障发生的部位，达到了故障归零的要求。

风云一号气象卫星数传信号有一段时间较为微弱，张履谦和总体组同志又投入到故障查找中。卫星上的超短波发射机 EIRP 值（等效全向辐射功率）、地面接收站 G/T 值（地面站性能参数，是反映地面站接收系统的技术性能指标）都很正常，故障出在哪儿呢？通过对接，张履谦等人发现故障出在星上发射天线和地面接收天线极化反了，一个是左旋圆极化，另一个是右旋圆极化，导致接收信号微弱。通过调试验证，问题得到了圆满解决。

张履谦还经常到总体所密切关注并跟踪卫星研制过程，对卫星的技术状

张履谦与科研人员在卫星有效载荷研制实验室(左一为张履谦)

态了如指掌。在改进风云一号气象卫星设计时，张履谦又和所里的同志一起认真研究如何提高卫星性能和可靠性，保证质量，延长卫星工作寿命等问题。为了提高卫星转发器发射功率、效率，降低传输损耗，张履谦深入发射机研制单位，与科研人员一同研讨发射机电路设计等相关技术细节。为了提高数据储存容量和快速存取，张履谦深入存储器研制单位，积极支持年轻科研人员将磁带存储器改为先进的固态存储器。

风云三号气象卫星是新一代极轨气象卫星，张履谦多次参与了方案设计评审与技术攻关。在正样研制中，他参与故障归零和技术状态确定方面的工作，为风云三号气象卫星的成功发射起到了质量把关和保驾护航的作用。为了提高气象测量与预报质量，针对风云三号气象卫星尚有改进之处，张履谦积极建议开展高性能遥感仪器研制，思考着如何使我国气象卫星的性能指标处于欧洲和美国的先进行列。

4 “风云二号”，保证工程质量

第二颗风云气象卫星运行 3 个月后出现故障，张履谦被紧急抽调到故障分析组，深入研制单位指导故障归零分析试验。在两周的时间内，张履谦三次往返于北京与西安两个城市，查找故障产生的原因。

20 世纪 80 年代末，随着风云一号极轨气象卫星的发射以及国民经济建设对于气象卫星发展的需求，对研制风云二号高轨气象卫星提出了迫切要求。

1987 年，张履谦率团考察日本气象卫星和地面站（前排右一为张履谦）

1987 年，张履谦率领技术考察团东渡日本，考察日本高轨道气象卫星和地面站。考察过程中，日方只准许中方考察人员观摩地面站，不让参观卫星。而地面站里只有天线和一些机柜，张履谦反复向日方人员询问半球云图的成像配准精度和配准方法等问题，但日方人员总是闪烁其辞，不肯告诉相关技术细节。张履谦想，我们一定要立足自身，研制出自己的卫星和地面站！

在风云二号高轨道气象卫星研制立项方案评审的一次会上，张履谦被聘任为主任。会上，魏钟铨和总体组提出充分利用东方红二号卫星的研制技术成果，安装中科院上海技术物理所研制的扫描辐射计，以尽快研制出我国自己的地球静止轨道气象卫星的方案。凭着多年在卫星方面的学习和研究，尤其是有参与东方红二号通信卫星和风云一号气象卫星的研制经验，张履谦对风云二号高轨道气象卫星的研制技术有清晰的概念。对于总体组提出的方案，张履谦认为我国已掌握自旋卫星研制技术，可以较快、较省地研制出来，走我们自己发展高轨道卫星的道路。他建议方案评审后，尽快启动工程立项。项目评审会结束时，张履谦又提醒研制人员，风云二号高轨道气象卫星需要克服两项核心关键技术：一是卫星是细长体，克服其自旋时的章动角发散问题，要认真解决；二是遥感器扫描成像机构精密配准，一定要突破。

卫星立项后，旋即开展了型号研制。张履谦十分重视数据传输通道中的三路旋转关节的技术攻关。他深入数据传输系统研制单位，和设计人员就设计和加工问题进行研究，提出了一系列要注意的问题：微波数据传输链路的理论计算；设计耐高功率、驻波和损耗小、匹配性能好的旋转关节；加工和装配时防止多余物；在空间环境中防止高压击穿；在真空罐中进行环境模拟试验。对这些细节问题，张履谦提出之深，研究之透，令设计人员十分钦佩。

2004 年 10 月，张履谦在风云二号高轨道气象卫星前

第一颗风云二号高轨道气象

卫星正样产品研制出来后，被送到西昌卫星发射场靶场进行调试。由于燃料渗漏，调试时受静电影响，发生了爆炸。张履谦参加了故障审查委员会，对故障原因进行分析。通过缜密的论证评估，张履谦认为在实验室环境下容易产生高压静电，静电打火造成了渗漏燃料着火爆炸。他建议科研人员进一步研究卫星在西昌实验室环境下产生高压静电的可能性及其强度分布，模拟静电击穿致使渗漏燃料着火爆炸的故障模式。此次的故障分析，为下一颗卫星成功研制提供了质量保证的技术措施。

1997 年 6 月 10 日，第二颗风云二号气象卫星发射升空。这颗卫星在天运行 3 个月后就出现了一些故障，每天工作 6 ~ 8 小时就会自行停工“休息”。张履谦被紧急抽调到故障分析组，深入研制单位指导故障归零分析试验。在两周的时间里，张履谦三次往返于北京与西安，查找故障产生原因，通过大量细致的分析和试验，终于查出卫星故障来源于使用了一个质量不好的可变电容器。

在后续的风云二号气象卫星研制过程中，张履谦始终和众多科研人员一起，关注着卫星研制。他多次出差到上海，指导技术归零工作，进行各阶段的技术状态、质量问题归零和转阶段的总结评审，为卫星研制进行质量把关。

几经周折，改进后的风云二号气象卫星终于成功研制并发射，满足了用户使用要求。高轨道气象卫星与极轨气象卫星一道，成为我国业务应用卫

张履谦和风云二号卫星总指挥徐博明（左）、总设计师李卿（右）合影

星，并被国际气象卫星组织批准提供世界各国使用，为我国争了光。

张履谦的脚步并未停歇，为新一代风云四号气象卫星的高精度测雨雷达和太赫兹遥感器研制，他积极寻找资料深入研制厂所，跟踪技术指导，推动技术攻关，促其早日上天。

5 百般努力，操劳卫星导航

根据450工程的信道设计，张履谦草拟了卫星天线图，为陈芳允院士提供了链路设计数据，描绘了覆盖区域图，共商发展我国北斗一号卫星导航系统。

2010年1月17日0时12分，长征三号甲运载火箭在西昌卫星发射中心成功发射了第三颗新一代北斗导航卫星。在此后的几个月里，我国又陆续发射了第七颗、第八颗北斗导航卫星。

看到一颗颗北斗卫星上天，张履谦兴奋的心情久久不能平静。事实上，早在1979年，张履谦就已针对发展我国卫星导航定位系统问题，与“两弹一星”元勋陈芳允院士有过深入的交流探讨。多年来，张履谦为北斗一号卫星的方案设计、技术攻关和地面站建设，以及北斗二代卫星导航的建设，百般努力，始终是推动我国北斗卫星导航系统建设的积极分子。

参加北斗一号卫星方案论证会的成员合影（前排右五为张履谦，左四为陈芳允）

北斗卫星导航系统是中国正在实施的自主发展、独立运行的全球卫星导航系统。该系统主要服务国民经济建设和国防现代化，旨在为中国的交通运输、气象、石油、海洋、森林防火、灾害预报、通信、公安以及国家安全等诸多领域，提供高效的导航定位服务。

基于对卫星应用的深刻认识，张履谦意识到卫星导航定位的用途将会十分广阔，它不仅可用来指挥飞机飞行、军舰航海、陆军行军，还可用来导引武器精确打击。此外，在国防军事、国家安全、反恐、国民经济、金融、工业、农业、救灾、公安、边防等领域，导航定位卫星也将大有用武之地，甚至还可用于幼儿园和养老院，防止幼儿、老人意外走失。导航定位卫星的用户是以亿为单位进行计算的，“只怕你想不到，它可以做得到”，这是国外对卫星导航应用的评价，由此可以想象其作用和价值有多大。

1979 年，张履谦在 450 工程办公室工作时，与陈芳允同在一个办公室，他们除共同研究我国第一颗地球静止轨道卫星测控技术问题，还经常探讨交流如何发展我国导航定位卫星，意见十分相投。

参加国际宇航联会议回国后，陈芳允向张履谦讲述了美国采用双星定位的原理和计划，提出如果采用双星定位概念，加上简短的报文通信，在我国就可以很快实现区域性的导航定位通信。

早在 1974 年的中国电子学会年会上，张履谦便建议迅速发展我国卫星导航，听到陈芳允的想法，他十分赞成。张履谦补充说，可沿用 450－1 系统成熟设备，采用 C 频段收发设备进行导航信息交换，利用东方红二号卫星平台，配上天线，只需研制一台地面中心计算机，硬件设备就可以很快搞出来。根据 450 工程的信道设计，张履谦为陈芳允提供了链路数据，还草拟了卫星天线设计，描绘出覆盖区域，俩人共同策划和相互支持，很快构建了我国北斗一号卫星导航系统的方案设想。

不久，北斗一号卫星技术方案在测通所进行了验证试验，由总参测绘局申请立项，张履谦参加了卫星方案评审和技术攻关。为使北斗一号卫星关键技术得以突破，张履谦前往武汉、兰州等地考察，提出了导航卫星的核心关键——原子钟的研制意见。

北斗卫星地面站调试时，出现时间对准有偏差的重大难题，如果这个问题不解决，系统无法定位。张履谦被任命为北斗一号卫星地面站故障排除的组长，领导解决了设备信号的不同步问题，保证了北斗一号系统的按时开通

1994 年，张履谦在北斗一号卫星方案审查会上

运转。为推广北斗一号卫星系统应用，他还指导研制陆用、海用等各型导航定位接收机，协助解决研制中导航信号的快捕技术难题。

2000 年 10 月，第一颗北斗一号卫星发射成功；2000 年 12 月，第二颗北斗一号卫星升空；2003 年 5 月，第三颗北斗一号卫星升空组网。三颗北斗一号卫星，组成了北斗一号卫星初步导航定位系统，可全天候、全天时提供卫星导航信息。由于北斗一号卫星定位和授时精度满足要求，因而成为全球四个卫星导航定位系统之一。同时，我国北斗导航卫星还兼有通信功能，这在其他导航系统中是没有的，具有鲜明的中国特色。

但北斗一号导航卫星系统侧重于试用，向社会开放的力度不够，加上便携终端机过重，购置费用昂贵，卫星应用发展较慢。北斗一号导航卫星上天一年，只有几千用户，与原设计用户要达 70 万的目标距离很远。空间运行成本，每天需一二百万元。看到此情景，张履谦内心十分不安，他积极地和有关领导、单位共同策划，召开北斗导航卫星应用会议，促进其推广应用。

2004 年 11 月，北斗导航系统应用研讨会在海南召开，张履谦在会上作了题为《快速发展我国卫星导航应用》的主题报告。该报告介绍了北斗导航卫星的定位原理和应用领域，提出了拓展卫星应用的五条建议：研制轻型、廉价、好用的接收机，广泛宣传导航定位卫星应用；在国内选择优势单位，开展导航定位应用示范系统；积极推广军事使用，放宽民用政策；国家支持开发具有自主知识产权的国产芯片；技术创新，如开发RTK技术、采用新能源、提高发射机功率和效率、进一步做出好终端、拓展导航定位卫星应用领域。

2004年11月25日，张履谦在北斗导航系统应用研讨会上

他的这些建议，引起了有关领导的高度重视，得到了应用单位的热烈响应。继此次会议后，北斗导航系统应用研讨会每年召开一次，参加单位有数十个，人数达一二百人，效果很好，面向社会有效地推广了北斗卫星导航系统。张履谦还建议将会议的情况和会上所提建议，及时向国务院和国家发改委报告，以求得到上级的支持，他还与10多位院士共同联名上书国务院总理，建议迅速发展北斗卫星导航系统应用，总理立即作了批复。

2008年，四川汶川发生大地震，全国各族人民立即投入到抢险救灾的工作中，在此期间，北斗一号导航卫星及时提供了导航、定位、通信等服务，保障了抢险救灾工作的顺利开展，应用效果很好，得到了中央领导同志的表扬。

基于北斗一号导航卫星的研制基础与应用经验，张履谦参与了由众多专家组成的北斗二代导航卫星系统研制方案的审定，制定了北斗二代导航卫星系统建设的规模与步骤：第一步，在2012年前发射12颗卫星，迅速建立由5颗地球同步轨道卫星、4颗中轨卫星、3颗倾斜轨道卫星组成的区域性卫星导航系统；在这一系统组建完成后，实施第二步，建立有 30 多颗卫星组成的全球性卫星导航系统。

北斗二代卫星导航定位系统被立为国家重大专项，张履谦被聘为重大专项论证评估委员会成员。北斗二代发展规划和技术方案，虽在评估会上已通过，但张履谦对其覆盖区域和信号接收质量总放不下心，自己又在办公室进行信道计算和复核，十分严肃认真。

对于发展卫星导航应用相关技术问题，张履谦总是想在前面。他说，卫星导航系统是未来信息化战争的核心装备，卫星系统的设计从一开始就要充分注意抗干扰问题，如扩展频率、改变编码、提高功率、空间滤波、自适应接收天线等技术。同时，他还建议在系统内部预埋一些新技术，使系统后期应用具有可扩展性。

张履谦十分重视北斗二代导航系统中的原子钟这一关键技术，因为它受制于人，但又决定和影响导航系统定位和授时的精度，他积极呼吁这个设备一定要靠我们自行研制出来，取代进口。为了推动原子钟的研发，虽然已是 80 多岁高龄，张履谦仍不辞辛劳，亲自飞往兰州、西安等地的研制厂所，查看铷泡的设计、加工、生产工艺和钟的总装调试。尽快建立起我国自主的北斗二代全球卫星导航定位系统，是张履谦心中的美好梦想，而他从未将此梦想放下。

多年来，卫星导航定位领域几乎是西方国家一统江山。2007 年 4 月 14 日，中国第一颗北斗二号导航卫星发射升空；2009 年 4 月 15 日，第二颗北斗二号导航卫星发射成功。至 2011 年 4 月，我国已完成第八颗北斗二号导航卫星的发射。看到不断取得的成就，张履谦心里殊感快慰。

6 尽心竭力，参谋雷达卫星

在我国雷达卫星研制的 17 年间，张履谦一直作为顾问，关注着雷达卫星，从技术方案设计，到每个关键指标论证，每个重大关键技术突破，每个研制节点评估审议。

张履谦长期从事雷达技术开拓与发展的研究工作，对国际雷达研究新动向始终保持高度的注意力，在不断学习跟踪国外先进技术的同时，结合我国实际，不断开拓具有我国特色的雷达技术体系。

20 世纪 70 年代，国际出现了合成孔径雷达，提出了雷达成像的新概念和新体制。获悉这一新技术动向后，张履谦十分重视，1988 年，他参加了在芬兰举行的国际空间科学会议及其展览会，看到法国研制的 ERS－1 合成孔径雷达卫星展示后十分兴奋。就卫星设计新理念和特色应用功能，张履谦和法国专家讨论了近 4 个小时。法国专家还送他一幅图，图上绘制了一个圆形抛物面天线，天线里有一个地球，地球只有三分之一天线口面大。法国专家说，合成孔径雷达天线沿卫星轨道飞行，综合处理其飞行过程中诸多回波信息，从而等效于一个特大型口径天线，天线口面可以设计成等效于 3 个地球的直径。张履谦对这次讨论的印象十分深刻，对合成孔径雷达的设计和应用有了更加深刻的认识。

在 1990 年、1994 年荷兰海牙和德国汉堡举行的国际空间科学会议上，张履谦终于看到了合成孔径雷达对地面和森林地带的成像。从图像上看，雷达甚至能分辨出地面输电网中的金属电线，还能分辨出在森林中活动的猴子。张履谦立刻意识到这种雷达在军事、国民经济领域有着无穷尽的应用潜力。同时，国外在此领域的发展进度，也使他的内心深受触动，他暗下决心，一定要尽快发展我国合成孔径雷达技术，并开拓其应用，不能老是跟在外国人后面学习。

1990 年，张履谦在荷兰召开的国际空间科学会议展览会上观看国际空间站模型

1994 年 7 月 12 日，张履谦在德国汉堡国际空间科学会议上发言

1989 年，国家 863 计划将星载合成孔径雷达及其成像处理技术专题列入主题研究项目，并为此成立了专家委员会，魏钟铨为责任专家，张履谦被聘任为顾问。此时，我国在合成孔径雷达卫星研究方面还处于刚起步阶段，魏钟铨曾在中科院电子所搞微弱信号检测，和外国同时起步独立地在理论上论证了梳齿滤波、同步积累和相关接收的等价性，参加过我国东方红一号卫星、长空一号卫星的有关设计，他工作慎密而充满智慧，但对搞合成孔径雷达卫

星还是首次。魏钟铨充分查找国外资料，深入研究合成孔径雷达成像理论，提出先搞一个低的频段、单极化、满足一般分辨率要求的卫星用雷达，以突破关键技术。这个主张提交专家委员会讨论时，张履谦发言说，先搞低一点的频率，我国有条件，符合我国国情；先单极化后多极化，分辨率先低后高，循序渐进，符合科研规律。

在当时，选用什么雷达工作频率，业内专家争议很大。张履谦熟知国内雷达微波技术水平，也了解雷达技术发展趋势。对于专业内的争论，他总是本着“百花齐放，百家争鸣”的原则，鼓励大家进行积极的交流和讨论。根据当时要早日上天、避免风险的要求，张履谦和专家们研究讨论后决定，支持先上 L 频段的看法，使各业务单位统一了思想，为卫星尽快进入研制，起到了积极的推动作用。

研制雷达卫星的关键是什么？哪些问题是重点？由于没有基础，卫星总体组对这些问题把握不准。作为专家组顾问，张履谦积极参与理顺研制步骤，并与总体组反复研究，根据国内外雷达研制工作经验教训和我们的技术薄弱环节，共同确定了可展开天线、微波收/发组件、数传天线与数据压缩、空间微放电等重点项目，并将此作为技术攻关中的重中之重。

张履谦虽然不在一线工作，但他始终思考着卫星的成像算法和研制质量、如何尽量减小研制风险、能否彻底突破关键技术、研制整星有无颠覆性等问题。为此，他多次离开北京，到研制单位查看研制试验进展情况，查阅第一手资料，对关键数据还亲自作计算和复核。张履谦三番五次地在各种场合提出，要保障微波收/发组件性能的一致性、稳定性，做好在空间环境条件下使用的热设计。他还非常关切地指出，要吸取国外雷达卫星天线上天不能展开的教训，我国雷达卫星在上天之前，一定要进行天线展开的环境模拟试验。他十分重视合成孔径雷达回波动态范围大对成像的影响，电子学系统召开的研究接收机自适应增量控制的每一次会议，他都挤出时间参加，并与专家们共商妥善解决有关成像质量的重要问题。

为保险起见，在雷达卫星研制之初，上级领导开展了两个方案的工作：一是采用 L 频段，基于自主设计，突破合成孔径雷达的关键技术，并研制原理性样机；二是采用 C 频段，采用国际合作，研制样机。在确定上型号研制时，基于 L 频段的合成孔径雷达已突破了技术关键，并研制成了原理性样机；而基于 C 频段的雷达，则正在进行技术攻关。到底是上 L 频段雷达，还是上

C 频段雷达，成了当时争论的焦点。

面对各方面意见，张履谦进行了审慎的分析。他认为，863 计划已经突破了雷达成像技术，原理样机也已研制成功，本着立足于国内的原则，基于 L 频段雷达具有我国自主的知识产权，风险也较小，我们应使研究成果尽快实现转化。张履谦的这一咨询建议得到了用户的共鸣，L 频段合成孔径雷达方案最终获得了立项，并得到国家批准。

经过 10 年的基础研究和技术攻关，1999 年，我国合成孔径雷达卫星获得批准立项，作为卫星型号研制。2006 年 4 月，雷达卫星在太原卫星发射中心发射成功，运行稳定，图像质量良好，分辨力等主要技术指标达到国际先进水平，填补了我国没有全天候、全天时对地遥感手段的空白。而后我国又研制成其他频段高分辨力和多极化的合成孔径雷达，使我国卫星遥感技术迈入了新的发展阶段，走出了一条我国发展雷达卫星的道路。

在我国雷达卫星研制的 17 年期间，张履谦一直作为专家顾问，跟踪着雷达卫星的攻关和研制。从技术方案设计，到每个关键指标论证、每个重大关键技术突破、每个研制节点评估审议活动，他次次都要参加，从不缺席，并且细致分析，积极提出合理的咨询建议。哪里出现问题，张履谦就向哪里跑，指导一线科研人员进行技术攻关。从雷达卫星的主要关键技术和核心元器件的研制直至总装调试和出厂评审，张履谦自始至终参加和见证了研制全过程。

无论在技术方向，还是在攻克技术关键上，张履谦可谓呕心沥血，成功地当了一名雷达卫星研制技术参谋。为了一个技术难题，他经常睡眠不足，到处奔波，直至问题解决时才罢休，与他共事的科研人员，无不敬佩他的敬业精神和科学严谨的工作态度。

7 立意前瞻，助力资源卫星

遥感卫星标校场建设迟迟不能启动，影响了资源卫星数据图像的应用。张履谦和陈述彭院士一起，积极努力地推动标校场的建成与应用。

20 世纪 80 年代，随着应用卫星技术的不断发展，研制资源卫星被提上了议事日程。

资源卫星是用于对地球观测和研究自然资源与环境的卫星，用来探测普查陆地、海洋的资源，普查矿产与农林作物，预报各种严重的自然灾害，如水灾、旱灾、台风、巨浪、地震，甚至延伸到国土利用和环境保护等。

资源卫星的工作原理是利用卫星上装载的多光谱遥感设备，获取地面物体辐射或反射的多种频段电磁波信息，再把这些信息发送给地面站。由于每种物体在不同光谱下的反射特征不同，接收到卫星信号后，地面站即可根据所掌握的各类物质的波谱特性，对信息进行处理、判读和分析，从而得到各类资源特征、分布和状态等详细资料，免去人力四处奔波、实地勘测的辛苦。

1999 年 10 月 14 日，中国和巴西合作研制的地球资源卫星发射成功。卫星上装载五谱段 CCD 相机、四谱段红外扫描仪和宽视场相机，张履谦参加了卫星的设计方案评审和相机的技术攻关工作。经过持续改进，中巴又陆续合作研制发射了后续的地球资源卫星。

中巴资源卫星的研制起源于 20 世纪 80 年代中期，研制卫星装载的 CCD 相机和红外相机关键问题，主要是要解决 CCD 敏感器件和红外敏感器件，前者当时还可以在国际市场上买到，而后者的研制技术难度大，又受到美国禁运，只能靠我们自己发愤图强，独立自主的研制。

张履谦积极倡议自力更生，自行研制红外敏感器件，当时，在我国只有 4 个单位能进行红外器件的研制：中科院上海技术物理所、天津 8511 所，另外两个单位分别在北京和昆明。针对红外敏感器件的研制问题，张履谦和航天工业部五院王和忠副院长等人，亲临上述国内各研制单位进行调查研究。他们跑到研制单位的器件烧结车间，调查材料来源、质量检测、配方比例、炉温控制与烧结时间掌握以及加工过程中所需的工艺设施，根据各研制单位的技术水平和已生产的产品性能指标，将 4 个红外敏感器件定点安排落实，并组织有关人员跟班生产，最终使红外敏感器件的研制性能指标满足了装星产品的要求，摆脱了受制于人的局面。

为了作出定量数据的遥感图像，供国家领导机关正确决策，解决资源卫星数据的应用问题，必须建立一个遥感卫星地面标校场，用来校准星上敏感器件的性能。

建立遥感卫星标校场，本是一件配套的任务项目。但由于资源卫星已经上天很久，而这一基础性工作却一直未能得到落实，所以，标校场的建设迟迟不能启动，从而影响了卫星图像的处理和应用。

得知这一情况后，张履谦会同陈述彭院士共同研究选址、征地、基建、仪表、管理诸多问题，并在许多场合宣传汇报其进展落后状态，吁请有关部门给予尽快落实。张履谦和陈述彭还研究编写了标校场的设计任务书，建议优选地址，召开研讨会评审，积极推动这一基础性工作的开展。

经过他们的积极努力，我国资源遥感卫星标校场最终得以建设并投入使用。经专家评审，各项性能指标满足要求，获得了批准验收。事后，资源卫星应用中心的同志们说，当时，他们对建立标校场几乎失去了信心，如果没有陈述彭和张履谦等院士们的努力，恐怕现在还不能得到定量的遥感数据和图像。

8 咨询建议，探路中继卫星

早在1985年，张履谦就提出了发展数据中继卫星的相关论述。张履谦在学术论文和汇报中提出，建立数据中继卫星系统，耗资大、周期长、技术新，应认真论证，寻找一条适合我国国情的发展途径。

2008年4月26日，我国数据中继卫星——天链一号发射升空，成功地进行了对飞船的通信数据中继试验。天链一号数据中继卫星的研制成功，填补了我国卫星领域的又一个空白。

数据中继卫星的发射和定点成功，意味着中国航天器开始拥有了天上数据“中转站”，不仅可使我国航天测控网覆盖率大幅提升，提高地面测控指挥的决策效率，同时还将增强星地数据传输和航天器测控的实时性，有效地降低航天器运行风险，尤其对航天器出现异常情况下及时实施故障分析和太空抢救具有重要意义。以布置一颗数据中继卫星为例，能使我国的空间测控覆盖率由陆、海布站的约13%提高到60%。如果在赤道相隔120度上空布置两颗数据中继卫星，空间测控覆盖率将增至85%；如果布置三颗数据中继卫星，空间测控覆盖率则将达到100%。

数据中继卫星享有“卫星的卫星”之誉，通过数据中继卫星使资源卫星、环境监测卫星、海洋卫星等测量数据实时下传，可为重大自然灾害的防救，赢得更多的宝贵时间。数据中继卫星还可为载人飞船航天员出舱活动、飞船交会对接、空间站运转，提供实时控制指挥。数据中继卫星用于军事，可建立指挥、控制、通信、计算、情报侦查与探测数据链，实施全球远程精确打击。美国五角大楼对我国发展数据中继卫星十分关注，称它将“大幅提升军事实力”。

对于发展我国数据中继卫星问题，张履谦早在1985年于秦皇岛召开的发展我国载人航天与空间站会议上，就提出了相关论述。1990年，张履谦等人撰写的《关于我国应用卫星提高研制水平的研究报告》中，已经对此提出了相关建议。在这份报告中，张履谦等人指出，可以采用东方红三号卫星作为平台，自行研制卫星的有效载荷，发展我国数据中继卫星系统。

我国究竟应该研制什么样的数据中继卫星，需要攻克哪些关键技术，张履谦积极关注国外在数据中继卫星方面取得的进展，还考察了许多国家，并开展相关技术途径探讨。

1988年，张履谦参加了在芬兰赫尔辛基举行的国际空间科学会议，看到了美国和欧洲数据中继卫星的介绍和模型展览，了解了其概貌。1990年，张履谦在荷兰海牙国际空间科学会议上倾听了TRW公司专家作的数据中继卫星研制专题技术报告，并与日本、欧空局专家及论文作者进行深入的交流，还与国外专家相约，在1992年美国举办的世界空间大会上，作更深入的交流与探讨。

1994年，张履谦访问欧空局微波暗室

1995 年，张履谦在美国参加国际微波会议

每次出国考察调研，张履谦都本着认真学习的态度，不敢有丝毫的松懈。考察回国后，他立即认真总结分析，将情报资料整理成文字，发表了多篇出国考察报告，还结合我国国情，提出了自己的见解。20 世纪 90 年代，张履谦先后发表了《我国发展数据通信卫星技术途径研究》、《美国军用电子及雷达、通信卫星技术的发展动向》、《国外通信卫星和数据通信卫星发展概况》、《发展我国数据中继卫星系统技术途径研究》、《中继卫星的星体结构与有效载荷》、《数据中继卫星的设计与研制》等六篇咨询建议性技术论文，并在航天领域有关学术会议上作了报告，为我国发展数据中继卫星提供了丰富的参考资料。

在国外考察时，张履谦看到美国、欧空局、日本在发展数据中继卫星过程中有成功的经验，也有失败的教训，他认为这些经验教训值得我们深刻借鉴，归纳起来：一是数据中继卫星的研究应有明确的任务目的。国外在进行数据中继卫星研制时，开始时的目的并不是很明确，只认为卫星可以用作航天测控和数据中继，但实践表明，数据中继的业务应用很繁忙，测控任务的比重却不大。二是中继卫星在数据传输码速率方面设计太低，刚投入使用，其容量就不能满足用户需求。三是卫星系统的建设必须遵循科学规律，采用先进、成熟技术，预埋后劲，留有可扩展的空间。四是数据传输要有独立性，技术开发要搞国际合作，这是因为数据中继卫星的数据传输主要用途是为了建立军事信息链，有高度的机密性，必须封闭，而数据中继卫星的研制技术难度大，应尽力开展国际合作。

张履谦在相关学术论文和汇报中提出，建立数据中继卫星系统耗资大、周期长、技术新，应认真论证，吸取美国、欧空局、日本上述四条经验教训，寻找一条适合我国数据中继卫星发展的技术途径。在咨询建议论文中，他充分分析了我国卫星发展的现实以及存在的问题，建议尽快启动研制我国自己的数据中继卫星，研制过程应分两步走：第一步发射单颗星，主要用于飞船测控和对地观测卫星的数据传输；第二步发展多星空间组网，采用先进的毫米波或光波星间通信链路。第一步的用户数不能太多，否则天线过多，需研制大型卫星平台，时下难以实现；频率采用 S 频段、Ka 频段，码速率先搞 300 兆赫，以后发展至更高；技术攻关上应贯彻航天精神，尽可能自力更生，一方面防止受制于人，另一方面还要积极力争国际合作。

根据我国情况，张履谦建议先开展少数几个关键技术的攻关工作：一是研制网状的空间展开天线和研究天线反射网的材料制备和编织技术；二是研制高功率 Ka 频段的微波发射与接收设备；三是研究高精度、快速捕获与精密跟踪技术。

张履谦为我国数据中继卫星的开发研制，提出了许多重大咨询性建议，为发展数据中继卫星系统，做了有益的侦察探路工作。

天链一号数据中继卫星的成功运行，产生了巨大的效益。

首先，大大提高了载人飞船的测控能力。中国目前拥有的 6 艘远望号测量船队，加上 10 余个地面站，为神舟飞船提供了 13% 的全球测控覆盖率；而一颗天链一号数据中继卫星即可覆盖卫星或飞船 50% 的飞行弧段，无论从经济效益还是使用效率上，都有了质的提高。

其次，为航天器起到很好的保驾护航作用。航天器在太空中出现故障，抢救时机往往以秒计，一旦错过就可能造成永远无法挽回的损失。随着中国卫星数量的增多，故障率亦不可避免地会随之上升，而中继卫星的投入应用，将使航天器故障能被及早发现，尽早解决。

最后，使各种遥感卫星的数据得以及时下传。以往从对地观测卫星、资源卫星、环境卫星等获得的空间探测数据，要在卫星经过地面站上空时才能下传使用，如果突发重大的自然灾害，将可能失去最佳的处理时机；数据中继卫星可使各类遥感卫星实现数据实时下传，及时应用，效能成倍增加。

9 坚定不移，推广通信卫星

通信卫星转发器市场萎缩，通信卫星发展进入了寒冬时期。张履谦却对发展我国通信卫星的前景十分看好，并抱着坚定不移的信念。

21 世纪初，地面光纤通信技术得到了快速发展，其大容量、高质量、高保密性通信等独特优点，对卫星通信技术提出了巨大的挑战。

在此情况下，全世界卫星通信转发器市场大幅萎缩，在轨运行的通信卫星转发器形成了过剩状态，通信卫星发展进入了寒冬时期。

如何走出通信卫星发展的低谷，下一步要研制什么样的通信卫星产品，成为科研人员困惑的问题。

张履谦却对发展我国通信卫星的前景十分看好，并抱着坚定不移的信念。他认为，卫星通信具有全覆盖和快速开通的独特所长，是光纤通信所不可比拟的，特别是中国国土宽广，沙漠、山地、海洋面积大，岛屿分散，人口众多，西北、西南有待开发，我国正处于军事、经济、文化的快速发展时期。因此，发展我国系列通信卫星，必将具有广阔的前景。

早年，张履谦就曾撰写过《国外通信卫星和数据通信卫星发展概况》等文章，介绍了国内外通信卫星应用发展情况。针对我国发展通信卫星存在的问题，他又再次领导航天咨询中心人员，撰写了《发展我国通信卫星》的研究报告，为国防科工委等领导机关提供决策参考。

2004 年 10 月，在王礼恒院士的倡议下，香山科学会议第 237 次学术研讨会召开。会议的主题是“信息时代的通信卫星与卫星通信”，王礼恒、宋直元、张履谦、朱高峰等院士和专家担任会议执行主席。会议达成了在我国应发展多媒体大容量通信卫星、电视直播卫星、音频卫星、移动通信卫星及其应用等多项共识。

张履谦在作会议总结时，综合了与会专家的观点，提出了发展我国通信卫星的建议。

在张履谦看来，任何技术的发展，不外乎两个方面：一个是需求牵引，另一个是技术推动。发展卫星通信道理亦同于此，当今信息社会的人流、物流、金融流、信息流、知识流非常活跃，其实还不止于此，还有车流、水流、

2004 年 10 月，张履谦参加香山科学会议（前排右四为张履谦）

电（力）流、远程教学、远程医疗等。卫星通信是社会进步的一份推动力，政治、经济、文化各方面的发展和救灾抢险，都离不开通信；在国家安全需求方面，信息化战争发展到远距离打击和空间攻防，战场具有透明化和司令员“面对面”指挥等特点，这对卫星通信提出了很高的要求；新形势下的反恐斗争，需要进行大范围的监测，也离不开卫星通信手段。张履谦认为，卫星通信与光纤通信相互配合、互为补充，是因地制宜使用的不同的通信手段，积极发展卫星通信具有重要的战略意义。

为使我国卫星通信事业尽快走出市场应用的低谷，张履谦认为应采取技术创新和体制创新的方针和策略。

一是发展宽带多媒体大容量通信卫星。信号能在星上进行解调、纠错、重构、加密，改变过去透明式转发的工作模式，提高抗干扰能力；采用 ATM 技术，适应多信息源、异步、多路由、多波束、多址分发转接要求；采用先进通信体制，适应新一代多媒体互联网宽带通信要求。

二是发展移动卫星通信。我国有广大的山区和沙漠，三分之一国土是海洋，应尽快发展移动通信卫星。第一步研制大型空间可展开天线，发展静止型移动通信卫星；第二步采用星间传输链路，发展多星组网的移动通信卫星系统。

三是发展 Ka 或 Ku 频段电视直播卫星。这是提高我国电视广播覆盖率和人民政治、思想、文化水平的迫切需要，也是战争战场指挥和抢险救灾的迫切需要。

上述这些建议，在当时我国通信卫星发展的低谷时期，为相关领域的科研人员带来了一股暖风，也为相关卫星通信应用单位带来了信心。

为了推进通信卫星应用的研究，张履谦还在许多会议呼吁相关部门领导应加强对卫星通信的重视。在一次空间技术研讨论坛上，张履谦就发展我国通信卫星的个人建议进行了宣讲，得到了许多专家的积极响应。

此后，张履谦受国防科工委系统一司的委托，主持召开了发展多媒体卫星研讨会，主持进行了多次多媒体卫星方案论证，对需要攻克的技术关键，如卫星天线、星上处理、交换和组网技术，取得了共识。

张履谦有这样一点看法，卫星通信是研制下一代互联网和构建我国物联网的支撑设备，也是未来全球信息高速公路的重要组成部分，我国应将建立卫星通信空间基础设施纳入国家发展规划。

10 技术跟踪，把关海洋卫星

张履谦对发展我国海洋卫星的意义有着清醒的认识。为了尽快完成高难度海洋卫星的研制，他不停地对精密定轨等关键技术进行跟踪，指导光通信技术设备研制。

我国有 300 万平方公里的海洋和 6500 个岛屿，但对海洋的控制面积却不到 100 万平方公里，每年全国数以万亿美元的进出口贸易约有 90% 是通过海洋渠道交流的，同时海洋中储藏着丰富的食物、能源等产品，因此，保卫海洋领土主权、开发海洋资源、研究海洋环境、防止海洋灾害等问题至关重要，迫切要求发展海洋卫星由此应运而生。

多年来，张履谦十分关心我国海洋卫星的发展，对此意义有着清醒的认识。早在 1992 年，国防科工委系统一司就委托张履谦抓海洋卫星有效载荷三个微波遥感器（微波散射计、微波辐射计、微波高度表）和为卫星精密定轨做技术攻关工作，在国内安排多家研究单位进行技术攻关。为了尽快并高质量地完成海洋卫星研制，张履谦不敢放松对任何关键技术研发的跟踪，多次到有关研制单位了解技术攻关情况，指导攻关工作。此后，张履谦还主持了海洋卫星遥感器样机性能的评审，公正合理地优选了海洋卫星星上微波遥感设备的研制单位。

1994 年，张履谦在德国汉堡举行的国际空间科学会议上，了解到美国和欧空局使用海洋卫星作海洋科学研究的国际动态，使用卫星上的微波散射计、微波辐射计、微波高度表等仪器获取海面风场、海面浪场、大洋环流、海洋风暴、海面高度和海面温度等海洋参数，以及使用卫星上的可见光和红外探测器测量水色、水温、叶绿素、悬浮泥沙、海洋污染等海上资料。针对我国海洋卫星研制过程中遇到的问题，会议上，张履谦与美国、法国的精密定轨专家一同深入研究了解海洋卫星的精密定轨方法。回国后，张履谦不敢休息，立刻整理参会所得资料和信息，撰写《中低轨道卫星精密定轨的最新水平》和《卫星轨道精密测定技术的最新进展》等专题学术论文，为我国海洋卫星精密定轨技术攻关，提供了重要的参考资料。

2006 年，海洋卫星三个微波遥感器有效载荷和精密定轨技术攻关圆满完成，张履谦主持了验收评审会，一致认为三个遥感器满足用户使用指标要求，精密定轨技术取得了突破。不久，海洋卫星获得立项，开始了工程研制。

为了更好的开展卫星技术的预研工作，国防科工委系统一司决定将光通信技术搭载在海洋卫星上进行科研试验。而我国的卫星光通信工作，一直是在张履谦的支持和指导下开展的。

哈尔滨工业大学的谭立英教授和马晶教授，多年跟踪国外先进技术，坚持在国内开展卫星光通信研究。他们克服了技术、经济等重重困难，坚持不懈努力，研制出了光通信终端原理样机，进行了地面试验，取得了较满意的结果。为此，国防科工委决定将其做成工程样机，搭载到海洋卫星上进行科学试验。哈尔滨工业大学在光通信攻关过程中，聘请张履谦作为技术顾问。张履谦对光通信用于空间抱有坚定的信心，他多次去哈尔滨工业大学实验室考察，多次听取研制情况汇报，多次参加研制设备评审。他阅读了有关国外资料，进行分析研究，对哈工大研制光通信的捕获、跟踪、瞄准方案设计，方位精度标校，瞄准误差分解，卫星姿态、章动和其他有效载荷对跟踪瞄准的影响，光学系统受空间高、低温环境的影响，外面杂散光的干扰，以及大气衰减和误码率的测定和评估等问题，提出了许多建设性的咨询意见。张履谦为攻克光通信技术费心操劳，为的是保证光通信在海洋卫星上搭载试验圆满成功，使光通信能在我国卫星上得到应用，实现卫星数传技术的跨越式发展。

11 立论充分，研制 18 米天线

张履谦通过大量的分析计算，肯定了采用 18 米直径天线，可以可靠地接收从嫦娥一号月球探测卫星发来的数据，保证探月工程圆满地完成。

探月，是中国人数千年的梦想。探月工程启动之初，张履谦就参加了嫦娥一号月球探测卫星测控网和数传的方案设计工作。

为了节约经费，工程立项之初对地面数据接收站的设计，没有采用研制大型天线的措施，当时从所计算和论证的数据看，数传链路指标恰好满足要求，还有少许余量，但从初样研制测试结果看，星上天线增益不足，致使整个数传链路增益没有余量，如果哪个环节出了问题，势必影响卫星的数据传输，导致在地面上收不到所拍摄的月球图像数据或产生较高的误码率，形成不了清晰的图像。

于是，不少同志提出要研制一个 18 米天线的数据接收站。“嫦娥一号”总指挥栾恩杰、总设计师孙家栋十分关注此事，立即组织国内有关测控专家到西安星上天线研制单位进行商议。研讨会上，有些专家提出采用改变编码信道体制，提高编码增益，以弥补星上数传天线失去的增益；有些专家提出加大卫星上数传发射机功率，提高链路增益；还有些专家提出降低地面接收机的噪声系数，达到满足链路指标的要求。

2011 年 4 月，张履谦和探月工程总指挥栾恩杰院士在人民大会堂合影

张履谦对卫星数传的链路设计和实验，有着深厚的理论基础和丰富的实践经验，空间信息传输的信道设计计算，对他来说可以说是打了一辈子交道。他在清华学习时，电波学这门课程学得不错，20世纪60年代他在攻读《雷达丛书》时，又从书中深入地温习和运用了电波传播的理论，计算雷达的作用距离和绘制雷达盲区；在20世纪80年代中意“天狼星”卫星通信试验时，专门做过卫星数传的信道衰减研究；在450工程实施中，进行了遥测、遥控和数传的设计，他亲自调整机器，读取数据，拿到了大量的空间衰减数据，反复核对，验证信道设计正确。对这次探月工程数传信道增益不够问题，张履谦仍不敢大意，依然是采取认真对待的态度。

到西安卫星天线研制单位后的当天晚上，张履谦就立即向卫星天线主管设计人员要卫星设计图纸和测试试验第一手数据，连夜进行反复多次的核算，直到凌晨4点还未入睡。经过严格计算，他认为链路的指标没有余量，最多可以满足要求，但如中间某个环节指标出现波动，便可能接收不好数据。

张履谦又分析计算了弥补增益不足的其他措施，这些措施的方法很多，也是合理的，但试验不充分，且涉及面较广，对进度有影响，风险性较大。为此，他根据国内技术情况，分析了研制18米天线的措施，以及数传信道链路的增益有余量，技术上可以说是成熟的，进度也来得及，无风险性。

在研讨会上，张履谦陈述了他对多种方案的计算分析结果，发表了自己的看法，认为研制18米数传接收天线国内技术成熟，经验丰富，是必要和可行的，同时还留3分贝以上的信道余量。张履谦十分明确的说，误码率一定要满足指标要求，为确保作为我国航天事业发展新阶段的代表性工程“嫦娥一号”成功，绝不能存侥幸心理，要确保万无一失。一些专家对研制18米天线存有疑虑，认为研制18米天线，经费投入增加，工程进度可能赶不上。经过热烈讨论，研讨会最后达成共识，经“两总”决定，采用研制18米数传接收天线的措施。

2007年12月24日，“嫦娥一号”发射成功，随后地面接收站收到了从月球传来的清晰月面三维立体图像，开创了我国航天测控迈向深空测控的发展新阶段。

第九章　载人航天　攻坚测控

1　建言献策，推动载人航天

秦皇岛会议上，张履谦参与了发展我国载人航天的讨论。根据我国发射第一颗地球同步轨道通信卫星的经验，张履谦信心十足地提出了载人航天飞行以及建立空间站的跟踪测控与通信技术方案设想。

完成“三抓”任务后，经过严峻锻炼和考验的航天科技工作者期盼着下一步搞什么样的型号工程，走什么样的一步棋。

此时，国际上进军太空的热潮再度掀起。美、苏两个超级大国首先挑起了这场以经济、科技为重点，带动军事力量发展的新一轮太空科技竞争。紧随其后，欧洲各国提出了各自的太空战略，日本、印度也开始了宇航技术跟踪和关键技术预研。

1985 年夏天，在任新民等航天专家的倡导下，由航天工业部主持在秦皇岛召开了我国第一次载人航天与空间站讨论会。参加这次会议的不仅有来自各航天系统的专家，还有中国科学院和冶金部等单位的高层技术专家。会议的主要内容是探讨我国发展载人航天及空间站的必要性、技术途径、关键技术、步骤、措施等，对载人航天及空间站作可行性研究和方案论证。

当时，“三抓”任务刚结束不久，中国是否也要搞载人航天，如何开展载人航天，国家都还没有决策。任新民等航天专家组织召开这次会议的主要目的，就是为了进一步发展我国航天事业，统一思想，建议国家规划并开展载人航天和空间站的研究。

在此次研讨会上，代表们各抒己见，虽然意见大相径庭，思路也不成熟，但却有一个共识：载人航天工程是我国航天事业未来发展的大势所趋。

张履谦作为雷达与卫星测控方面的专家，受邀出席此会。会上，张履谦发表了“发展我国载人航天与空间站的目的和意义”的看法，他认为，积极发展载人航天与空间站建设技术，对推进我国航天技术和国民经济的发展具有重要意义，也将在政治上产生不可估量的影响。发展载人航天与空间站，除可以在空间利用微重力环境进行制药、晶体烧结等加工试验外，更重要的是通过工程研制，带动我国有关技术和国民经济的发展。由此，航天科技人员的科研能力将得到更大提高，工程研制也将鼓舞我国人民志气，提高我国国际地位。

在秦皇岛会议的几天时间里，张履谦参与了发展我国载人航天等重大问题的讨论以及发展我国空间站的可行性方案论证，并在此后研制我国神舟号飞船的过程中，参加测控系统的总体设计和技术攻关以及各研制阶段的技术评审和故障归零等工作。

与会专家讨论了我国研制空间站和载人航天许多关键技术问题，诸如研制空间站做什么用？用什么火箭？空间站的规模和结构尺寸如何设计等？此外，还讨论了如何进行空间测控这个很关键的问题。与会代表的研究报告和现场发言被汇编成《太空站讨论会文集》。任新民在文集序言中这样写道：“太空站迟早是要搞的，但等到人家都成了常规的东西，我们才开始设想，到时候就晚了。所以，从现在起就应有一个长远规划，对其中的某些单项关键技术应立即着手研究。一旦国家下决心发展载人航天，就能及时起步。我们要争取在21世纪初，在地球的近地空域翱翔着中国的永久型太空站，在太空站和地球之间有中国的运输工具，装载着人员、物资、设备穿梭往来，我国的航天员、科学家和工程师在太空站上紧张地进行各种各样的科学技术活动。”

会议结束时，大家一致建议航天工业部向国家写报告，将发展载人航天及空间站列入我国中长期科技发展规划。这次会议可以说是我国发展载人航天工程的起点，揭开了我国发展载人航天的序幕。

1986 年春，杨嘉墀、陈芳允、王大珩、王淦昌四位科学家向国家领导人提交了《关于跟踪研究外国战略性高技术发展的建议》。同年 3 月，我国启动了高技术研究发展计划——863 计划。航天技术是 863 计划中规划的七大领域中的第二大领域，其主题项目是大型运载火箭及天地往返运输系统、载人空间站系统及其应用。

863 计划为中国的载人航天开辟了道路。1987 年，在国防科工委的组织下，组建了 863 计划航天技术专家委员会和主题项目专家组，对发展我国载人航天技术的总体方案和具体途径进行全面论证。张履谦是专家委员会成员之一。

在此后的 3 年里，围绕中国载人航天如何起步，飞船方案论证人员和航天飞机论证人员展开了长时间的学术讨论。1989 年，航空航天工业部党组专门委托庄逢甘、孙家栋两位专家，主持召开飞船与小型航天飞机比较论证会。这次比较论证后，在航空航天工业部内部逐渐达成共识：中国载人航天发展途径，从载人飞船起步。

20 世纪 90 年代初，张履谦与航天专家研讨论证我国载人航天及空间站方案

1992 年 1 月 8 日，中央专委会召开第五次会议，专门研究发展我国载人航天问题。会议决定，在“863”航天领域专家委员会和航空航天工业部过去论证的基础上，由国防科工委组织各方面专家，进一步对载人飞船工程研制问题进行技术、经济上的可行性论证。

几天后，根据中央专委会的会议精神，航空航天工业部正式成立了载人航天工程论证评审组。任新民任组长，王大珩和屠善澄任副组长，成员包括王希季、庄逢甘、闵桂荣、张履谦、杨嘉墀、童铠、谢光选等专家。

1992 年 9 月 21 日，中共中央政治局十三届常委会第 195 次会议讨论同意了中央专委《关于开展我国载人飞船工程研制的请示》，正式批准实施我国载人航天工程，命名为 921 工程。921 工程的事可以直接向中央报告。

经过几年的深入论证和方案设计，载人航天的科学目标与技术目标、飞船的舱体尺寸结构、运载火箭研制、空间测控方案、发射与回收、航天员生命保障等技术问题，取得了巨大进展。

根据中央领导指示，要像当年抓“两弹一星”一样，抓载人航天工程。同时，载人航天工程是一项大型的保密工程，应贯彻“要静静地坚持不懈地锲而不舍地去搞”，“多干、少说”，“只干、不说”的原则，不报道，不宣传。因此，自 1992 年末，921 工程就在全国各有关单位悄无声息地开展起来。

2003 年，张履谦和我国首批航天员在神舟五号飞船回收舱前合影

921 工程先后研制发射了四艘无人飞船。经不断完善和可靠性上天考验后，2003 年，我国首次将航天员杨利伟送上太空，成为世界上第三个将航天员送入太空的国家，之后又进行了载俩人飞行和舱外活动试验。下一步，我国载人航天还将进行飞船空间交会对接试验，并在此基础上建立空间站。

2009 年，国家人力资源和社会保障部、工业信息化部、总装备部表彰了在 921 工程中作出突出贡献的科研人员，张履谦被光荣地授予中国载人航天工程突出贡献者奖章。

2009 年，张履谦获中国载人航天工程
突出贡献者奖章证书

2 同行磋商，提出测控方案

在研究分析国外现状及国内发展要求的基础上，结合我国国情，张履谦等专家提出了建立我国载人航天与空间站测控通信网的设想建议。

秦皇岛会议提出了发展载人航天的宏愿，会议结束后，各专家回到自己的工作单位，纷纷考虑所处行业的任务，思考各自的专业如何支持载人航天的发展。

张履谦回京后，立即与我国遥测遥控专家史长捷、姜昌、陈宜元，以及电子技术专家曾邑铎、张乃通等国内著名测控专家，共同研究载人航天与空间站的测控方案。在深入探讨研究的基础上，形成了初步方案，并由张履谦执笔撰写《对我国载人航天飞行及空间站的跟踪测控与通信设想》的文章，登载于 1988 年 1 月航天工业部《载人航天与空间站第二次研讨会论文集》。

张履谦等专家分析了载人航天与空间站的运行轨道及其对跟踪测控与通信的要求，指出载人航天的跟踪测控与通信，具有覆盖空域大、实时性强、精度高、数据量大、可靠性高等特点。在研究分析国外现状及国内发展要求的基础上，结合我国国情，张履谦等专家提出了建立我国载人航天与空间站测控通信网的设想建议：充分利用和改造现有发射通信卫星的测控网，在陆地上建立测控站，同时派出测量船到海上部署形成测控点，采用节点控制策

2011 年 4 月，张履谦和载人航天工程总设计师王永志院士在人民大会堂合影

张履谦与遥测遥控专家史长捷

略，解决载人航天与空间站的发射、起飞、入轨和着陆的测控问题；在后期，建立中继卫星系统，扩大测控与通信覆盖率，解决航天员执行出舱任务和交会对接时的测控与通信问题；利用国外的全球定位系统，实现空间站精确轨道测量；积极开展国际合作，搞国际兼容，利用国外的测控站，辅佐进行测控。

根据这个方案设想，张履谦等专家进一步开展了技术设计、进行布站组网的图上作业，提出了改造现有装备，使之能与国际兼容的具体意见。

921工程立项后，总装备部成立了工程实施领导指挥机构，进一步论证和细化载人航天工程测控通信实施方案，张履谦参加了会议，并介绍了前期的论证成果。经过细致的分析论证，最终形成了最后的实施方案。

根据方案要求，我国载人航天飞船测控将对原有测控站进行改造，改变频率为S频段，建立统一的S频段测控网，数据格式与国际接轨。为了增加数据容量，将原有的二相制通信调制体制，改为四相制调制，这样可满足语音、图像和数据的传输。视频图像传输采用先进的数据压缩技术。积极争取国际合作，如在合作中可考虑充分采取在国外建站、采用海事卫星等手段，同时充分利用国际先进的全球定位技术，对飞船等进行定位。先期以陆、海布站，节点测控，解决急需，后期采用数据中继卫星，分两步走，建立我国空天一体化的测控网。

张履谦在方案论证过程中，还根据450工程的实施经验，为测控信道作了链路分析计算和余量评估，提出所要攻克的关键技术项目。

我国载人航天与空间站的测控通信工程，正是沿着以上思路走了出来。现在建成的S频段测控网就是在原有微波统一测控系统的基础上进行建造的，我国神舟号飞船的发射测控就是采用陆、海布站，海外布站来完成的，采用中继卫星和导航卫星的测控方案，也在神舟七号飞船进行了试验并获得成功。

3 深入基层，攻关测控终端

在通信测控终端技术攻关阶段，张履谦每次到上海，都会到通信测控终端实验室询问相关工作进展情况。听完汇报后，他还要亲自查看实验数据，研究数据的重复性和散布性。

飞船上的测控通信终端承担着向地面发送飞船工作状态数据、图像及航天员通话等信息，并接收从地面指挥中心发来的控制指令、图像和话音。测控通信终端是飞船测控的总枢纽，关系到飞船执行任务的成败。

张履谦对测控终端的研制非常关心，十分重视。测控终端由上海813所研制，在方案制定、技术攻关、阶段评审、产品验收等各个阶段，张履谦即便再忙都会挤出时间，亲自到上海参加相关试验和会议，到实验室观看测试，询问相关工作进展情况，如通道的相位噪声多大，通道正交性如何。听完汇报后，他还要亲自查看第一手数据，询问数据的重复性和散布性，要求科研人员作出曲线进行评估，十分认真严格，对相关技术问题的指导也非常具体。

张履谦认为，由于调制模式改变为四相制后，对时间、频率的准确性与稳定性的要求提高了，尤其是对通道的相位噪声要求特别高。如果研制出来的产品不能满足要求，必将产生误码率增大的情况，导致飞船下传的数据出现错误，声音失真，误码率大的图像轻则产生“马赛克”，重则根本不能往外传输；地面向上发出的指令，也有产生错误甚至导致飞船失控的可能。这些问题都将给工程带来灾难性后果。

张履谦还向科研人员传授了许多基础知识和经验，如降低相位噪声、提高信道正交性以及信号快速捕获、锁定等技术，大家在学到技术知识的同时，还学到了航天精神和作风。机关人员对张履谦也十分敬重，认为他严肃认真的工作精神、一丝不苟的工作作风，起到了技术质量把关作用。

为了检验测控设备的运行情况，张履谦不辞辛劳，不远千里，登上远望号测量船，查看设备运行情况。

在张履谦的指导下，通过研究所科研人员的辛勤努力，飞船测控终端终于研制成功。从飞船执行任务反馈的数据分析结果看，飞船测控终端表现很好，工作稳定可靠，遥测正确，指令无误，话音明朗，图像清晰，圆满完成了各项试验任务。

1997 年 12 月 25 日，张履谦在远望号测量船上考察卫星测控设备

4 立足国产，保障对接测控

张履谦提出应尽快研制出国产测量飞船高度表，以替代昂贵的进口产品。在飞船交会对接时，应采用微波雷达和光学系统两种测量手段，互为备份，确保成功。这两项建议得到载人航天工程领导的高度认可。

载人飞船返回地球时精确测量飞船落地高度、控制飞船着陆速度，对保障载人飞船安全着陆起到十分重要的作用。

用我国雷达技术进行飞船高度测量，因其精度只能达到厘米级，不能满足飞船精确测量的要求，故在飞船着陆系统中，要采用一种精度更高的高度表。一直以来，我国在飞船着陆系统中采用的是购自国外的 γ 射线高度表，该高度表采用铯 -137 作为放射源，其测量精度能达到毫米级。

国内某研究所多年以来一直也在进行这种精确测量高度的技术攻关，并进行了样品开发研制。但由于种种原因，项目迟迟立不了项，也得不到经费支持，项目长期处于瘫痪的状态。

得知这一消息后，张履谦有自己的想法。他认为，在航天技术领域，国际合作固然重要，但更多的技术尤其是在关键技术领域，我们仍应该坚持自力更生，自主研发。他决心让国产 γ 射线高度表尽快研制出来，代替昂贵的进口产品。

为此，张履谦多次跑到该研究所，指导研制人员解决技术难题，为他们撑腰打气，出谋献策。在他的鼓舞下，该所人员鼓起斗志，克服多种困难，最终突破了射线测量、防辐射、精确计数等技术难题，研制出原理样机，并通过了环境和外场试验。

对于这样一种自主研发的产品，张履谦十分信任，在 921 工程各种会议上和有关领导前，他极力推荐采用此产品，经过多方努力，γ 射线高度表最终得以落实应用，并确定安装在我国载人飞船上。

根据 921 工程总体实施方案，中国将在 2011 年发射目标飞行器天宫一号，并在两年时间内逐步实现与神舟八号、神舟九号、神舟十号飞船的交会对接试验。交会对接的测量手段有多种，一般采用光学系统和微波雷达。最初，我国飞船交会对接测量系统方案考虑采用光学系统，这是基于光学系统体积和质量小，适应飞船的约束条件。

凭借多年的实践经验，张履谦深感该方案存在隐患，其理由在于飞船在太空中运行，如果姿态发生变化，光学系统受到太阳光照射或地面光反射以及银河星、月球等杂散光照射，将对飞船交会对接光学测量系统产生不同程度的干扰，而这无疑会给交会对接测量带来许多麻烦。

2008 年 9 月 20 日，张履谦在酒泉卫星发射中心神舟七号飞船发射现场
（由左至右：常万全、张履谦、庄逢甘、曹刚川、戚发轫、迟万春）

张履谦和我国航天专家王永志、谢光选、孙家栋、曾广商（左二至左五）
在载人飞船返回舱和降落伞前

张履谦积极地向 921 工程领导建议，在飞船自主交会对接时应采用微波雷达和光学系统两种测量手段，同时测量，互为备份，以保证对接稳妥可靠，万无一失。

为了论证这个方案，张履谦多次前往雷达研制单位进行调研，提供测量参数要求，审定雷达设计方案。根据飞船交会对接时的实际需求，他和研究人员全面分析了对接时所面临的各种条件。经过努力，相关单位研制出了交会对接测量雷达的原理样机，这个样机捕获目标时天线不作机械扫描，可靠性高，精度好，体积和质量小，安装结构能适应飞船的约束条件。该方案最终得到载人航天工程领导的认可和采纳。飞船总体组决定，神舟八号飞船自主交会对接采用雷达加光学系统的测量方案。

第十章　发展航天　尽心竭力

1 领队意国，促成跨国通信

中意双方合作协议内容，是张履谦等人基于当时我国通信卫星技术现状及今后发展的需要而提出的，协议也充分考虑到了意大利方面合作的意愿。

1960 年 8 月，美国发射了第一颗通信卫星。1980 年前后，意大利发射了多颗“天狼星”系列通信卫星，大大促进了本国通信业的发展。

1983 年的某一天，航天工业部副部长宋健突然找到张履谦，大意为意大利在通信卫星方面走在了国际空间技术前列，发展航天，造福人类，是我们的宗旨，我国也要进一步发展通信卫星，希望能考察意大利先进技术，与意大利开展国际合作，以尽快实现我国卫星通信的发展。宋健指定由张履谦率团，任命外事司邹泽青为副团长，组团前往意大利参观考察，商谈签订中意“天狼星”通信卫星进行联合试验合作事宜。

张履谦十分兴奋地接受了宋健交办的任务，同时感到考察任务责任重大。

2 月 5 日至 3 月 4 日，应意大利国家科研委员会空间计划局邀请，张履谦率中意卫星通信联合试验代表团，赴意大利进行空间技术考察。在考察的一个月里，代表团的日程被安排得满满的。为了学习到更多的先进经验，张履谦等人每天都会作周密的考察计划，提前安排线路，晚上整理考察资料，考虑联合试验方案。

考察过程中，代表团成员亲眼看到了“天狼星”卫星实物以及卫星详细分解分系统组成，包括组成模块和电路，如固体发动机、高频行波管转发器、太阳电池和帆板等实物。代表团成员本着请教、求学的心态，多看多听，不懂就问。意方热情地向中方人员介绍了“天狼星”的详细研制过程和技术指标参数，并以开放合作的态度，向中方提供了一些设计资料，从中可以阅读到卫星的设计方案，了解试验数据。

赴意大利代表团成员（左三为张履谦）

代表团成员还观看了意大利正在研发的“天狼星”二号通信卫星、大型意大利通信卫星、X-射线天文测量卫星，以及用于搭载美国航天飞机的绳系卫星和由航天飞机发射的欧洲空间实验室，参观访问了意大利佛希洛空间测控中心和拉瑞欧测控站，了解学习意大利在航天测控方面的进展。他们还到意大利航空公司、塞纳尼亚公司、巴斯脱其公司、BPD/DS固体发动机公司及罗马大学等单位参观访问，观看卫星各承制单位的试验设备等基础设施，了解研制生产技术。

此次赴意考察，促进了中意两国空间技术的交流合作，增进了中意两国人民间的友谊，更为重要的是通过观摩考察，中方人员学到不少国外航天方面的先进技术知识，在一定程度上推动了我国卫星通信的发展。张履谦感觉

张履谦考察卫星研制实验室

受益很大，对意大利通信卫星的研制有了较深刻全面的了解，为他从事空间技术领域的工作，研制我国自己的应用卫星，建立了一个良好开端。回国后，张履谦写出了详细的考察报告。

考察结束时，中、意双方在许多问题上达成了共识。1983 年 3 月，在张履谦等人的努力下，中方与意方最终拟定了联合试验方案，签署了《中意联合进行卫星通信试验大纲》。这次出访拟定的双方合作进行“天狼星”通信卫星试验可行性方案，是我国第一次与外国签订的空间合作协议。

根据中、意两国达成的协议，双方将互相配合开展中意“天狼星”通信卫星国际合作项目，分别在本国的地面站利用意大利的“天狼星”卫星进行科学试验。协议规定，此次合作试验的目的，一是对“天狼星”卫星的 18/12 吉赫兹频率卫星通信电波传播作出系统的评价；二是测量其上行 800 兆赫兹、下行 550 兆赫兹带宽内的绝对衰减和相对衰减；三是进行频分多址的窄带通信；四是进行单路电视信号的宽带传输试验。协议还明确了双方合作试验的方法，即意方将其研制的“天狼星”卫星东漂，两个卫星地面站终端分别设置在意大利的罗马和中国的北京，相互发射上、下行信号，进行收、发信号强度记录，数据集中处理，资料成果共享。根据协议，设置在北京的试验设备终端由意方提供，试验完毕后赠送给中方。

这一系列协议内容，是张履谦等基于当时我国通信卫星技术现状以及今后发展的需要而提出的，协议也充分考虑到了意大利方面合作的意愿。不久，这一协议得到双方外事部门的认可和国家的批准。

随后，在中、意双方科研人员的合作努力下，卫星联合试验取得了巨大成功，北京地面站进行研究试验的项目包括电波传播、数字通信、报纸传真、时钟对比和卫星在轨性能测试等。在开通中、意通信联合试验的当天，国家主席李先念和意大利总统畅通了洲际长途电话，表达了中、意今后持续开展空间技术合作的良好愿望。

2 组织调研，提升卫星应用

看到我国卫星在研制技术水平上远落后于世界航天强国，张履谦心里十分着急。国防科工委主任丁衡高提出成立调研组，张履谦欣然接受任务。

自 1958 年 5 月毛泽东主席提出“我们也要搞人造卫星”以来，在老一辈无产阶级革命家周恩来、聂荣臻的领导下，我国航天科研人员发扬自力更生，艰苦奋斗，大力协同的精神，于 1970 年 4 月 24 日发射了我国第一颗人造地球卫星——东方红一号。在 1970 年至 1990 年的 20 年间，我国又研制和发射了东方红系列通信广播卫星，返回式卫星，风云系列气象卫星和实践系列科学试验卫星等 30 余颗。

地球同步轨道通信广播卫星的发射成功，为改变我国国防通信落后状态，扩大广播电视覆盖面，解决边远地区通信困难等问题，提供了有效手段；返回式卫星的成功发射和回收，为我国提供了许多重要的国防安全信息，增强了国防建设；气象卫星的成功发射和应用，为改善天气预报提供了先进手段。

但我国的卫星研制与发展，远不能满足国民经济和国防建设的需求，也远远落后于世界各航天强国。一方面，军事、邮电、通信、广播电视、科学研究、教育、医疗、金融、气象、海洋、农林、水利、地矿、能源、民政等许多部门提出了发展对地资源观察、通信、导航定位、气象、海洋、灾害监测、空间科学实验等多种应用卫星；另一方面，我国自行研制的卫星品种少、性能低、寿命短，没有形成稳定运行的卫星系统，如在导航定位、全天候对地观测卫星等方面，我国还存在许多空白。在功能方面，我国对地观测卫星分辨力不高，通信卫星的容量也不大，不足以支撑业务部门应用发展的需求；在寿命方面，我国的卫星设计工作寿命都不长，有的卫星发射后不出几十天就失灵了，同时我国没有形成长期在天上稳定运行的卫星系列，研制一颗卫星的周期往往长达 10 余年；在卫星有效载荷方面，我国的卫星研制水平较低，卫星设计制造还很落后。总之，我国应用卫星的研制水平和国外差距很大，且越拉越大。

针对上述情况，统抓国防科技发展的国防科工委肩上的任务十分繁重。一天，国防科工委主任丁衡高专门把张履谦请到他的办公室，计划局局长丁锋在座。丁衡高指定由张履谦组织调查组，负责对我国应用卫星研制如何上水平，进行深入的专题调查并写出专题报告，提供给国防科工委作咨询决策。

张履谦对我国卫星发展情况了然于胸，也看得更为宏观。针对应用卫星发展问题，张履谦心里十分着急，一直有诸多设想，只是没有形成系统的文字报告。当丁衡高提出组建应用卫星上水平调研组时，张履谦欣然接受了此任务。

1990 年，提高应用卫星研制水平研究组成立，张履谦任组长，艾长春（时任国防科工委航天局局长）、张国富（时任航空航天工业部五院副院长）任副组长，共有 27 位相关领域的专家参与了研究组的调查研究工作。

提高我国应用卫星研制水平研讨会（前排左四为张履谦）

在研究组成立开展工作的一年多时间里，张履谦查阅了大量国内外资料，深入研究院、所，进行深入的实地考察，前往各个应用部门了解需求情况。一年多时间里，他和研究组专家在基层调查研究，座谈讨论，掌握了大量的一手资料，提出了初步方案，又经各层次专家、学者反复讨论修改，1991 年

10月，完成了研究报告，上报丁衡高，并送中央专委。

研究报告结合我国具体国情，以充分的论据，提出了有关预先研究、人才建设、投资经费、技术改造、元器件和材料、科研管理和总体设计、全国大协作和国际交流等九条措施建议，提出今后应将我国卫星研制基点放在着眼于整体性能水平提高，以满足国民经济和国防建设需求，为下一步卫星研制和发展打好基础。同时，要坚持自力更生，提倡大力协作，争取国际合作，积极采用新技术，统筹安排，突出重点，加强顶层设计，加强预先研究，加强管理，适当加大投入，加强技术改造。建议应加快发展我国通信广播、对地观测、导航定位、科学实验四种卫星15种类型，需攻克卫星有效载荷主要关键技术16项、卫星平台基本技术13项。

在研究报告中，张履谦等人指出，我国应用卫星研制水平低，其主要原因是我国研制工作基础差，顶层设计不够，管理水平不高，对预先研究重视不够，投资偏低等。在研究报告中，还绘制了至2000年我国应用卫星发展10年规划的蓝图。

这份关于如何提高我国应用卫星研制水平的报告，得到了国防科工委众多领导的高度赞扬和认可。报告中提出的建议措施被立即批准并被充分落实，在相关基层单位也得以积极贯彻。

经过10年时间，这份专题研究报告起到了巨大作用，卫星研制各工厂、研究所厂房基建得到了改造提升，研制设备与仪器得到了大量更新，卫星研制水平迈上了较大的新台阶。我国应用卫星发展，以事实展现了当时所绘的发展蓝图，实现了空间技术跨越式发展，研制出多种较高水平的卫星，初现了群星灿烂的局面。

3 再赴欧洲，调研航天设施

载人航天工程对设备和基础设施提出了更高要求。张履谦和汪国林、叶培建等领导，组团赴欧空局进行调研，考察学习。

经过前一阶段一系列技术改造措施后，我国航天技术各科研机构的设备和基础设施得到了较好的更新改造。

20世纪90年代初，我国启动了载人航天工程研制，这是一项高要求、高标准的大工程。各相关研究所、工厂设备和基础设施，虽然得到一定程度的改造更新，但仍然不能满足载人航天大工程研制的需要。

载人航天工程方案设计中，飞船体积大，精度要求非常高，原先相关单位的地面总装厂房不够用，需要扩建。卫星发射需要做好空间环境模拟，而在载人航天工程中，牵涉到飞船控制、航天员出舱等环节，因此，此前的卫星空间环境模拟器就显得小了。载人航天工程空间环境模拟试验内容更多了，对空间环境模拟器的改造扩充和性能提升迫在眉睫。此外，一些研究所、工厂的电磁兼容实验室也需扩大，加工、测试仪器对于载人航天工程来说，无论从精密度还是稳定性都显落后。诸如此类问题，紧迫而沉重地压在航天科技人员的心上。

欧空局是世界颇有影响力的航天研究机构，数十年来，无论在技术研发水平，还是在实验研究基础设施建设，都处于世界前列。中方相关研究院、所已与欧空局建立起联系，双方还合作开展了一些项目研究。

鉴于载人航天工程研究的迫切需要，总装载人航天工程办公室和航天科技集团公司领导决定，组织队伍前往欧空局考察基础设施建设和先进技术，为我国载人航天基础设施建设寻找借鉴经验。张履谦再次受命。

1994 年，张履谦和汪国林、叶培建等领导，组团赴欧空局进行调研和考察学习。当时，汪国林担任中国航天工业总公司五院分管基建的副院长，叶培建是拥有欧洲双博士学位的“海归”，担任我国资源二号卫星的副总师。

1994 年，张履谦在欧空局调研空间技术研究基础设施
（前排右二为张履谦）

在欧空局调研考察期间，张履谦、汪国林和叶培建等带领考察团到荷兰海牙，德国柏林、慕尼黑等多个地方，对空间技术研究基础设施，进行深入细致的考察。

回到北京后，汪国林组织队伍，与张履谦、叶培建及有关航天专家，就我国载人航天工程和未来空间技术发展需要，提出在航天城建设大型空间模拟实验室、飞船总装车间、大型力学试验设备和电磁兼容实验室等全面建设方案，借鉴欧空局的设计经验，根据神舟号飞船的试验实际，对大型设备和厂房的性能指标要求，逐项进行论证，逐项组织落实。

我国载人航天试验基础设施建设经过充分论证，认真调研，在建设过程中未有设计中的重大差错，并以高质量快速建成，保证了载人航天工程的顺利进程，为我国进一步发展空间技术奠定了牢固基础。

4 致力标准，把关军工计量

国防军工计量测试标准化是军工生产的基础性工作。张履谦对计量测试工作十分重视，在多年的工作中，为建立我国国防军工计量测试标准化，做了大量工作，为我国航天计量建设提出诸多建议。

俗话说，“柴、米、油、盐、酱、醋、茶”，家里开门七件事，缺一不可。聂荣臻元帅曾把计量工作当成是国防科研领域的开门七件事之一。聂帅指出，计量标准化工作是保障军工产品质量的重要措施，也是国防科研工作的基础。正所谓“不以规矩，不成方圆”。聂帅又指出：科研要发展，计量需先行。透析了计量测试的地位与发展方向。

张履谦十分明白计量测试是一门科学，是一门前沿性、基础性的技术科学。俄国科学家门捷列夫曾说：“没有计量，就没有科学”。计量测试是人类社会进步从思维和概念通向应用，从理论和假设通向实际的不可逾越的桥梁。任何一项发明创造，从概念到应用，从理论到实际，没有计量测试是不可信的，是不能推广应用创造社会财富的。通过试验测试可以揭开科学的秘密，中外许多科学家都无不掌握精湛的测试试验技术。

2001 年 3 月，张履谦被聘任为国防科工委（现国家国防科技工业局）军工计量测试标准化委员会主任（2008 年后任顾问）。这对张履谦来说，是一项新的和要求很高的工作任务，国防科工委技术与质量司的领导同志要求委员会带领军工企业计量测试人员，建立起国防最高计量标准，提升企业研制生产和创新能力，保证军工产品质量。人们说，“一代计量测试水平，一代产品性能质量”，就是说军工产品性能要上台阶，计量测试要先进。虽然工作很忙，但张履谦对国防科工委给予他的任务十分重视。在多年的工作中，为建立我国国防军工计量测试标准，他领导制定了军工计量测试标体系，建立了诸多急需的计量标准以及计量标准的制定规程，做了大量的工作。

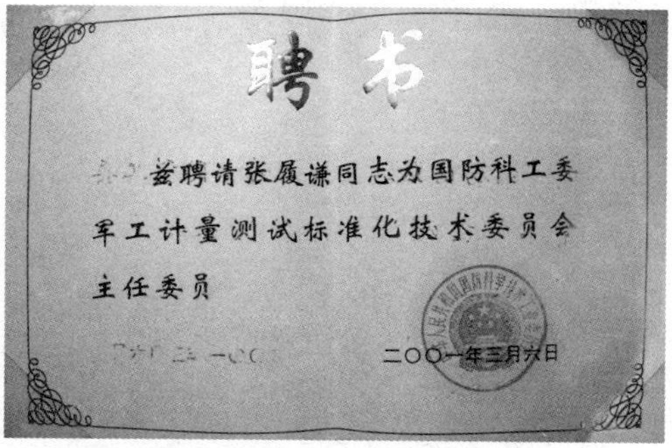

张履谦被聘为国防科工委军工计量测试标准化技术委员会主任委员的聘书

怎么开展计量测试标准化委员会的工作？张履谦接到聘书后，从繁忙的日常工作中挤出时间，迅速主持召开了国防军工计量测试标准化委员会全体会议，他在会议上提出首先要做好军工计量测试标准化的体系设计，他说，抓纲举目，体系设计是一项顶层设计工作，要根据型号研制生产发展需求，研究先进技术，结合国情，制定出不断滚动式的发展规划。不很好地绘出总体蓝图，我国的计量标准建设，就将会落后于科研生产需要，做不到“先行”。会上，大家取得了共识，明确了这是首届委员会的一项核心工作。

张履谦说，计量测试标准是企业生产中应严格遵守的规定，是产品合格与否的衡量标准，必需准确、可行，切合实际，是一件十分严肃的工作，我们一定要把每一项标准制定好，标准上规定的条文不能有丝毫差错，要做到技术先进，测试方法可行，数据处理严密，可以溯源，便于传递。张履谦又说，建立和制定计量测试标准这项工作，必需有严格、严密的工作程序和认真的工作作风，一项标准的建立从课题立项、审查、研制、试用……到最后的验收、批准等诸多环节，应制定出严格工作程序。10 年来，张履谦就是本着上述指导思想，在国防军工计量测试标准化岗位上工作的。

国防军工计量测试，包括核、航空、航天、兵器、船舶等五个军工行业，涉及到几何长度、热学、力学、光学、声学、电磁学、化学、辐射、无线电、时间频率等十大专业，其体系设计是一个十分艰巨而又非常深入细致的工作。

张履谦等科研人员，经过 3 年时间的调查研究，上下左右，反复研讨，多次修改，分析了我国国防军工当前与未来发展的需求，提出了一个滚动式发展的我国国防军工计量标准化体系。

根据这个计量标准体系，在国防科工委领导下，张履谦继而领导十大军工计量站的科研人员，每年选定若干项课题，进行研究制定的工作。每一项标准的制定，都要经过立题评审、组织实施、复核试用、同行验收、上报批准等工作阶段。标准研制过程中，张履谦要求贯彻三严作风，新、老技术人员结合，建立责任制，严把质量关。

研制计量标准的项目多，数以百计，质量又至关重要，在众多课题研制中，如果是一个标准一个样，不统一规范，那就自身也不标准。为此，在张履谦领导下，拟定了标准的制定程序，严格按此程序去选定项目、组织编写、进行试验验证、组织同行审查。

研制一项标准，最重要的是把住审查关。在张履谦的领导下，他们又制定了审查标准的程序，规定一项标准必须经过计量专业人员试用，提出验证意见，并得到用户认可，再有熟练的老技术专家进行审查后，才能提交标准化委员会全体讨论通过，之后送上级审批。

计量标准的误差测量和误差处理方法，是制定标准的又一关键环节，张履谦对此十分关注，那怕处理方法已经过主审审查，他还要亲自审查和计算标准中每个环节的误差分配和系统误差计算处理方法。看到他的工作认真精神，同志们都十分感动。

在张履谦的主持下，我国国防军工计量标准化工作得到了开展，制定了标准化体系，国标、军标制定程序和审查程序，并完成了数百项标准的制定工作。

我国制定的军工计量标准已成功地在武器研制、载人航天、探月工程任务中得到应用，为保障任务的圆满完成，起到良好作用，并为今后我国国防军工计量测试标准化工作的开展，打下了坚实的基础，开了一个好头。

张履谦十分关心并热情指导航天计量测试工作，有关航天电子领域重大标准的建设，他都亲自参加，主持方案审查，参加技术攻关和验收评审。

2010 年世界计量日，张履谦在中国航天计量测试论坛上作了《不断创新，发展航天计量测试技术》的主题报告。他回顾了我国航天计量的发展过程为研制两弹一星、载人航天、探月工程作出了贡献，就今后我们要从航天大国转变为航天强国，航天事业将进入新的发展阶段，他提出了要开拓计量测试新领域，提升计量测试能力新水平，开发前沿计量测试新技术等问题，提出许多具体意见。张履谦所提的这些建议，深为我国航天计量测试领域的领导和专家所重视。

2007年，张履谦与国防科工委军工计量测试标准化委员会的同志们（前排左五为张履谦）

5 指点方向，领路国防科研

张履谦对国防科技重点实验室研究方向和课题立项和评审工作十分认真，每次接到任务，他都会仔细阅读材料，为课题研究指导方向。

国防科研，是张履谦心中始终放不下的工作内容之一。

21世纪初，总装备部和国防科工委在中科院电子所成立了“微波成像技术国防科技重点实验室”，在中国航天科技集团公司成立了“空间微波技术国防科技重点实验室”。这两个国家国防科技重点实验室均聘请张履谦作为学术委员会主任。

在主持两个学术委员会工作期间，张履谦瞄准国内需求，立足国际科学技术发展前沿，指导实验室制定了未来一个时期的发展战略，提出了实验室应以国防和国民经济急需的基础性、前瞻性课题为研究方向。在张履谦等人的审核和建议下，中科院电子所实验室主要定位为雷达的成像和应用研究，中国航天科技集团公司实验室定位以微波通信、数据传输、空间遥感为研究方向。

在以张履谦为首的学术委员会的指导下，两个实验室分别制定了短期与长期发展规划，提出了技术创新领域、实验平台配置、人才培养和开放式管理等方面的实施措施和办法。几年来，实验室在上级机关和挂靠单位的领导

2006 年，张履谦与中科院电子所微波成像技术国防科技重点实验室学术委员会的同志（后排右五为张履谦）

2007 年 6 月 29 日，张履谦（前排左三）在空间微波技术国防科技重点实验室学术委员会会议上

支持下，较好地开展了课题研究工作，取得了丰硕成果，中科院电子所实验室被评为中国科学院的创新团队。

两个实验室的工作都包含每届要制定课题研究指南，进行课题申请的立项评审、中期工作评估和结题验收等工作。张履谦从不缺席课题立项和评审工作，而且十分认真。每次接到任务，他都会仔细地阅读材料，为课题指导方向，明确目标，分析研究技术途径。进行课题验收时，他也总是严格把关，从不含糊，在仔细阅读课题总结的同时，还会核实实验数据，坚持严谨和科学的作风，防止浮夸和弄虚作假现象的发生。

两个实验室成立近10年来，完成了数十个课题，一些课题在重大技术上有突破，有的课题为我国重大工程研制作支撑，有的课题研究水平达到了国际先进水平，有的课题被评为国家科技进步奖等奖项。课题研究中培养了大量高端技术人才，他们发表了许多创新性论文，为我国国防武器装备的研制和航天技术的发展作出了贡献。

6 学术不辍，追赶世界水平

张履谦先后4次出国进行技术考察，20余次参加国际学术会议。在国外参加国际学术会议期间，他总是如饥似渴地学习国外先进技术，借鉴我用；总是设法住在我国留学生宿舍，或住在学生公寓，在超市里买点食品，自做饭菜，节约开支。

在改革开放的大好形势下，我国航天科技工作者们纷纷走出去，请进来，学习国际先进技术，发展我国航天事业。作为科技委常委的张履谦，先后4次出国进行技术考察，20余次参加国际学术会议。在20余次国际学术会议中，他8

2009年4月20日，张履谦参加国际雷达会议（前排左四为张履谦）

次参加一年一度的国际军事电子会议，7次参加国际微波会议，还多次参加国际雷达会议和国际空间科学会议，并多次在会上作学术报告，向国外同行介绍我国在雷达和空间技术研究方面所取得的成就，进行学术交流。

张履谦说，出国考察一趟，参加一次国际学术会议，好比是做了一篇有分量的学位论文。出国之前，他往往会先做预案，如要找哪些专家，交哪些朋友，问什么问题，看哪些有新颖性的展台，了解哪些先进技术……做到心中有数，出国参会自然收获颇丰。

张履谦和意大利专家

张履谦和芬兰专家

张履谦和美国麻省理工学院专家

张履谦和德国、加拿大专家

张履谦和香港中文大学杨振宁教授

参加国际学术会议回国后，他及时撰写出国考察报告，向有关领导和领导机关汇报，对所见所闻先进技术进行分析思考，作出综合评价，提出发展我国高新技术的建议。有时他顾不上倒时差，又马不停蹄地到相关研制单位指导工作，为的是使我国尽快掌握国际先进技术，赶超世界先进水平。

鉴于张履谦深厚的专业技术水平和参加国际学术会议的良好表现，1991年，张履谦被选举为美国宇航学会高级会员，1993 年，被美国宇航学会选举为外籍院士。至今，张履谦仍和国际知名专家和学术团体保持着联系，不断进行技术交流。

出国考察，外出参加国际会议需要用外汇，虽然张履谦每次都是公派出国，但他在国外总是设法自觉节约开支，节省费用，住我国留学生宿舍或住学生公寓，在超市里买点食品，自做饭菜。每到一个城市，他总是买张地图，先在附近走一圈，认识环境，等环境熟悉后，再坐公交车去参加会议。一次，张履谦在车站等车，一个美国人走过来，拦着他并威胁说，“我的亲人在朝鲜战争失掉了生命，你今天必须给我赔偿，否则就叫你好看。”张履谦参加过地下斗争，有躲避国民党特务跟踪的经验，他沉着应付，乘其不备，转身闪入人群，机智地摆脱了美国人的纠缠。

第十一章　关心后代　心系祖国

1 播撒余热，寄希望于后代

从雷达技术研究工作开始，张履谦就十分注重培养青年一代。尽早使青少年树立远大志向，将来投身祖国航天事业，成为张履谦目前的重要工作内容之一。

年届八旬，人生一切都归于平淡，或安享晚年，或陶醉于游乐，工作渐渐变得疏远和陌生。

但对张履谦来说，夕阳无限好，却要与黄昏岁月争抢时光。多年来，他始终没有停下手中的工作，虽然已不在一线担任领导具体型号的研制或技术攻关，但在担任顾问进行咨询和建议之余，还抽出很多精力，放在推动人才培养、提携后备人才成长上。

事实上，从雷达技术研究工作开始，张履谦就十分注意培养青年一代，在以往多个型号研制和各项技术攻关中，培养出了大批优秀技术骨干和优秀人才，在他领导的研究室和他一起工作过的同志中，有 3 人被选为院士，30 余人成为型号或研究所级的总工程师，为此，他被中国航天科技集团公司授予航天人才培养突出贡献奖。

张履谦不但重视培养本单位人才，还十分重视社会人才成长。为了让广大青年学生了解雷达知识，引导他们从事雷达技术研究，张履谦曾写了不少介绍雷达知识的科普文章。

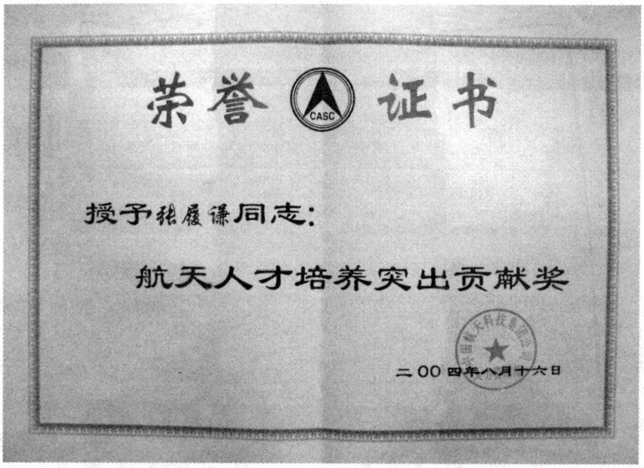

张履谦获航天人才培养突出贡献奖证书

在通信兵部工作期间，张履谦撰写了《雷达是怎样工作的》等科普文章，以浅显易懂的语言，介绍了雷达的原理和应用，在《航空知识》等科普杂志上刊载，为广大青年学生认知和研究雷达技术，提供了学习平台。在国防部五院研制地空导弹制导雷达站时，张履谦为青年人讲课，培养科研人才。他还亲自带领张云龙、张通等“徒弟”，共同研制地空导弹制导雷达。在刻苦攻读完《雷达丛书》后，他利用业余时间编写了《雷达》科普图书，由人民邮电出版社出版发行。“文革”时，他躺在病床上撰写了多篇文章，向青年人传授雷达知识。

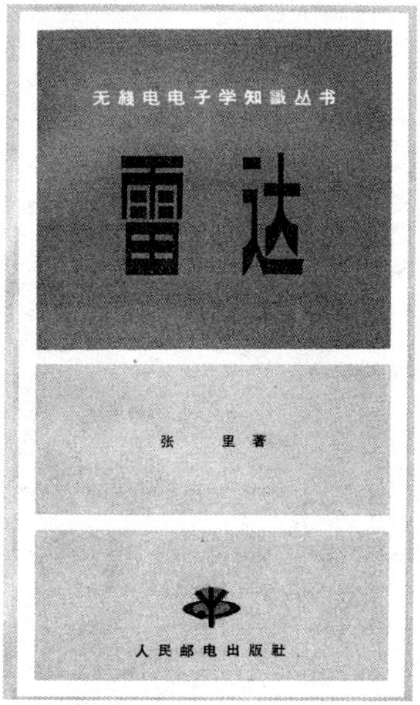

张履谦亲自撰写的《雷达》科普图书

张履谦认为，青少年是国家未来建设的继承人。尽早使青少年树立远大理想，将来投身祖国航天事业，成为他目前的重要工作内容之一。

每次接到中小学开展科普活动的通知，张履谦都会尽量腾出时间去讲课。为了激发青少年的学习热情和兴趣，使讲演更加生动有趣，他会事先花大量的时间准备演讲报告，尽可能多地收集图片，提供实物资料，简化专业词汇，力求使讲演取得最佳效果。

2007 年 7 月，北京市科协在首都开设了科学讲堂，邀请张履谦参加。在科学讲堂上，张履谦为北京市中学生作了题为“现代空间电子对抗”讲座。通过大量的精彩图片，张履谦用朴实的语言，深入浅出地为学生们讲解了空间电子对抗概念，激发了学生们求知好学的热情。

2007 年 7 月，张履谦在首都科学讲堂作科普报告

2008 年汶川地震后，张履谦应邀前往成都进行科普演讲。演讲会上，张履谦作了题为“卫星在突发事件中的应用”演讲，他展示了大量卫星图片，介绍了卫星在处理突发事件时的实际应用，使听众深受启发。演讲结束后，听众仍不愿离去，纷纷向他讨教各种卫星应用问题。

给张履谦印象最深的是在浙江温州的一次科普演讲。2008 年，张履谦来到浙江省瑞安市安阳实验中学，这是一个颇具航天特色的学校，学校里拥有的上千项发明，绝大部分是学生们自己创造的。学校自编《航天》教材，给学生们上课，还自行制造了“火箭”，能带着气球飞上天空。学校还建有太空育种基地，为学生们增长航天知识。张履谦参加了学校的课外航天活动，观看了学生们的表演。在和学生面对面地进行交流的过程中，张履谦给他们讲述了自己的亲身经历，讲述了航天技术造福于人类的重要作用，鼓励他们努力学习航天知识，利用业余时间从事航天活动。活动过程中，张履谦和学生们建立起了深厚的感情，少先队员为他戴上了鲜艳的红领巾和鲜花。

2011 年 5 月，张履谦来到浙江省平湖市黄姑中学，和少年同学们作了与院士“面对面”的交流，受到同学们的热烈欢迎。张履谦热心鼓励青少年同学们，他说，科技创新没有年龄之分，没有专业之隔，只要勤奋努力，坚持不懈，就一定会取得好成绩。

2011 年 5 月，张履谦和浙江省平湖市黄姑中学的少年同学们在一起

戴着少先队员送上的鲜花和红领巾，张履谦心中格外高兴

在湖南师大附中成立 105 周年之际，应校方邀请，张履谦回到了母校。他结合自己的亲身经历，为同学们作了“亲切的回忆，美好的前景”的报告，讲述了自己昔日在校的苦难和今日祖国昌盛的锦绣前程。张履谦的报告得到了学校师生的热烈欢迎，在一个小时的报告时间里，赢得掌声 20 余次。

演讲中，张履谦激励同学们要树立远大理想，为实现中华民族的伟大复兴而奋斗。在报告结束后的“面对面”互动对话中，一位同学站起来说：听了您的一堂课，我很受感动，也确定了我的终身志向，决心长大后投身祖国航天事业。这位同学还有个心愿是和张履谦合影留念。同学们一番朴实诚挚的话语，让张履谦想起自己年轻时的心声。他难耐心中的激动，与这位同学握手合影。许多同学也都跟着涌了上来，争相与张履谦合影留念。

为了全面推进素质教育，培养高素质新型军事人才，张履谦还应总参谋部的邀请，参与了针对全军院校的“百名院士讲坛活动”。张履谦在国防科技大学作了题为“我国航天技术展望”的学术报告、在哈尔滨工业大学和太原理工大学作了题为“现代航天电子技术”的学术报告、在浙江大学作了题为“空间电子学在航天领域的应用和发展”的学术报告、在华中理工大学和河北大学作了题为“现代航天电子技术及其对抗”的学术报告。

每次报告前，张履谦总会事先查阅大量资料文献，精心准备报告材料。有时为了尽可能为同行或后备青年介绍最新科技进展，他还花时间上网查阅各种期刊文献。对于演示文件的制作，他也是一丝不苟，亲历亲为，从不让别人代劳。对每一张照片，每一个幻灯片，每一段文字，他都仔细斟酌，力求为听众展现最精彩的报告。

张履谦的报告受到母校师生的热烈欢迎，报告结束后与同学们合影留念

2 一丝不苟，培养科技人才

对参与审查评阅的博士论文，张履谦会认真仔细地复核分析论证，有时还亲自作验证计算，对论文的各章节及其内容，他会仔细阅读审查，并提出完善建议。

为培养人才，张履谦在被聘为北京航空航天大学、国防科技大学、华中科技大学兼职教授和空军科技发展和人才建设顾问期间，招收了 10 余名博士生。

在北京航空航天大学，张履谦所带研究生的研究方向是雷达技术的新概念和新体制。在指导研究生做论文时，他会亲自引导研究生查找文献，列出前人未解决的问题，为研究课题制定方向。

在为空军工程大学导弹学院培养制导雷达抗干扰领域研究生时，他亲自到学校讲课，并到实验室指导实验工作。经他指导的一篇博士论文，被评为 2008 年全国优秀百篇博士论文。

在国防科技大学指导培养空间电子学领域博士研究生期间，张履谦经常冒着炎热，赴长沙为学生们作学习指导，确定研究方向，教他们撰写论文的方法。

带博士生期间，有时为了研究课题定向，张履谦会常去图书馆查阅最新国外期刊，夜间在网上查找资料，十分认真。博士论文质量要求很高，张履谦教导他们要敢于推翻前人的论点，敢于站在前人的肩膀上，掌握前人的成就，做踏实的工作，有充分的证据，提出自己的创新点。

张履谦对博士生严格，但不严厉。对博士论文中的公式推导、计算仿真、文献引用、文字表达、标点符号等，他都要求准确，有时为了推导一个公式，还会亲自演算一遍，查找其中是否有误。对待错误，张履谦从不“训”人，总是和蔼可亲地给博士生指出问题所在。

张履谦和国防科技大学博士研究生

对于参与审查评阅的博士论文，张履谦一般都会认真仔细地复核分析论证，有时还亲自作验证计算。对论文的各章节及其内容，他会仔细阅读审查，并提出完善建议，为此，送审的论文在张履谦手里至少需要三四天。答辩时，他还会重新审查他所提出的建议或验证，是否落到实处。

因工作很忙，张履谦出差有时会带着学生们交来的毕业论文在飞机上看，或利用休息时间看。遇节假日，他还尽量抽出时间，进行论文评阅。张履谦说，评阅论文在使自己得到新知识的同时，还捡回了遗忘的“旧家底”（指已学过的基础知识），有输出，也有不少输入。虽然评阅论文较辛苦，但他看到青年人在成长，内心十分高兴。

指导学生搞学术研究，参与论文评审，一直是张履谦多年的工作内容之一，也是他从事研究、十分关心的范畴。对于自己研究领域之外的论文，张履谦一般都会以“不是专业”为由，婉言谢绝评审。针对社会上一小部分人打着“通过院士审查”名义，进行学术欺骗，获取待遇名誉之事，张履谦十分反对，他呼吁科研人员应坚持学术道德，树立良好的科研作风。

3 传经送宝，致力部队建设

对于部队，张履谦有着难以割舍的深厚感情。接到空军的聘书，得知可以为空军科技发展和人才建设提供顾问咨询时，张履谦兴奋异常，一口就答应了。

2000 年 3 月，空军聘请中国工程院和中国科学院 20 余名院士，作为空军第一届科技发展和人才建设顾问，张履谦是其中一员。至今已多次换届，张履谦一直是顾问组成员。

张履谦被聘为空军科技发展和人才建设顾问聘书

对于空军，张履谦有着难以割舍的深厚感情。早在 20 世纪 50 年代抗美援朝期间，他就在中朝边境的中朝联合空军司令部，与空军雷达部队一起，研究指挥雷达抗干扰问题。20 世纪 60 年代，张履谦主持研制了“红旗二号”雷达，该雷达被装备于空军部队。张履谦为部队出谋献策进行抗干扰，击落了多架到大陆刺探情报的美国 U－2 高空侦察飞机。至 20 世纪末，张履谦又从事制导雷达预研工作，谋划研制了新一代相控阵防空制导雷达。当接到空军的聘书，得知可以为空军科技发展和人才建设提供顾问咨询时，张履谦兴奋异常，一口就答应了。

每次全体院士顾问组会议召开，空军司令员和政委高度重视，亲自参加会议。一次会上，张履谦慷慨激昂，作了“发展我国空天一体化防御建议”的发言，阐述了在现代信息化战争中，我国应充分利用空间卫星侦察感知信息，协同地面情报雷达网，建立统一的通信指挥决策系统，实现空中飞机和地面导弹的多层次防御。这些建议得到了院士顾问组的认同，也获得空军有关领导的赞扬。

之后，张履谦又与钟山等同志联名建议我国应建立对敌飞机和战略战术导弹拦截的空天一体化防御系统，这些意见得到了空军首长的高度重视。

目前，我防空部队装备有良好的国产制导雷达站，还引进了一些先进的导弹武器装备。张履谦进行深入的调查研究，建议我空军部队应充分发挥现有装备作用。为使现有装备作用得到充分的发挥，张履谦与院士顾问组成员多次前往空军试验训练基地，深入演练一线，实地察看武器装备运行情况，现场指导操作人员，与官兵交谈，回答装备应用中的疑难技术问题。

在研制多种地空导弹方案审查会上，针对空军作战对象具有隐身、反辐射、低空、电子对抗等特点，张履谦积极提出改进措施与建议。为了扩大地面防空导弹的防御区域，增强抗反辐射导弹和抗干扰能力，张履谦撰写了《发展雷达组网作战技术》学术论文，发表于 2004 年空军院士顾问建议集中。张履谦还与空军工程大学导弹学院的教授们共同讨论制定了雷达组网实施方案，完成了一种型号的演示验证。在参加空军工程大学导弹学院抗反辐射导弹课题研究时，他还协助相关科研人员完成了演示系统的研发，该系统获得总装备部国防科技进步一等奖。

应空军工程大学导弹学院聘请，张履谦担任了该学院雷达系统重点实验室学术委员会主任及电磁场与微波技术博士后工作站的导师，他深感这一职务的责任重大。本着认真负责的态度，张履谦多次前往空军工程大学导弹学院作学术报告，对研究方向、课题选择、仪表配置、人才培养等方面提出了中肯建议。在张履谦的推动下，空军工程大学导弹学院很快建立了电磁场与微波技术研究实验室。作为指导导师，张履谦为空军培养了多名高层次人才，指导完成了空军武器装备自动化快速测试高水平论文。在担任指导导师期间，张履谦还为空军工程大学导弹学院另外10多名学生审查评阅了他们的博士生论文。

2009年11月7日，张履谦出席空军和平与发展国际论坛

在2008年召开的空军院士顾问会议上，空军政委邓昌友表示，院士顾问们提出的意见建议，为从顶层更好地谋划空军建设发展，提供了科学思路。院士顾问集体为空军“把脉会诊”，“传经送宝”，在空军转型建设和人才培养、科研创新等方面，给予了具体指导。听到空军领导高度肯定院士顾问集体为我国空军发展提供了切实帮助的赞许，张履谦和广大院士感到些许安慰。

作为我国著名雷达技术专家与航天技术和空间测控技术专家，张履谦在学术上的深厚造诣、在理论上的坚实基础、在实践上的丰富经验，深为同行所钦佩。许多同行专家纷纷请他作学术讲座，希望能亲耳聆听他的学术报告。许多同行想方设法，以见他一面为荣。张履谦十分愿意和同行学者相互交流学习，然而有时因工作太忙，不能满足所有要求。

4 科研不辍，研究基础性课题

张履谦对当前科学技术的飞快发展，深有紧迫感，他紧跟科技发展前沿，亲自做前瞻性和基础性的课题研究工作，取得了一系列重要成果。

2000 年以前，张履谦开展了空间合成孔径雷达的研究课题，对合成孔径雷达的成像算法和实现途径，进行了前瞻性研究，完成了研究试验。2004 年，他对空间分布式雷达新体制课题研究又作了进一步研究。星载合成孔径雷达具有全天候（晴天、雨天、雪天、雾天）、全天时（白天、黑夜）对地观测功能，不同频率、极化的雷达，对目标具有独特的识别能力，且具有很高的分辨力和对活动目标的监测能力。如果将其安装在编队飞行的多颗小卫星上，可以拓宽雷达对地观测覆盖面，提高对地观测分辨力。发展星载合成孔径雷达是国际发展趋势，张履谦认为其具有广阔的发展前景。

为了探求实现这种新体制雷达，张履谦研究了卫星组网运行的飞行轨道，小卫星在空间运行的位置保持、时间同步、频率基准等关键技术问题，并对如何实现干涉成像、活动目标检测的算法，进行了研究探讨。

我国合成孔经雷达卫星发射成功后，张履谦对新体制雷达研制更加充满信心，他积极地寻找资料，研究空间分布式合成孔径雷达卫星技术的其他核心关键技术。张履谦参加了这项重大基础研究项目的许多工作，并为系统研究出谋献策。在项目重大关键技术问题涉及的空间、时间、频率三个“同步”测量与控制过程中，张履谦设想了许多切实可行的措施方案。

张履谦还开展了微系统相控阵毫米波雷达天线研究。他全面回顾了雷达的发展历史，初始雷达使用的是电子管，雷达作用距离近，功能单一；第二次世界大战时期，出现了磁控管，发展了微波技术，雷达因而能够装载在飞机上，用作炮火控制，雷达技术进入了发展盛世；20 世纪 50 年代，出现了半导体和计算机，在雷达系统中引入了数字和信息技术，出现了相控阵雷达，同时雷达采用了脉冲压缩与单脉冲技术，使其作用距离更远、精度高、功能多样，进入了又一个新的鼎盛时期。

雷达技术的下一个突破口又会在哪里呢？张履谦认为毫米波雷达测量精度高，体积小，具有较好的抗干扰能力，是一种新兴的测量雷达系统。如果和微系统结构结合并统一集成，雷达的质量和体积就可以做得更小。因此，张履谦认为微系统结构集成的毫米波雷达必将具有广阔的应用前景。

基于上述观点，张履谦选择了微系统相控阵毫米波天线研究课题进行探索。微系统和毫米波相结合，是一个新思路，具有开创性。在此类雷达的研制道路上，存在着许多困难和问题。目前，张履谦正着手热设计方面的研究，以期有所突破，从而达到提高雷达功率和可靠性作用。这些关键技术的研究，将使雷达迎来新的发展机遇。

在雷达和电子技术领域的长期实践工作中，张履谦深感雷达系统中的电子设备特别是微波天线的技术指标要求高，加工精度难以保证，使用环境条件要求苛刻，设计难度很大。为此，张履谦参加了军用电子装备机电耦合机理的基础课题研究，并被聘为课题专家组组长。张履谦希望通过对该项目研究，搞清楚其相互作用的机理，建立起数学模型，探索具有自主知识产权的设计方法。

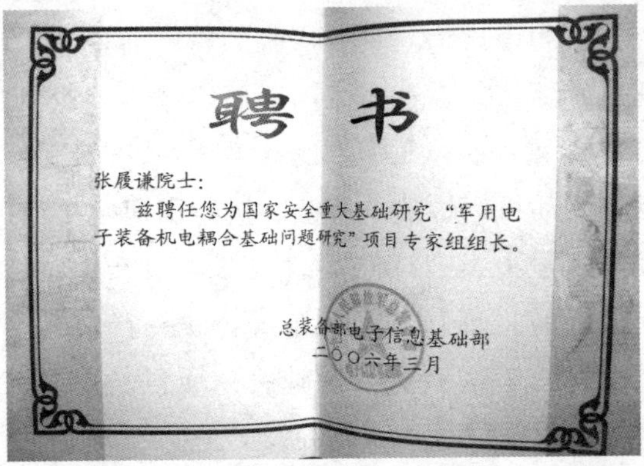

张履谦被聘为军用电子装备机电耦合基础问题研究项目专家组组长聘书

张履谦和高校、研究单位、生产制造部门、使用单位四个群体的技术人员一道，产、学、研、用四个方面相结合，共同研究，相互交流，进行课题研究。研究过程中，张履谦等人选择平板裂缝天线等三个典型案例，对以往产品数据进行数据挖掘，同时还作出新产品验证。通过采用自下而上、自上而下的工作方法，相互验证，最终构建了完善的创新性数学模型，研制出了相应的应用软件。

5 积极努力，参与国家咨询

张履谦时刻关心我国航天事业的发展，跟踪国际航天科技进展，适时提出自己的真知灼见。

时代在前进，科技在进步。当越来越多的年青科研人员奋战在航天一线，退居二线的张履谦没有感到失落或彷徨，而是为我国航天事业的发展和所取得的成就，感到由衷的高兴。

张履谦始终没有忘记自己奋斗了一生的航天事业，耄耋之年，仍十分关心我国航天事业的发展。他对我国开辟临近空间和深空的航天新领域，无线电频率在毫米波、太赫兹、光波频段的应用，发展有源相控阵、超宽带雷达，未来空间攻防对抗斗争，十分关注。对这些技术的跟踪一如既往，并适时提出自己的真知灼见。

张履谦每天的工作日程被安排得满满的。尽管如此，他还是规定自己每星期至少抽半天约 4 个小时的时间，翻阅外文杂志，上书店了解专业方面的新书，上网浏览资料，了解国外在专业技术领域方面的新动态。有一次，为了弄清一个数据，张履谦通过各种途径查阅资料，忙得连午饭都忘记吃，当他感到肚子饿得“咕咕”叫时，已是下午两点，他索性不吃午饭接着干，继续演算各种数据，直到晚上九点，他才回家吃晚饭。此时的他已是 84 岁高龄。

在积累大量经验和阅读众多文献的基础上，张履谦时刻思索着我国航天下一步应该怎么走，需要采取什么样的技术路径等事关未来航天发展的大问题。他受命担任我国国防重大专项工程专家组成员，并被聘任为我国北斗二代、载人航天、探月工程等重大国防项目的战略评估专家，参与了许多集体谋划，为我国未来航天描绘更加绚丽的蓝图。张履谦还担任过总装备部、空军、总参有关部及国防科技工业局等单位的技术咨询专家，受聘为两个国防重点实验室学术委员会主任，他深感责任重大，不挂虚名，力求务实，工作再忙，仍对每一件事认真负责，一丝不苟。

张履谦认为自己担任国家重大专项工程的咨询专家，并不意味着就是这项工程的行家；祖国建设对任何人来说都是新问题，要兢兢业业，认认真真，只能造福，不能遗患；国家重大专项工程的咨询专家不能被动等待咨询，要主动献计。

造福子孙后代，是张履谦的一贯想法。他十分欣赏明代诗人杨慎的一首诗词，结合自己的感悟体会，他将诗词的最后两句改写成“滚滚长江东逝水，浪花淘尽英雄……古今多少事，都为后来人”，用以自勉，意为人生如长江滚滚东流，自古以来，出现了许多英雄豪杰，但英雄们的所作所为，都是为了造福子孙后代。

20 世纪 60 年代，总参通信部部长王诤曾说，我对张履谦做的事是信得过的，我交给张履谦办的事是放心的。张履谦始终把王诤部长的这份信任当成是对自己的勉励，至今仍然保持着对工作负责的态度和对人民忠实的信念。

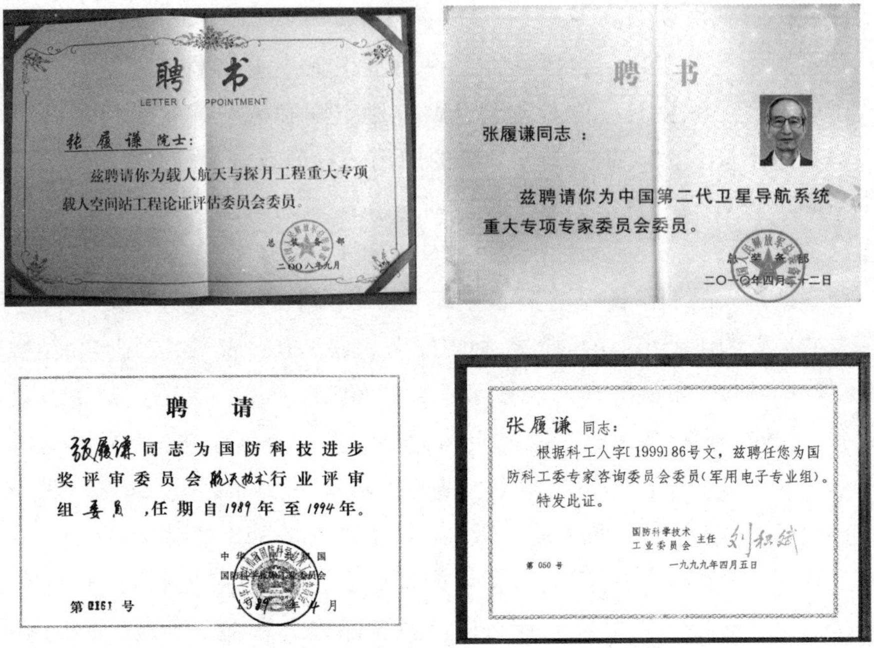

张履谦被聘为国家重大专项工程咨询专家聘书

6 着眼未来，思考持续发展

张履谦研究国外航天技术发展动态，根据我国国情，深入进行分析论证，积极向国家提出重大工程咨询建议。

张履谦从小遭遇弱国受欺凌的苦难，在那艰苦的岁月里，他深感自己没有在饥荒中饿死，没有被日本鬼子的飞机炸死，没有在各种流行病中病死，实属大幸。他时刻警醒自己，不能有了今天的幸福，而忘记了国家的安危。

在张履谦办公桌的玻璃板下，抄录了邓小平同志的一篇讲话“如果六十年代以来中国没有原子弹、氢弹，没有发射卫星，中国就不能叫有重要影响的大国，就没有现在这样的国际地位，这些东西反映一个民族的能力，也是一个民族一个国家兴旺发达的标志。”用以自勉。

航天技术进步促进了现代军事新的变革，张履谦支持和协同有关院士、专家，根据我国国情，深入分析论证，写出了两份很有影响力的咨询建议报告：一份报告是17名院士、专家共同建议的，另一份报告是14名院士、专家共同建议的。在咨询报告中，张履谦等人建议应尽快开展两项课题研究。这两份咨询报告呈送给中央军委和胡锦涛主席，得到了及时批示和高度肯定。

我国载人航天成功实现送杨利伟等航天员上太空、航天员出舱等伟大壮举，并将实现天宫一号和神舟八号飞船对接，建立空间站。绕月探测后，还将实现落月勘察，取样返回地球的任务。在此之后，中国航天应该怎样发展？中国的航天专家正在谋划载人登月和火星探测方案，张履谦的大脑又在思考数十万、数亿公里以远距离的精确测量与控制问题。

第十二章　老乐生活　笔墨生香

1 朴实真诚，半百患难情深

当傅连璋得知张履谦是根红苗壮、一心为党为国无私奉献的人才时，便批准了力伯畏与张履谦交往和结婚。

1959 年，张履谦调任国防部五院二分院雷达设计部雷达总体室担任主任一职，已 33 岁，此前，却没时间顾及自己的婚事。无论是张履谦家里的亲人还是身边的朋友，都替他的婚事着急。

1958 年年底，经大学同学罗升和的介绍，张履谦认识了后来成为他夫人的力伯畏女士。

罗升和是张履谦很要好的大学同学之一。1949 年，张履谦从石景山钢铁厂参加接收工作后回到清华大学，与罗升和一起被编到电机系支部过组织生活，俩人更加熟识。后来，他们又被一同调到清华党总支，承担党总支的一些党务工作，相互之间有了更深刻的了解。

力伯畏 1949 年毕业于北京大学医学院，在校期间，积极投身进步学生运动，成为中共北平地下党组织的外围成员，继而入党。北平解放后，力伯畏参了军，被分派到军委卫生部办公室，在傅连璋副部长直接领导下工作，从此开始了从事党和国家领导人医疗保健的工作生涯。

力伯畏的父亲是医生，祖父也是医生，祖传三代从医。

她的祖父曾为慈禧太后、光绪皇帝出过诊，当过会诊大夫，看过病。而今，力伯畏为中央首长作保健医生，傅连璋和她开玩笑说：“你家是两代‘御医’呀!”

力伯畏的许多兄姐，有的是地下党员，有的在延安参加革命工作，都为我党早年革命事业作出了贡献。作为进步青年，力伯畏早年的经历也是危险中带着精彩。解放前夕，组织上安排她去解放区学习党的政策，为接管平津作准备。力伯畏改名王玉珠，和同行者化装为姐妹，躲过国民党的警戒，偷渡封锁线，到了解放区。北平解放前夕，她又冒着危险潜回北平，从事党的地下统战工作。

傅连璋在红军时期就是中央领导人的医疗保健人员，被人喻为“红色华佗”。新中国成立后，傅连璋任国家卫生部副部长、中央军委总后勤卫生部第一副部长。当力伯畏分派到卫生部，即被傅连璋指派到中南海，开始了从事“红墙”内党和国家领导人医疗保健工作。

工作中，力伯畏勤勤恳恳，任劳任怨。担负党和国家领导人的医疗保健工作十分艰巨，责任重大，不能有丝毫马虎，在做中央领导保健工作时期，力伯畏经常24小时值班，不能离开岗位。

20世纪60年代，力伯畏因其认真负责的工作态度、一丝不苟的工作作风、超凡出色的工作能力，被授予“全国三八红旗手”称号。此后，力伯畏任中央保健委员会保健医生组组长、卫生部保健局办公室副主任、中南海保健组副组长兼党支部书记等职务，负责中央领导的保健工作。在她担任副组长和副主任阶段，由于正职位置一直空缺，因此她是实际工作的一把手，抓全盘工作，有问题直接找傅连璋。力伯畏工作初期担负中央党、政、军领导及国际友人的保健工作，后期还重点担任宋庆龄、陈云、林伯渠等党和国家领导同志的保健医生。

作家出版社出版发行的
《红墙医生》一书（前排左四为力伯畏）

2005年，《红墙医生》一书的作

者采访力伯畏时，希望她把以往经历进行整理，她说：“没有想过这件事”，“那是组织上交给的工作，我们尽心尽力去完成了……我们亲眼看到了年纪如同父辈的首长们，为了党的事业、国家命运宵衣旰食殚精竭虑，我们做的那点工作又算得了什么呢？”

“文革”动乱，力伯畏也未能幸免，在莫须有的罪名指控下，她参加了六期“学习班”，被“监督劳动”和下放干校。而所谓的“学习班”，其实是造反派别有用心地找一班人，对她进行逼供揭发。逆境中，中央领导聂荣臻、徐向前、叶剑英、宋庆龄、安子文等同志对力伯畏十分关心，亲自过问。粉粹“四人帮”后，力伯畏得以平反，获得中央保健委员会颁发的荣誉证书，还被选为党的十二大代表。

力伯畏与张履谦相识期间，张履谦正在攻读《雷达丛书》，周末相会，俩人总是一同去王府井书店买书，从未逛公园、看电影、下饭馆，相会时间也就一两个小时，最多在食堂吃一顿午饭。张履谦经常下厂搞仿制，力伯畏则陪同首长出差，经常几个月不见面，不能通信，也不能相互告知各自的出差地点，但彼此都能互相理解。

1959 年，当力伯畏向傅连璋副部长汇报，将与张履谦结婚，请组织批准时，傅连璋私下给国防部五院二分院院长、总参通信兵部部长，也是张履谦的上级领导王诤打了个电话，询问张履谦的有关背景情况。当他得知张履谦是根红苗壮、一心为党为国无私奉献的人才时，便批准了力伯畏的结婚报告。

张履谦与力伯畏的结婚照

对于这段往事，张履谦是事隔近50年后才得知的。2009年，王诤诞辰100周年座谈会在北京召开，张履谦应邀参加。王诤的夫人秦岩因病不能到会，但特地托人告知张履谦这段往事。张履谦听后，不禁莞尔。

张履谦参加纪念王诤同志诞辰100周年座谈会

对于俩人的结合，力伯畏说是由于生长在同一时代，有相似的经历，能相互理解。力伯畏认为是这种姻缘，促使俩人能最终结合。

当年，他们一个是“要争口气，搞出自己的尖端武器”，一个是“要搞好首长的医疗保健工作”，胸怀祖国，专心党的事业，忘我工作，所以婚礼选择在1959年国庆10周年举行。婚礼由最高人民检察院检察长张鼎承任证婚人，只举行了一个简单的仪式，双方亲人、同学、同事到场祝贺，不到中午就结束了，也没有办婚席。

参加张履谦与力伯畏婚礼成员合影

1962年，张履谦与力伯畏的大女儿出生了，1966年，他们的二女儿也降临人世。两个孩子出生时，力伯畏的临产手术需要亲属亲自签字，但因张履谦工作很忙，不能到医院为她签字，只好请别人代签。

女儿出生后，俩人早出晚归，与孩子接触少，所以，孩子们与他们显得很生疏，管爸爸叫叔叔，管妈妈叫“上班妈妈”，管保姆叫“阿姨妈妈”。

“文革”时，张履谦和力伯畏均受到了冲击，遭遇到不公正的待遇，并被下放劳动。当力伯畏出发到江西五七干校劳动时，张履谦专门请假前来送行，默默陪伴在力伯畏身边。对此，力伯畏至今仍清晰地记得。在人生最彷徨无助的那段岁月里，张履谦和力伯畏对党充满信心，保持着相互高度信任的情怀，相互理解，相互鼓励，相互支持。

力伯畏下放干校三年，参加“劳动改造”，家中的两个女儿只能靠保姆带大。周日，张履谦偶尔得以空闲，便带着两个女儿上公园。夫妇俩人恢复工作后，他们的工作依然异常忙碌，根本无暇顾及两个女儿，因而，两个女儿仍由保姆照看。

让张履谦夫妇感到欣慰的是，两个女儿都很争气，她们都已成家，家庭和睦。大女儿张毅到美国留学深造，完成学业后，工作得很好；二女儿力宁大学毕业后，在国内工作。姐妹两个学习刻苦努力，工作勤恳，为人厚道，对父母和家庭照料十分殷切。

多年来，一家人总是聚少离多，不是因张履谦出差在外，就是女儿远在国外，很难团聚。直到2005年，全家人才在北京的一个亲友婚礼上团聚，拍下第一张大团圆照片。而此时，张履谦与力伯畏已是两鬓斑白，儿孙绕膝了。

2009年，是张履谦和力伯畏结婚50周年，这年春节又逢张履谦生日，在这吉庆的日子里，他的大女儿特意携家人从美国赶回北京，全家人一起在北京郊区的太阳城又一次过了一个大团圆的新春佳节。时过5年，上次玩着气球的小外孙，如今已12岁了。国庆到来时，借着建国60周年暨俩人50年金婚，张履谦和力伯畏兴致勃勃地步行到天安门，观看节日游行彩车，并在天安门前合影留念。

2005 年 10 月 22 日，张履谦全家的第一张大团圆照

张履谦和力伯畏金婚 50 年在天安门前合影

在半个多世纪的岁月里，张履谦和力伯畏在工作上相互理解，在生活上相互照顾，过着朴实诚挚、平凡温馨的生活。

1975 年，张履谦因长期劳累过度，突发心脏病，住进了医院。后来虽有好转，但也只能在家长期静养，以待恢复健康。力伯畏在医疗和生活上，给予他无微不至的关怀和照顾，使他身体较快地康复，又投身于国防尖端事业。

1976年，唐山发生大地震，北京也受到了影响，为了防止余震再发，老百姓们大都露宿街头。力伯畏跟着张履谦默默地带着两个女儿，在东单公园的树底下用竹竿和塑料布支起帐篷，一家人共渡难关。

古稀之年，力伯畏患上腿疾并动了手术，又患有心脏病和糖尿病等疾病，多次在北京医院住院。张履谦对她的病情十分关心，由于白天工作很忙，他抽不出身去陪护老伴，只能等到下班后再去医院探望。力伯畏对此也十分理解，她说，为了党的事业，"不用为我的病而担心"。听到此话，张履谦内心既感亲切又感内疚。

在夫妻俩人共同生活的50多年时间里，他们互相提携，日子过得朴实简洁，不讲求装修、摆设，更不讲求吃、穿、喝，生活得平静而又多样。有时，遇周末假日，碰巧俩人都在家，就一起出去买食品，在家做饭，独享一番乐趣。张履谦还会亲自下厨做拿手的"糖醋鲤鱼"、"香酥鸡"和湖南菜，犒劳老伴。有时俩人还会一同去公园，在椅子上闲坐，借着春天的暖阳，观赏盛开的桃花。

张履谦和力伯畏在北京的公园里

而今，他俩均已85岁，张履谦依旧不得闲地上班，工作很忙，东飞西跑，经常出差。力伯畏离休在家，业余时间参加北京医院的老干部歌唱队，唱着学生时代的革命歌曲，参加春节文娱演出。力伯畏还和北京医院的老同志们一起学做剪布画，她的作品还参加展出。除此之外，她还经常接待一些上门求医的亲戚、朋友，安排家庭里每天的饭菜，十分忙碌。

1999年，张履谦和力伯畏一同去了云南丽江，背着氧气袋，俩人登上了丽江玉龙雪山海拔4000米高原。2003年，张履谦还偕同力伯畏一起去了昆明，为了表达保护祖国自然环境的心愿，俩人在西双版纳植物园种植了一棵“火箭树”。

1999年，张履谦和力伯畏登上了丽江玉龙雪山海拔4000米高原

2007年，张履谦去海南考察新一代大型运载火箭发射场，领导安排每位老专家可带家属一起前去，力伯畏从此有机会去海南文昌。曾作为宋庆龄副主席保健医生的她，终于目睹了宋庆龄故居和陈列馆，当宋庆龄故居和陈列馆的负责人得知她曾作为宋庆龄的保健医生时，十分敬佩，纷纷向她询问有关宋庆龄生前的事情。

2007年，力伯畏在海南文昌宋庆龄故居

一起出游，也有让张履谦焦急的事。一次，领导安排老专家们带家属去福建鼓浪屿休假。考虑到力伯畏腿脚不便，张履谦让老伴在日光岩山下休息。然而，等张履谦回来时，却怎么也见不到老伴的身影。张履谦急得四处寻找，逢人就问，可就是没有老伴的行踪消息。无奈，张履谦急匆匆地求助公园管理处，让工作人员通过景区喇叭寻找老伴。

原来，力伯畏在山下休息时，碰到了一起来的游伴。在游伴的鼓励和帮助下，她也跟大家爬上了鼓浪屿日光岩。听到喇叭寻找她的消息，她才赶紧回到景区管理处。见到老伴终于平安回来，张履谦一颗悬着的心才放了下来。看到老伴这么为自己着急，力伯畏心里乐开了花。

2 见微知著，小处彰显挚诚

张履谦平易近人、和蔼可亲，与他接触的人对此都赞许有加。无论是领导、同事、朋友，还是站岗的武警战士、传达室的工作人员、食堂的服务员等，都从心底敬重这位老人。

高高的鼻梁，身形高瘦，头发花白，衣着俭朴，总是戴着一副深度眼镜的张履谦，给办公楼门口站岗的警卫留下了深刻的印象。警卫说，不管晴天还是下雨，不管夏天还是冬天，经常都能看到张院士早上不到7点就来上班。

传达室的工作人员对张履谦有着很好的印象。工作人员说，每次有人来找张院士，当她们给张院士打电话核实情况时，张院士都十分平易近人，一点没有架子，每次都认真回答工作人员的电话。有时，工作人员为他送些信件，张院士总是满脸笑容，真心地向工作人员表示感谢。

食堂的服务人员对张履谦打心底里敬重。作为科研战线上的老总师，张履谦被安排到领导就餐区就餐。每次到食堂吃饭，张履谦总是自己端着盘子选取食物，吃多少拿多少，从不浪费。遇到工作人员忙碌时，就餐后，他便自行将餐具放到用过的餐具桌上，擦净座桌上掉下的汤水，保持着一贯的平易近人的作风。

虽然已是85岁高龄，但张履谦却总像年轻人那样有着充沛的精力。他经常穿梭在研究所、靶场或卫星发射基地，频繁到基层出差，参加型号方案评审、故障归零、出厂鉴定和阶段评审等工作。怕大家找不到他而耽误工作，不在办公室时，张履谦将办公室电话设置成自动转接到手机模式，保证想找他的人，随时都能联系上他。

3 丰富多彩，何须惆怅黄昏

张履谦的晚年生活丰富多彩。摄影、计算机、书法、旅游等，都是他的乐趣所在。他把从互联网上获得的知识，作为自己取得进步的泉源之一。遇到技术上有新思想、新概念，他还会到互联网搜索查找相关资料。

凡接触过张履谦的人，都说他是一个热情开朗、脾气随和的老人。他和大家一起工作、学习和生活，从来都将自己摆在一个普通人的位置，和蔼可亲。

张履谦的晚年生活丰富多彩。他喜欢摄影、书法、旅游，着迷计算机。节假日，他会尽量抽时间与家人一起到公园或郊区观光、摄影。张履谦自行购置了一台彩色打印扫描设备，回家后，他将照片打印出来欣赏，还将过去的旧照片扫描出来编制成电子相册。在出差和旅行途中拍摄的照片，他会自己动手下载软件，为其配上音乐和解说，编辑成视频，并刻成光盘保存。

2008 年 4 月，中国航天科技集团公司科技委组织老专家到西昌卫星发射基地参观和调研，张履谦当起了“随团记者”，用自己的 DV 机，拍摄和记录了活动全过程。回来后，他将视频资料编制成光盘，取名为“祖国的西南之旅”，赠送给大家。对于这盘记录了每个人在活动中的愉快心情和美好回忆的光盘，大家都非常喜爱。

张履谦利用业余时间编制光盘

作为一名老人，张履谦没有听过一堂计算机使用课程，也没有专人教过他如何使用计算机。靠自己天天摸索、天天练习、天天应用，张履谦熟悉并迷上了计算机，他对计算机的熟练操作程度，甚至让许多年轻人都咋舌。张履谦应用计算机寻找资料、撰写文件、制作演示课件、收发电子邮件、编辑电子相册。遇到网上有新的制图软件，他会在电脑前一呆数小时，潜心摸索新软件的功能与应用，不断研究编辑制作技能。有空之余，张履谦还会为朋友和同志们的照片配上背景，写上亲笔祝愿，制作成精美的贺卡，送给大家。

许多人都说，张履谦认真、爱钻研的劲儿大，他使用计算机比一些青年人都用得好。每一个跟张履谦一起"玩"过的朋友，都会用"认真"两字来评价他。对各种业余活动，张履谦说，自己虽不怎么专长，但这些活动可以拓宽胸怀，调理心态。

张履谦 83 岁高龄在大海里游泳

张履谦去美国探亲时在湖中钓鱼

张履谦从小就学会了游泳，曾在湖南浏阳河口横渡过湘江。2009 年，他到海南出差度假，在大海里游了一个多小时，以他当年 83 岁的高龄而言，无论是体力、技能还是毅力，都让同行钦佩。张履谦的大女儿在美国学习工作，他去美国俄亥俄州探亲时，遇有时间还和女儿一家去湖边钓鱼。

练习书法，是张履谦老年生活的又一大乐趣。心境平和之际，正是畅抒胸臆之时，张履谦在书桌上铺开纸张，挥毫泼墨，书写心中的所感所悟。张履谦认为书法既可以抒怀，拓展精神境界，又是一门艺术，艺术与工程科学相结合，将创新人类社会文明。

张履谦说，当今社会是信息社会，不学会用计算机就会落后。他把从互联网上获得的知识，作为自己取得进步的泉源之一。每天早上不到 7 点，张履谦就来到办公室。到办公室后做的第一件事是打开计算机，查收电子邮件，答复和处理有关信函。每当遇到技术上有新思想、新概念，张履谦会到互联网上搜索相关期刊文献。每当课题评审或研究论证遇到难题时，他会坐在计算机旁，上网查阅各种资料文献。许多次，张履谦因查找资料、写文件，竟忘记了吃午饭，索性也就不吃了，从早上直到晚上，一呆就是 10 多个小时。

张履谦在资料室查阅资料

在为国防科技大学作“百名院士学术报告”时，120余页的演示文稿、50余幅的插图，都是由张履谦亲手做成。所有的图片自己查找和扫描，所有的资料数据自己收集，所有的文档自行编辑制作，作报告时也不麻烦别人帮忙，而是自己操作计算机。张履谦认为这些都是一个科研人员分内的事，因此，他从不麻烦别人。

近3年来，张履谦在不同场合作了20多次学术报告，他所做的演示文档，图文并茂，配有动画效果，不知道的还以为这是专业人员制作的。张履谦的每次演讲，都给听众留下了深刻的印象。

4 纯心实意，寄意诗境墨香

“大江东去奔腾急，黄昏日照争朝夕。”张履谦说，到了黄昏之年，就如行将西落的太阳，要尽量争取时间，积极努力，为中华民族的伟大振兴多做些工作。

历经坎坷、奋斗，如今步入耄耋之年，张履谦心中有太多的体会和感悟。

在中学求学时，寒、暑假在家，张履谦曾用毛笔临摩过颜真卿的《多宝塔碑》，大学参加学生运动时，又用毛笔写过大字报，但在之后多年的工作中，便不怎么使用毛笔了。当张履谦晚年重新拾起毛笔，备感亲切。

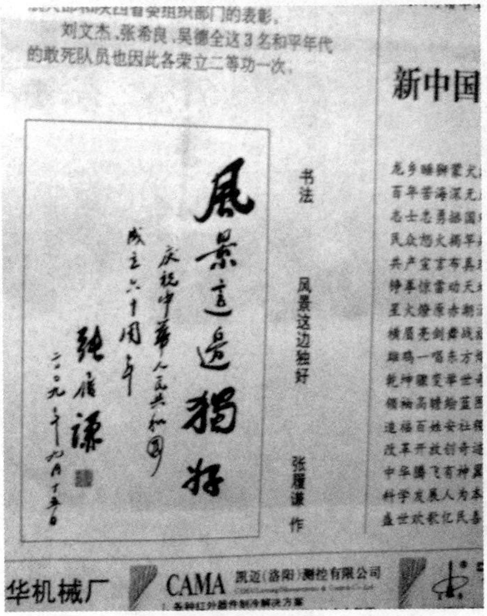

2009年10月，张履谦发表于《中国航天报》的书法作品

2008年后，中国经济在全球金融风暴浪潮中却依然保持迅速增长的态势，对此，张履谦以流畅的笔迹，借用毛泽东的诗词，歌颂我们伟大祖国在党的英明领导下，战胜金融危机，迎来美好前景。

2009年新中国成立60周年之际，张履谦在《中国航天报》上发表了“风景这边独好”的书法作品，直抒了他热爱祖国的激荡胸怀。

张履谦参加了中国工程院的院士书画社，他以邓小平对航天事业的指示写就的书法作品，获得了优秀作品奖。张履谦说，通过书法的内容可以反映出党中央对航天事业给予了很高的评价，使我们感到从事航天科研工作具有何等的重要意义，中央领导同志的指示，说的深、透，是我们工作的动力源泉。

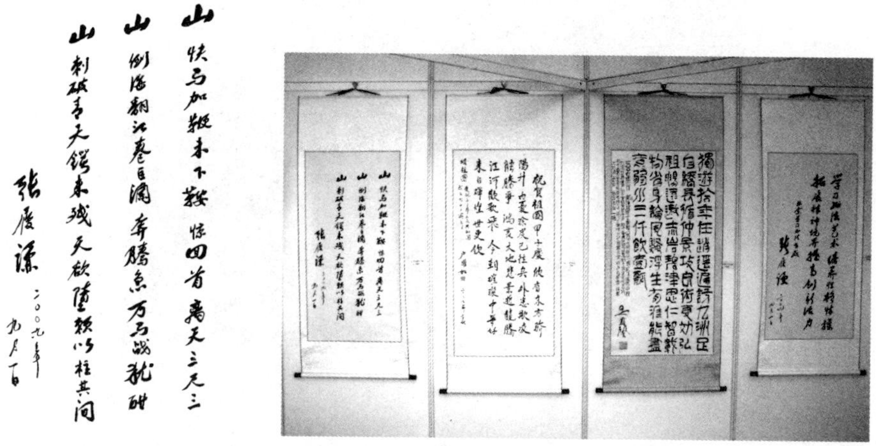

张履谦参加中国工程院院士书画社“歌颂祖国”笔会书法作品

张履谦参加中国工程院、中国文化艺术界联合会、空军政治部等单位举办的庆祝中国共产党成立 90 周年“七一赞歌”书画摄影展作品

张履谦和中国工程院书法家潘云鹤院士

2010 年，在中国工程院书画社长沙“橘子洲头”笔会上，张履谦有感于 84 岁人生经历，写下“虎年七度湘水滨”诗句，表达了自己的心情，还写了“滚滚长江东逝水”古句，以畅胸怀。

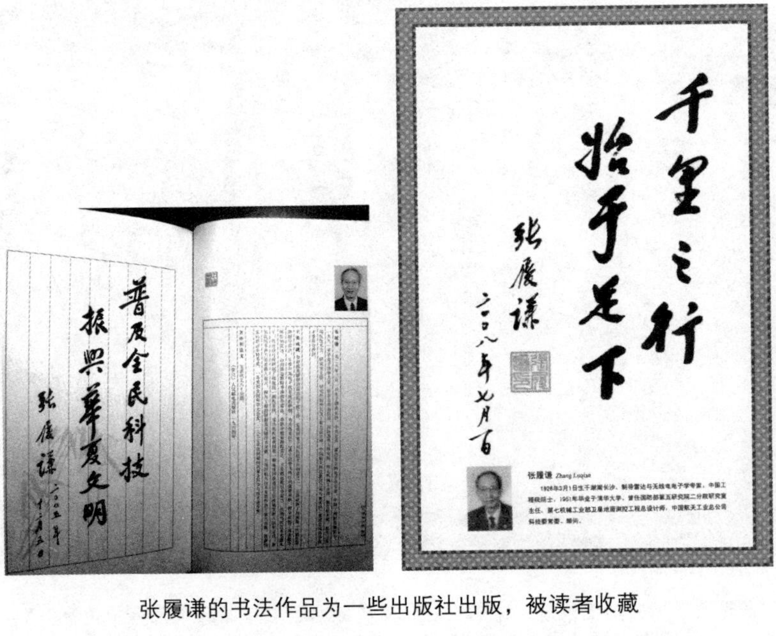

张履谦的书法作品为一些出版社出版，被读者收藏

“学而思，思而行，行必果。”这幅书法作品是张履谦对自己一生的归纳和总结。他说，一个人不但要学习，要勤奋学习，更重要的是要在学习后进行思考，学而不思则罔，不思考等于没有学；有了思考，思考成熟了，就要付诸于行动，没有实践，则思考也成了纸上谈兵；有了行动和实践，不管遇到多大困难和阻挠，一定要坚持干到底，绝不能半途而废。从张履谦一生的实践来看，无论是搞抗干扰、电子对抗，还是研制地空导弹雷达、通信卫星测控设备、载人航天……在各项重大工程研制过程中，张履谦都刻苦学习，深入钻研，认真思考，周到细致，勇于实践，克服困难，直至最后获得成功。

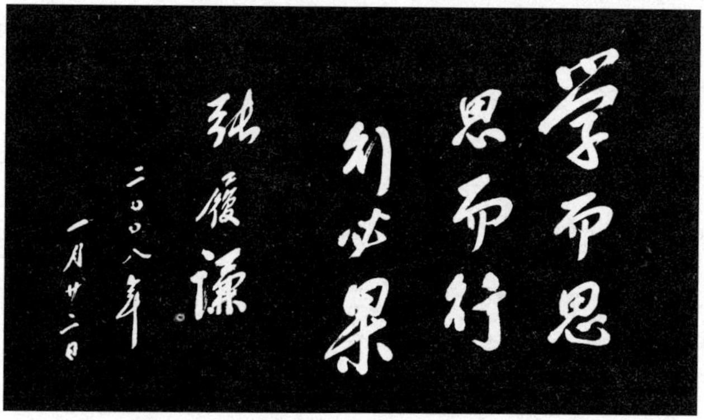

张履谦用自己的书法作品诠释了他的人生经历

张履谦说，我刚参加解放军就叫我去朝鲜搞抗干扰，我们研制地空导弹制导雷达就遇到苏联撤走专家和三年自然灾害，我大病刚愈就让我去当450工程的总设计师，我的一生充满机遇，要牢握机遇，坚毅不拔，战胜困难，创造未来。张履谦将“人生充满机遇；要牢握机遇，坚毅不拔，战胜困难，创造未来”这几句话写成条幅，勉励自己。

2010年元旦，张履谦写下“大江东去奔腾急，黄昏日照争朝夕”书法作品。他解释说，时光就像长江、黄河入海一样急速奔腾，我到了黄昏之年，要争取时间，积极努力，为中华民族的伟大振兴多做些工作。这是张履谦84岁心情的真实写照，也是他一辈子奉献祖国高尚情怀的具体体现。

附录一

张履谦大事年表

1926 年

- 3 月 1 日（农历丙寅年正月十七日），出生于湖南长沙东乡蛇山嘴的农村家庭。

1932 年

- 8 月，就读于湖南浏阳张氏雍睦小学。

1936 年

- 8 月，入读湖南长沙县立第三高级小学。

1938 年

- 8 月，入读湖南平大初级中学。
- 湘北会战期间，一次逃难到浏阳山中，另一次逃难到湖南耒阳，会战结束后回湖南平大中学继续学习。

1941 年

- 8 月，考入湖南广益中学学习，由于长沙地处抗日战争前线，广益中学从长沙搬迁至常宁柏坊。

1943 年

- 日寇入侵湘南，广益中学学校解散，逃难至湘南嘉禾县同学家中，教小学补习班半年，后在湖南新田庐永小学担任教员半年。

1944 年

- 湖南广益中学从常宁搬迁至兰山，在老师的资助下回校复课学习。

1946 年

- 8 月，在北京大学、清华大学、南开大学三校联合招生的武汉考区考入清华大学电机工程系，同时考上武汉大学和西北工业大学，选择进入清华大学学习。

1948 年

- 10 月，加入中国共产党地下党领导的外围组织——中国民主青年联盟(简称“民青”，解放后转为中国共产主义青年团)。
- 12 月，加入中国共产党地下组织。
- 调北平市（现北京市）军管会参加石景山钢铁厂接管工作。

1949 年

- 6 月，回清华大学学习。

1951 年

- 8 月，从清华大学电机工程系（电信组）毕业，分配至军委通信部，在总工程师室和雷达处担任技术员。
- 8 月 1 日，参加中国人民解放军。
- 赴中朝边境为抗美援朝部队解决雷达抗干扰问题。
- 开始从事雷达技术研究及电子对抗事业创建，开始攻读经典巨著《雷达丛书》。

1952 年

- 中国人民解放军在军委通信部成立第一个电子对抗组织——雷达干扰与抗干扰组，被任命为组长。
- 参加编译《雷达基础》图书并出版。
- 抗干扰工作获军委通信部全军通报表扬。

1954 年

- 带领小分队赴福建东海前线，对台湾、澎湖、金门、马祖地区美蒋雷达进行电子侦察，经计算分析，绘制出台湾地区雷达布置图及工作盲区图。
- 参加编译的《反雷达概论》图书出版。
- 荣立三等功一次。

1955 年

- 雷达干扰与抗干扰组划归总参通信部技术处，担任组长。

1956 年

- 雷达干扰与抗干扰组划归总参通信部电信技术研究所，命名为“十八室”，被任命为研究室主任。
- 开展雷达抗干扰试验，在《军械参考材料》上发表《几种常用的雷达有效抗干扰电路》文章。
- 带领十八室同志在我国首次开展采用水银延迟线进行雷达固定目标对消试验获得成功。
- 参加我国《1956～1967 年科学技术发展远景规划》的制定工作。

1957 年

- 调国防部第五研究院，任十三室（雷达研究室）副主任。

1958 年

- 任国防部第五研究院二分院二支队四室（雷达收发设备研究室）主任。

1959 年

- 任国防部第五研究院二分院三支队（雷达设计部）一室（雷达总体室）主任，负责防空导弹地面控制雷达的总体工作。
- 10 月，在北京与力伯畏结婚。

1962 年

- 2 月，任国防部第五研究院第一届科技委员会委员。
- 任国防部第五研究院二分院三支队副主任、红旗一号制导雷达主任设计师，负责红旗一号防空导弹的仿制、定型与改进工作。

- 荣立三等功一次，获先进工作者称号。

1963 年

- 获“国防科研战线上的标兵”称号，晋升技术六级和中校军衔。
- 研究微波低噪声参量放大器获得成功，撰写《宽频带参量放大器的设计原理及其在雷达中的应用》技术报告。
- 在《国外电子技术动态》杂志上发表《现代雷达技术》综合评述论文，介绍国外雷达技术进展。
- 组织研究室人员进行红旗一号雷达抗干扰研究，为我国空军多次击落美国 U－2 飞机提供技术咨询和设备。

1964 年

- 任红旗二号防空导弹雷达主任设计师，提出采用照射体制同时增加提高接收灵敏度和发射功率的技术方案，进行技术攻关。
- 编著《雷达》图书，由人民邮电出版社出版发行。

1965 年

- 转业，任第七机械工业部二院 23 所副所长。
- 领导研制的红旗一号防空导弹制导雷达，完成定型工作。

1966 年

- 完成红旗二号防空导弹雷达研制，并装备部队。
- “文革”时期坚持实验室工作和雷达技术学习。

1967 年

- 在军管会的领导下，任 23 所生产组长，负责领导反导系统的地面雷达体系论证，领导 C 频段 101 导弹精密跟踪单脉冲雷达、102 目标识别雷达、715 多功能相控阵雷达的研制与攻关，参加三线建设的有关工作。
- 主持研制的红旗二号制导雷达击落美国 U－2 高空侦察飞机。

1973 年

- 3 月，随中国国际贸易促进委员会代表团赴法国巴黎参加国际自动测试、显示、电子元器件及仪器仪表博览会，考察法国图卢兹、里昂有关科研生产单位，回国后撰写《法国雷达技术状况》考察报告。

1975 年

- 因病在家休养。

1978 年

- 在病中撰写《雷达技术走向新的发展阶段》论文，发表于第七机械工业部《技术工作通信》杂志，指出由于数字技术的发展，出现了相控阵雷达及信号处理新技术，使雷达技术的发展上了一个新台阶，走上了新阶段，我国科研工作者应坚定信念，加速研制相控阵雷达。
- 领导研制的 C 频段单脉冲精密跟踪雷达获全国科学大会奖。

1979 年

- 在第七机械工业部《技术工作通信》和《航空知识》上杂志发表文章，介绍电荷耦合器件及其工作原理，提出我国应对此萌生的新技术密切跟踪并且推广应用。
- 编译《脉冲压缩雷达波形设计》（上篇、中篇、下篇），发表于《电子技术文选》，用作雷达工程设计人员基础教材。
- 为普及雷达技术，在《光明日报》发表《雷达技术的发展概况》，在《解放军报》发表《种种雷达》长篇科普文章。
- 任第七机械工业部 450 工程办公室主任、450 工程总设计师，为我国第一颗地球静止轨道通信试验卫星的发射和测控研制 450 - 1 微波统一测控系统和 450 - 2 微波超远程目标引导雷达。
- 10 月，当选为中国宇航学会理事。
- 12 月，当选为中国电子学会理事。

1980 年

- 在北京完成 450 – 1 原理性飞行试验，确定微波统一测控系统的技术状态，完成正样设计，启动正样研制生产。
- 9 月，国家科技干部局授予张履谦高级工程师职称。
- 任中国宇航学会飞行器测控专业委员会副主任、中国航空学会电子及自动控制专业委员会委员。

1982 年

- 任试验队长，赴福建沙县测控基地进行 450 工程的安装调试和执行卫星发射任务。在卫星未能入轨的情况下，450 – 1 完成了对卫星的跟踪测轨、遥测、遥控与数传试验，450 – 2 在卫星出地平线的超远程距离实现了对目标引导的功能。
- 任中国宇航学会《宇航学报》编委会副主编。

1983 年

- 任中意“天狼星”卫星合作代表团团长，与意方共同撰写《中意联合进行“天狼星”卫星通信试验可行性技术报告》，完成协议草签，赴米兰、比萨等地的空间技术科研生产单位参观访问，撰写《意大利空间技术特点》考察报告。

1984 年

- 率工作队赴福建沙县执行我国第一颗试验通信卫星发射测控任务，450 – 1 微波统一测控系统对卫星进行跟踪、测距、测速、调姿、控轨，实时、准确地发出了远地点发动机点火指令，将卫星定点于东经 125 度赤道上空。450 – 2 雷达完成了对 450 – 1 和 155 的超远程距离目标引导任务。
- 总结 450 工程研制经验，撰写《我国自行研制的第一颗通信试验卫星及其测控设备》和《研制 450 工程的几点体会》工作总结。
- 应日本政府邀请，参加中国空间技术访日代表团赴东京、横滨、神户、名古屋等地，参观考察日本通信卫星、气象卫星及资源卫星的研制单位和技术设施。

- 荣立航天工业部一等功一次。
- 获我国第一批国家有突出贡献中青年专家称号。

1985 年

- 5 月，任国家科技进步奖评审委员会委员。
- 通信试验卫星工程任务完成后，调任航天工业部科学技术委员会常委，从事空间电子学方面的工作，为卫星和武器型号的研制质量把关，为我国航天事业的发展作技术咨询。先后参加我国多种军民用卫星（通信广播、气象、侦察、资源、海洋、数据中继、北斗导航、雷达遥感、科学实验等卫星）和载人航天、探月工程、空间站以及武器装备的研究发展工作，进行有关的方案立项论证、技术攻关、故障归零、各研制阶段的技术评审等工作。
- 参加航天工业部第一次空间站研讨会，提出空间站测控方案的设想，作《建立空间站的经济价值》报告。
- 率团访问美国麻省理工学院（MIT）商讨技术合作事项，并赴纽约访问。
- 450－1 微波统一测控系统与东方红二号卫星系统获国家科学技术进步特等奖，450－2 微波超远程引导雷达获国家科技进步一等奖。

1986 年

- 为发展我国载人航天、空间站，撰写《建立我国空间无线电测量、控制与信息传输技术系统》论证报告，建议我国载人航天测控网的建立要根据我国国情，第一步采用陆海布站、改 C 频段为国际兼容 S 频段体制，适当扩大通信容量、采用节点控制的技术方案，第二步研制数据中继卫星与导航定位卫星，扩大测控覆盖面，建立天基与地基结合的统一测控网。
- 在航天工业部的科技委年会上作《2000 年航天电子技术发展探讨》学术报告，建议发展我国导航定位卫星，支持我国研制双星定位系统，参加方案论证和技术关键攻关，主持立项评审会，极力推动北斗一号卫星研制。

1987 年

- 5 月，被授予航天工业部研究员职称。

- 7 月，任哈尔滨工业大学兼职教授，赴校作《现代航天技术》学术报告。
- 率团访问日本东京、横滨，考察日本气象卫星数据接收站及有关研制单位，为研制我国气象卫星作调研。
- 在中国电子学会第四届学术年会上作《现代航天电子技术（A survey of modern electronic systems of astronautics）》学术报告，介绍通信卫星、气象卫星、导航定位卫星及对地观测卫星等技术，呼吁我国电子学科研工作者积极进行探索和拓展空间电子学新领域方面的研究。

1988 年

- 任航空航天工业部科技委常委。
- 为发展我国载人航天技术，在科技委载人航天与空间站研讨会上作《对我国载人航天飞行及空间站的跟踪测控与通信设想》报告。
- 在中国宇航学会年会上作《关于发展我国应用卫星与卫星应用的意见》学术报告，提出发展我国空间技术的设想蓝图。
- 4 月，为推进卫星应用技术的国际交流合作，参加中国空间技术代表团赴委内瑞拉加拉加斯、秘鲁利马等地访问，参观委内瑞拉国内、国际卫星通信中心和有关空间技术研发单位，进行卫星应用交流和学术探讨。
- 8 月，赴芬兰赫尔辛基参加空间技术国际标准化组织会议，并参加国际空间科学会议（COSPAR）作学术报告。
- 为保障型号飞行试验成功，荣立航天工业部一等功一次。

1989 年

- 赴美国波士顿参加国际军事通信会议，访问纽约和俄亥俄州立大学，回国后撰写出国考察报告，介绍美国发展国防通信卫星（DSCS）和军事星（Milstar）的技术体系，为发展我国军事通信卫星技术提供了参考。
- 为保障卫星适应空间工作环境、延长工作寿命，开展研究工作，撰写《空间科学研究动态与发展趋势》文章，介绍国际空间环境探测成就。

1990 年

- 受国防科工委委托，完成《关于我国应用卫星提高研制水平的研究报告》，报告中论述了应用卫星国内、国外现状与差距，论证了我国应用卫星发展思路、策略，制定了我国军用、民用卫星发展系列蓝图，提出了提高我国应用卫星和卫星应用研制水平的政策、经费、管理等措施建议。

- 《关于我国应用卫星提高研制水平的研究报告》，获国家科技进步三等奖。
- 赴美国首都华盛顿水晶城参加国际雷达会议，作《我国雷达技术的发展》学术报告。
- 为发展我国空间技术，研究空间环境与飞行器的相互作用影响，赴荷兰海牙参加国际空间科学会议（COSPAR），进行学术交流。访问欧空局、阿姆斯特丹等地，考察欧空局空间测控设施，撰写《现代航天测控技术》文章，发表于中国宇航学会测控专业期刊。

1991 年

- 为掌握国际军用雷达、通信、导航等电子设备发展新进展，赴美国首都华盛顿参加国际军事电子会议（AFCEA）。
- 当选为美国宇航学会（AIAA）高级会员。
- 10 月，获国务院政府特殊津贴。

1992 年

- 6 月，赴美国首都华盛顿参加世界空间大会（WSC），与国际同行专家进行当代空间技术发展交流与探讨。
- 6 月，当选为中国电子学会会士。
- 12 月，赴英国伦敦参加国际雷达学会，作学术交流报告。

1993 年

- 撰写《国外通信卫星与数据通信卫星发展概况》考察报告和《发展我国数据中继卫星系统的技术途径研究》论证报告，提出我国应尽早发展数据中继卫星和天基测控，扩大测控覆盖面，扩大遥感卫星数据传输容量。
- 赴美国首都华盛顿参加国际微波会议（MTT－s），赴美国亚特兰大参加国际军事电子会议（AFCEA）。
- 当选为美国宇航学会（AIAA）外籍院士。

■ 荣立航空航天工业部二等功。

1994 年

■ 率团赴荷兰海牙、阿姆斯特丹、鹿特丹，德国慕尼赫、法兰克福，比利时布鲁塞尔及欧空局参观访问，为发展我国载人航天及在航天城建设中国空间技术研究院基地作考察和调研。

■ 赴美国圣迭哥及首都华盛顿，参加国际微波会议（MTT－s）和国际军事电子会议（AFCEA）。

■ 赴德国汉堡、法兰克福参加国际空间科学会议（COSPAR），作《关于我国空间技术发展》学术交流报告。

■ 撰写《中继卫星的星体结构与有效载荷》文章，较详细地介绍了国外技术情况，为我国进行中继卫星研制提供参考。

■ 撰写《数据中继卫星的设计与研制》文章，提出发展我国数据中继卫星方案设计意见。

1995 年

■ 赴美国奥兰多及首都华盛顿参加国际微波会议（MTT－s）及国际军事电子会议（AFCEA，Tech－95），参观访问美国宇航局及航天飞机与卫星发射基地。

■ 撰写《全球定位系统用作卫星轨道测量与跟踪》出国考察报告。

■ 当选为中国工程院院士。

1996 年

■ 赴美国首都华盛顿、旧金山参加国际军事电子会议（AFCEA，Tech－96）及国际微波会议（MTT－s）。

1997 年

■ 任中国航天科技集团公司科技委顾问。

■ 赴美国科罗拉多州、首都华盛顿参加国际微波会议（MTT－s）及国际军事电子会议（AFCEA，Tech－97），参观有关军事设施。

- 撰写《欧空局环境卫星一号及其先进的合成孔径雷达和高度表》技术报告，为我国研制合成孔径雷达卫星提供参考。
- 9月，获何梁何利科学与技术进步奖，赴香港参加颁奖典礼。
- 荣立航天工业总公司二等功。

1998年

- 赴美国巴尔的摩、首都华盛顿参加国际微波会议（MTT－s）及国际军事电子会议（AFCEA，Tech－98），考察有关军事装备。

1999年

- 4月，任国防科工委电子行业专家咨询委员会委员，提出高功率器件、光学与红外敏感器件、超大规模集成电路、特种机电器件等四类品种的国产化问题，得到领导重视。参加该建议的调查研究与落实措施的有关技术咨询工作。
- 6月，任中国航天机电集团（科工集团）公司科技委顾问。
- 12月，任华中理工大学国防科技研究院高级顾问、兼职教授，为该校博士生论文答辩和信息处理技术方案作评审。

2000年

- 赴美国波士顿、首都华盛顿参加国际微波会议（MTT－s）及国际军事电子会议（AFCEA Tech－net），考察有关军事装备生产与科研单位。
- 3月，任空军科技发展和人才建设顾问。
- 7月，任中国宇航学会飞行器测控专业委员会顾问。

2001年

- 3月，任国防科工委军工计量测试标准化技术委员会主任，制定我国军工计量体系，拟定计量标准制定程序。
- 任西安504所空间微波技术国防科技重点实验室学术委员会主任，制定卫星通信、微波遥感、数据传输为实验室研究方向，审查实验室重点研究课题。

- 任空军工程大学电磁场与微波技术博士生导师、实验室顾问。

2002年

- 任国家科技研究发展计划航天领域专家委员会、卫星有效载荷及应用专业组等单位顾问。
- 参加北斗一号导航定位卫星地面中心站的建设方案评审和联调故障排除。参加导航定位卫星用户接收机的设计方案和选优工作。参加北斗一号导航定位卫星应用推广会议。
- 赴香港、澳门参观访问。

2003年

- 2月，任总装备部中国首次载人航天飞行任务荣誉顾问，去酒泉飞船发射中心对我国首次载人航天技术状况进行发射前的审查和发射场地的实地考察。
- 9月，任沈阳和平区高级技术顾问，对开发区建设方案进行评审，作《做好开发区顶层设计和系统工程管理》报告。

2004年

- 对小卫星分布式雷达系统新概念、新体制专题进行星间链路三同步（空间、时间、相位）问题研究。
- 赴朝鲜平壤及开城等地进行考察和参观访问。
- 10月，参加香山科学会议，作《快速发展我国卫星通信技术》学术报告，协同主持《信息时代的通信卫星与卫星通信》论坛。
- 对发展我国宽带多媒体通信卫星、直播卫星以及音频卫星的设计方案，进行评审。
- 在海南中国宇航学会卫星应用研讨会上作《快速发展我国卫星导航系统》学术报告。
- 获航天人才培养突出贡献奖。

2005 年

- 2 月，任中科院电子所微波成像技术国防科技重点实验室学术委员会主任，对实验室研究内容、发展方向及重点课题进行审查，确定以海洋信息处理为重点课题的研究方向。
- 4 月，任北京航空航天大学兼职教授、博士生导师。
- 9 月，任山西省人民政府特聘专家、太原国家高新技术产业开发区顾问，为发展山西经济、高新开发区建设和人才培养提供咨询。
- 在国防科技大学百名院士学术报告会上作《我国航天技术的发展》学术报告。
- 在成都中国宇航学会北斗一号导航卫星应用研讨会上，作《推广导航定位技术的应用》报告，提出推进北斗一号导航卫星广泛应用的技术创新多条措施，倡议院士给国务院写报告，提出“给予发展导航定位卫星应用的政策支持”的建议，得到了国务院总理的重视和及时批复。

2006 年

- 3 月，对军用电子装备机电耦合基础课题进行研究。
- 在中国航天科技集团公司科技委年会上作《雷达技术在航天领域应用的未来发展》学术报告。
- 参加中国航天科技集团公司科技委员会代表团赴香港中文大学及澳门理工大学参观访问，与诺贝尔奖获得者杨振宁教授会见。
- 在深圳主持中科院电子所微波成像国防重点实验室学术年会，赴香港中文大学参观访问。
- 被聘为中国人民解放军信息化专家咨询委员会特邀委员。

2007 年

- 1 月，在浙江大学航空航天学院成立大会上作《空间电子学在航天领域的应用和发展》专题报告。
- 7 月，参加我国北斗二代导航系统、核心电子元器件等专项的方案论证评审。在首都科学会堂作《现代空间电子对抗》科普报告，介绍空间电子对抗的意义、历史、措施及今后展望。

- 撰写《雷达技术在航天领域应用和发展的50年》论文，发表于《中国航天50年回顾》文集。

2008年

- 参与中国工程院“我国航天发展战略研究”课题论证，谋划未来航天发展策略。
- 对我国海洋卫星的技术关键进行研究和评审，对其精确轨道测量、微波遥感器、高度表、国产化数传系统，进行设计审核计算。
- 任国防科技大学卫星导航专业博士生导师。
- 5月，任二院23所高级顾问，对该所雷达研究方向、任务、规划和人才建设，提出若干建议。
- 9月，任我国载人航天与探月工程重大专项载人空间站工程论证评估委员会委员，对其测控系统进行方案评审和信息传输链路各环节的指标核算。
- 10月，参加安阳实验中学“院士面对面”活动，为学校师生作《科学人生》报告。
- 在中国工程院成都院士论坛上作《卫星在突发事件中的应用》学术报告。
- 被聘请为北京理工大学多元信息系统国防重点学科实验室学术委员会委员。

2009年

- 任国防科工局科技委委员。
- 对基于MEMS技术的相控阵天线基础研究课题进行研究。
- 参加国防专项工程研制，对工程的测控通信关键技术问题进行论证。
- 参加我国未来载人登月的探索性研究，对深空测控技术方案作前期论证工作。
- 在桂林参加国际雷达学术会议。
- 在南京电子科技集团14所成立60周年学术论坛上作《我国航天与雷达技术》学术报告。
- 获国家人力资源和社会保障部、工业信息化部、总装备部颁发的中国载人航天工程突出贡献者奖章。

- 参加空军论坛作《发展我国空天一体化的导弹预警系统》学术报告。
- 参加空军和平与发展国际论坛会议。
- 被聘任为西安电子科技大学空天学院学术委员会名誉主任。

2010 年

- 参加我国新一代气象卫星“风云”的预研工作。
- 在航天计量测试论坛会议上作《不断创新，发展航天计量测试技术》主题发言。
- 被聘为我国第二代卫星导航系统重大专项专家委员会委员，参加我国第一届卫星导航科学会议。
- 参加我国载人航天工程交会对接任务的独立风险评估工作，任测量通信项目专家组组长。

2011 年

- 参加嫦娥三号月球探测器独立评估委员会，任安全着陆评估专家组首席专家。

附录二

张履谦著作、论文目录

著作

1.《雷达基础》（合译），1952 年军委通信部内部印刷发行。

2.《反雷达概论》（合著），1954 年总参通信部内部印刷发行。

3.《雷达》，1964 年由人民邮电出版社出版。

论文

1.《台、澎、金、马美蒋雷达部署侦察及盲区分析》，1954 年《总参通信部内部报告》。

2.《几种常用的有效抗干扰电路》（与黄谋忠合著），1956 年发表于《总后军械部军械参考材料》。

3.《宽频带参量放大器的设计原理及其在雷达中的应用》，1963 年国防部五院二分院所写技术报告。

4.《现代雷达技术》，1963 年发表于《国外电子技术动态》。

5.《雷达是怎样工作的》，1965 年发表于《无线电》。

6.《雷达技术的现状及其发展》，1965 年发表于《无线电》。

7.《法国雷达技术状况》，1973 年赴法考察报告。

8.《电荷耦合器件》，1978 年发表于《航空知识》。

9.《雷达技术走向新的发展阶段》，1978 年发表于《第七机械工业部技术工作通信》。

10.《电子技术在航天航空中的重要作用》，1978 年发表于《航空知识》。

11.《迅速发展的现代雷达技术》，1979 年发表于《国外电子技术动态》。

12.《电荷耦合器件的应用》，1979 年发表于《航空知识》。

13.《电荷耦合器件在航天技术中的应用》，1979 年发表于《第七机械工业部技术工作通信》。

14.《脉冲压缩雷达波形设计》（上、中、下），1979 年发表于《电子技术文选》。

15.《雷达技术的发展概况》，1979 年发表于《光明日报》。

16.《种种雷达》，1979 年发表于《解放军报》。

17.《意大利空间技术特点》，1983 年出国考察报告。

18.《我国自行研制的第一颗通信试验卫星及其测控设备》，1984 年所作学术报告。

19.《研制 450 工程的几点体会》，1985 年发表于《331 工程技术总结》。

20.《建立空间站的经济价值》，1985 年发表于《航天部第一次空间站研讨会文件集》。

21.《建立我国的空间无线电测量、控制与信息传输技术系统》，1986 年所写技术报告。

22.《2000 年航天电子技术发展研讨》，1986 年航天工业部科技委年会文件。

23.《航天电子技术的现状与发展》，1987 年发表于《世界导弹与航天》。

24.《现代航天电子技术（A survey of modern electronic systems of astronautics)》，1987 年发表于《中国电子学会第四届年会论文集》。

25.《航天电子技术的未来发展》，1988 年发表于《中国电子报》。

26.《对我国载人航天飞行及空间站的跟踪测控与通信设想》，1988 年发表于航天工业部“载人航天与空间站第二次研讨会论文集”。

27.《航天电子技术》，1988 年发表于《电子科学技术》。

28.《卫星通信技术的发展》，1988 年发表于《世界导弹与航天》。

29.《关于发展我国应用卫星与卫星应用的意见》，1988 年发表于《中国宇航学会应用卫星与卫星应用研讨会文集》。

30.《航天电子技术十年来的若干重大进展》，1989 年发表于《电子世界》。

31.《关于参加赫尔辛基国际空间科学会议和国际标准化组织等三个会议的技术总结报告》（与陈昭合写），发表于《航天标准化》（1989 年专集）。

32.《载人航天及空间站的跟踪测控与通信》，1988 年发表于《载人航天与空间站研讨会论文集》。

33.《空间科学研究动态与发展趋势》，1989 年所作出国考察报告。

34.《日本地球观察卫星的现状与未来》，1989 年发表于《世界导弹与航天》。

35.《现代航天测控技术》，1990 年发表于《中国宇航学会测控技术》。

36.《美国 1989 年军事通信会议及第十一届卫星通信用户会议技术简介》，1990 年所作出国考察报告。

37.《关于我国应用卫星提高研制水平的研究报告》（张履谦等合著），1990 年所作国防科工委研究报告。

38.《发展载人航天与发展卫星技术相结合》，1991 年所作内部技术研究报告。

39.《对加速发展中国航天技术的意见》，1991 年发表于《中国航天发展战略探讨论文集》。

40.《空间科学技术新进展》，1991 年所作出国考察报告。

41.《我国发展数据通信卫星技术途径研究》，1992 年所作内部技术报告。

42.《美国军用电子及雷达、通信卫星技术的发展动向》，1992 年所作出国考察报告。

43.《国外通信卫星和数据通信卫星发展概况》，1993 年所作出国考察报告。

44.《雷达技术新进展》，1993 年所作出国考察报告。

45.《发展我国数据中继卫星系统技术途径研究》，发表于《宇航学会 1993 年测控专业学会年会论文集》。

46.《中继卫星的星体结构与有效载荷》，1994 年所作出国考察报告。

47.《微波光学的应用与进展》，发表于《红外与激光 1994 学术年会特邀报告》。

48.《数据中继卫星的设计与研制》，发表于《中国宇航学会测控专业学会 1994 年会论文集》。

49.《中低轨道卫星精密定轨的最新水平》，发表于《遥测遥控（1994 年第 15 卷)》。

50.《卫星轨道精密测定技术的最新进展》，1995 年所作出国考察报告。

51.《全球定位系统用作卫星轨道测量与跟踪》，发表于《遥测遥控(1995 年第 16 卷)》。

52.《我国发展战术导弹防御的探讨》，1995 年发表于《战术导弹防御研讨会内部文集》。

53.《全球定位系统用作卫星轨道测量和深空跟踪的现状》，1995 年所作出国考察报告。

54.《欧空局环境卫星一号及其先进的合成孔径雷达和雷达高度表》，1997 年所作出国考察报告。

55.《现代航天电子技术》，2001 年、2002 年哈尔滨工业大学、华中科技大学所作学术报告。

56.《未来我国空间测控技术的挑战》，2004 年厦门宇航学会测控年会所作学术报告。

57.《发展雷达组网作战技术》，2004 年发表于《空军科技发展与人才培养院士顾问建议集》。

58.《快速发展我国电子对抗技术》，2004 年总参四部电子对抗会议所作技术报告。

59.《快速发展我国卫星通信技术》，2004 年 237 次香山科学会议所作学术报告。

60.《快速发展我国卫星导航系统》，2004 年海南宇航学会卫星应用会议所作学术报告。

61.《我国航天技术展望》，2005 年国防科技大学所作百名院士学术报告。

62.《科技创新，推广导航定位技术的应用》，2005 年成都中国宇航学会北斗一号卫星应用会议所作学术报告。

63.《雷达技术在航天领域应用的未来发展》，2006 年中国航天科技集团公司科技委年会所作学术报告。

64.《空间电子对抗的未来发展趋势》，2006 年全军信息化专家咨询委员会、中国航天科工集团公司专题学术报告会、中国宇航学会学术论坛学术报告。

65.《空间电子学在航天领域的应用与发展》，2007 年浙江大学航空航天学院成立所作专题报告。

66.《对卫星应用的几点看法》，2007 年航天专家研讨会所作发言。

67.《雷达技术在航天领域应用和发展的 50 年》，发表于《中国航天 50 年回顾》文集（2007 年由北京航空航天大学出版社出版）。

68.《现代空间电子对抗》，2007 年中国科协科普所作学术报告。

69.《我国航天与雷达技术》，2009 年院士学术论坛。

70.《发展我国空天一体化的导弹预警系统》，2009 年在空军学术论坛所作报告。

71.《不断创新，发展航天计量测控技术》，2010 年发表于《中国航天计量测试论坛论文集》。

72.《空间信息技术与社会进步》，2010 年院士论坛。

73.《空天一体武器的防御问题》，2011 年院士论坛。

附录三　总政治部国防科学工作部印发的文件

《向张履谦同志学习》*

（内部读物）

总政治部国防科学工作部印

一九六四年十月

* 《向张履谦同志学习》文件内容也是航天事业创业时景象的缩写。

说　明

张履谦同志是在党的培养和毛泽东思想哺育下成长起来的一个又红又专的科学技术干部，又是一个优秀的基层技术指挥员。聂元帅曾于二月六日的批示中，对他的先进事迹，给予了很好的评价。本部于九月十九日召开了“张履谦同志先进事迹报告会”，向驻京单位科技干部介绍了他的先进事迹。现将聂元帅二月六日的批示和报告会上介绍的材料印发到研究室（每室两份）。请各单位根据下半年的工作安排和本单位的实际情况，在适当的时机向全体科技干部进行传达，号召大家以张履谦同志为榜样，联系自己的思想和工作进行学习和讨论，以达到加强思想革命化，向着又红又专的方向前进。

总政治部国防科学工作部

一九六四年十月八日

聂元帅关于学习张履谦同志先进事迹的指示

爱萍、赤兵、安东、秉璋、学森同志：

看了介绍张履谦同志的材料，令人高兴。张履谦同志努力学习毛主席著作，自觉地认真进行世界观的改造；努力以毛泽东思想武装自己的头脑，取得了较大的进步，因而能够全心全意为党的事业服务，顽强地钻研科学技术和业务知识。他在技术领导工作中，善于把活的思想工作和科学的细致的技术业务工作结合起来，研究室办得好。我认为，这是一个又红又专科学技术干部的代表，是国防科学技术战线上优秀的基层技术指挥员的代表，值得提倡学习。

五院抓住了这个典型，在全院树立这个标兵，展开学习，这是完全必要而适时的。张履谦同志是国防科学技术单位中青年一代向又红又专迈进的优秀代表人物，培养这样的一代，是我们的一项根本任务。各单位应注意总结这方面的经验。

五院的这个材料，可转发国防科委系统各单位。我相信，通过这次学习，一定会涌现更多更好的又红又专的科学技术工作者和科学技术组织工作者，一定会出现更多更好的先进单位，一定还会出现更多更好的成果，把我们的工作推进到新的水平上面来。

此致

敬礼

聂荣臻

一九六四年二月六日

一个又红又专的科学技术干部

——张履谦同志的先进事迹

张履谦同志是五院二分院第三设计部一室主任。一九五一年在清华大学毕业。他在读大学的那几年，正是中国人民同蒋介石进行革命与反革命决战的年代。在党的领导和影响下，他参加了当时的反内战、反饥饿、反迫害的群众斗争，受到了教育，得到了锻炼。一九四八年十二月北京解放的前夕，他光荣地加入了中国共产党。大学毕业后，他被分配在通信兵部雷达处工作。一九五七年，随通信兵部电子科学研究院调到五院。到五院后，他就一直担负着研究室的技术领导工作。

张履谦同志自从参加革命工作以来，一贯努力学习毛主席著作，工作勤勤恳恳，全心全意为了党的事业，从不计较个人得失。一九五四年，在通信兵部工作，因工作成绩显著，受到兵部党委的通报表扬和奖励。一九五五年，他带领四个新同志到福建前线，在艰苦困难的条件下，出色地完成了侦察蒋匪帮雷达盲区的任务，获得了福建军区和通信兵部领导的好评。到五院后，一九六一年，他在深入第一线，以主要精力抓研究工作方面，做出了很好的成绩，二分院普遍推广了他的经验，掀起了一个向张履谦同志学习的热潮。一九六三年三月，由于工作成绩突出，他被记三等功一次，年底又被评为一九六三年度的先进工作者。同年十二月，五院政治部决定在全院干部中开展向张履谦同志学习的活动。张履谦同志在思想革命化和工作科学化方面，为我们树立了一个良好的榜样。正如聂元帅所嘉许的：“这是一个又红又专科学技术干部的代表，是国防科学技术战线上优秀的基层技术指挥员的代表，值得提倡学习。”

全心全意为党工作

张履谦同志入伍以来，工作上曾有过多次变动。由于他关心政治，努力学习毛主席著作，树立了为人民服务的思想，因此每次变动都能愉快地服从组织分配，从不计较个人得失，从不挑肥拣瘦。他是学电机专业的，没有学过雷达知识，可是组织上分配他到通信兵部搞雷达工作。怎么办呢？“只要工作需要，党叫我干什么，就干什么，而且要干好。”这就是他的回答。他常常鞭策自己：“要充分发挥自己的智慧和力量，努力为党工作，绝不应当糊里糊涂地过一辈子。”十多年来，他不但自己身体力行，而且也教育部属这样做。有些青年人强调个人兴趣，或借口专业不对口而不安心工作，他便以自身的经验，耐心地对大家说：“个人兴趣是一回事，服从工作需要又是一回事，只有把个人兴趣跟党的事业真正结合起来，才是正确的。所谓对口，应当是自己主动地积极地去对国家的口，而不是要国家对自己的口。何况在学校所学的只是一些基础知识，还谈不上在哪一方面有什么特殊的专长。如果过分强调国家对自己的口，就是太不自量，对自己估价过高了。”他进行的这些教育，及时纠正了部分青年的错误思想。

他在工作中从来不讲条件，不辞辛劳，总是勤勤恳恳，全力以赴。为了突破技术关键，早日拿到科学成果，他常常查看文献、资料到深夜，充分利用一切可以利用的时间。出差到外地时，常常是深夜刚下火车，第二天一上班就投入紧张的工作。今年一月，他率领一个工作组到××基地去执行任务，在火车上他抓紧时机学毛主席著作和考虑工作。在五昼夜的旅途上他就做了六件事：第一件，学习了毛主席的《中国革命战争的战略问题》等文章；第二件，和七个同志个别谈话，交换了工作方面的意见；第三件，召集小组长以上干部会，研究了人员编组等事项；第四件，起草了工作组在完成任务的同时要拿出的六项成果的具体内容和工作计划，并在临时党支部委员会扩大会上进行了讨论；第五件，草拟了工作组到基地工作时处理技术问题的六项原则；第六件，着手进行编写《雷达》小册子的准备工作。如果没有一个高度的事业心，这是很难做到的。

就在这次出差的六十五天期间，除了完成试验细则、处理产品出现的问题等工作任务外，他还挤出二百多小时的业余时间，为电子学会写了一本六万四千多字的《雷达》普及知识小册子（春节放假四天，写了四天，中途在某地等车两天又写了两天)；回复了有关工作方面的十一封来信；并坚持了技术学习和政治学习。他的时间从哪儿来呢？用他的话来说，就是挤。在基地期间，他每天晚上都工作到十二点，听完了零点的新闻广播以后才睡。有的时候，他吃饭走路都在考虑问题。在工作学习这样紧张的情况下他的生活很有规律，注意劳逸结合。每天起床后作体操，中午坚持午睡，晚饭后散步。这就保证了他有充沛的精力来从事工作和学习。他这样高度的责任感和忘我工作的热忱，大大鼓舞了工作组的每个同志。大家赞许地说，张履谦同志的生活就像战斗一样，对他来说一分一秒都是十分宝贵的。

对待个人生活问题，张履谦同志牢记着毛主席的教导，决心要做“一个高尚的人。一个纯粹的人，一个有道德的人，一个脱离了低级趣味的人，一个有益于人民的人。”处处严格要求自己。张履谦同志身体不好，在国家经济生活暂时困难的时候，组织上关心他的健康，曾补助他一些副食品，他认为自己是一个共产党员，应该吃苦在前，享受在后，总是婉言谢绝。有时他外出不在家，别人替他收下了，他回来以后，便分给大家共用。他从不计较生活待遇，他说：“一个人绝不应过多地考虑个人生活。考虑个人生活多了，考虑工作的精力和时间就少了。个人生活问题如果处理不好，对工作、对学习、对个人的进步，都是极为不利的”。在处理恋爱、婚姻和家庭问题上，他也为青年科学技术人员树立了一个良好的榜样。刚参加工作时，他认为自己还年轻，应该抓紧年青力壮，精力旺盛的年华，打好基础，学好本领，为党多做些工作，不去过早考虑个人的婚姻问题。他曾给自己规定了对待恋爱问题的三条原则：一是慎重对待；二是有利于工作和学习；三是相互帮助，共同进步。正因为有这样正确的思想作指导，他在大学毕业后工作了九个年头，到了三十三岁才结婚。婚后，又能正确处理家庭生活，没有因为结了婚而影响工作和学习。

在存在阶级、阶级斗争的社会主义社会整个历史时期内，资产阶级总是千方百计地用名利、地位、享受和腐朽的生活方式，使青年不知不觉地潜移默化，走上资产阶级个人主义的道路。最终达到使社会主义“和平演变”的目的。因此，是全心全意为党工作，还是追求个人名利，就成为每个科学技术人员实现革命化，防止“和平演变”所要解决的重要问题。张履谦同志的态度是：“名利是我身外之物，为人民服务是我最大的心愿。”“我没有别的希望和要求，就是想更多更好地为党做一点工作。”“要是党将来作个结论：你一生忠于党的事业，那就是我最大的幸福和愉快。”这就是他的人生观，这就是他十多年来行动的写照。他这种全心全意为党工作的意志和行动，来源于党的教育，来源于学习毛主席著作。

刻苦钻研，长期不懈

为了精通雷达技术，十多年来，张履谦同志以坚强的决心，惊人的毅力，紧密结合工作需要，边干边学，苦读了国际上有关雷达方面的许多文献资料，干一行、爱一行、钻一行，终于由一个普通的大学毕业学生，成长为一个知识比较全面，经验比较丰富的雷达技术人员。

他参加工作时，伟大的抗美援朝战争正在紧张地进行。不久，他随领导到安东一带执行任务，亲眼看到了美帝国主义的飞机滥炸祖国的城镇和乡村，看到了我们当地的雷达遭受敌机干扰失去作用的情形。这些，激起了他对阶级敌人的无比仇恨。也使他进一步认识到做好雷达工作——保卫祖国空防的眼睛的重要性。于是，他下定决心：为了取得抗美援朝战争的胜利，为了祖国的国防事业，为了建设共产主义的大厦增添一砖一瓦，不管有多大困难，一定要把雷达技术学到手。从此，他便抓紧一切可能利用的时间，如饥似渴地钻研有关雷达方面的书籍、文献和资料。为革命而钻研技术，动机纯正，目的明确，这就使张履谦同志刻苦钻研技术有了牢固的思想基础和强大的动力。

边干边学，理论与实际密切结合。这是他钻研技术的一个最大特点，也是他在技术上成长较快的一个重要因素。他一参加工作，组织上就交代他解决抗美援朝战争中急需解决的雷达抗干扰任务。这对业务很生疏的张履谦同志是个巨大的压力。他反复思索着毛主席的教导：“我们不熟悉的东西正在强迫我们去做。这就是困难。……我们必须克服困难，我们必须学会自己不懂的东西。”（《论人民民主专政》）毛主席的教导鼓舞着他，对敌斗争中出现的大量问题逼着要他去解决，因此，他一开始就把对敌斗争实践、科学实验与理论学习紧密结合起来。他带着工作中迫切需要解决的问题去如饥如渴地读书，去查阅文献资料。他善于把科学实验和生活中出现的问题作为自己学习的课题，进行顽强和刻苦的钻研，例如，一九五九年至一九六〇年，他在下厂仿制生产中，结合当时的任务学习了电波在弯波导中传播的理论，取得了解决弯波导生产超差的办法；一九六一年自行设计时，他又结合当时的任务，深入地学习了脉冲技术、微波测量、微波网络、晶体混频器等技术理论，提出并指导了两个关键性课题的研制工作；近几年来，他又围绕研究雷达体制等任务，阅读了三百九十多篇资料和文献，对制订××方案起了重大作用。他深深体会到："只有跟工作结合起来，学习才有丰富的内容，才有强大的压力，才能钻得深、学得透、记得牢，提高才快。如果学习脱离了工作，就失去了意义，学习就没有压力，效果也就不会好。"他这种学习思想和学习方法，同样在他的学习规划里得到充分的反映，他以三分之二的时间，用来学习解决工作中经常出现的大量技术问题；以三分之一的时间，用来进行系统的理论学习。他认为系统的理论学习，对于一个科学技术工作者来说，无疑是十分重要的，但是不管什么时候，理论学习都必须根据工作的发展和需要来安排它的内容和重点。因为理论学习的目的是为了用、是为生产实践服务的。他说："我们是搞研究设计工作的，深钻理论十分重要。但是如果不到生产中去深入地摸，不搞大量的科学实验，不去参加实际锻炼，不取得丰富的在书本上看不到的各种实际知识，而单纯关起门来肯书本，就很难设计出新型号来，即使设计出来了，自己也没有把握。"

钻劲大，干劲足，有恒心，有毅力，是他学习技术的另一个特点。为了攻克雷达技术这座堡垒，系统的掌握雷达技术知识，他在读完了《雷达原理》以后，决定下苦功通读《雷达丛书》（这是一部多达二十八本、长达一万多页的巨著）。他在阅读这部英文原版的著作中，战胜了许多困难。起初，他看不懂，晚上看到十点多钟，就困得看不下去了，但一想起我们雷达被敌机干扰的情景，一想起工作中的问题还没有解决，一想起毛主席的教导，顿然增加了力量。继续苦读，直到深夜。星期天和节假日，为了找一个清静的学习环境，他就带几个馒头，跑到驻地附近的树林子里或小山上去读书，一读就是一天。就这样，一天两天，一个星期又一个星期，一年两年，长期地坚持着。单是读《雷达丛书》这部书，他前后就用了十二年的时间。十几年来，他一直坚持每周挤出二十小时左右的业余时间用来学习，他说："时间是挤出来的。你去挤，就有；你不挤，它不会来找你。"他的这种刻苦钻研和顽强坚持的学习精神，使不少青年同志受到教育，受到鼓舞。一九六一年春节过后，张履谦同志所在的党小组开了一次会，大家汇报节日的活动。有一些同志汇报自己看了电影，看了戏，逛了公园和商场。张履谦同志却汇报他在春节假日做了三件事：一是看了两篇有关××××的文章；二是学习了支部布置的三个文件；三是回研究室向一些没有结婚的同志讲了一次有关学习方面的故事。熟悉他的同志都说：他真有一股傻劲，是一个不知疲倦的人。时间在他眼里，真是一刻千金！

老老实实，虚心求教，不懂就问，不会就学，这是他钻研技术的又一个特点。在学习过程中，他始终遵循着毛主席的教导："知识的问题是一个科学问题，来不得半点虚伪和骄傲，决定地需要的倒是其反面——诚实和谦逊的态度。""不懂就是不懂，不要装懂。……钻进去，几个月，一年两年，三年五年，总是可以学会的。"十多年来，他总是：不会，就下苦功夫学；不懂，就虚心请教别人。那怕是一个细小的问题，也从不轻易放过。由于他的学习方向明确，方法对头，加上钻劲大，干劲足，因而成绩就比较明显。据不完全统计，从一九五六年以来，他先后在《电信科学》、《国际电信技术动态》等学术刊物上发表了八篇技术报告，写了二十多篇学习心得。这些报告和心得，对当时的工作，起了一定的指导作用。院内有的老专家认为：张履谦同志在雷达技术方面知识丰富，懂得较多，了解得广，有一定深度的理论水平，是一个技术上实践能力较强的人。

根据十多年的体会，他总结了自己刻苦钻研技术的经验：（一）服从工作需要，边干边学。也就是从实际工作出发，干什么，学什么，缺什么，补什么，结合工作，边干边学。（二）全面安排，远近结合。既要考虑当前工作，也要照顾将来需要，当前急用的应该先学，同时还要系统地学些理论，打好基础。（三）刻苦钻研，勤于思考。要有愚公移山的精神，抓紧时间，见缝插针，不怕困难，持之以恒。要有打破砂锅问到底的精神，开动脑筋，深入思考，把问题搞得水落石出。（四）抓住中心，循序渐进。要在许多问题中抓住重点，一个一个问题地解决，日积月累，按部就班，循序渐进。防止急于求成和好高骛远。（五）要处理好三个问题（家庭问题、思想问题和日常事务工作），向四个老师（毛主席著作、群众和领导、科学研究和生产实践、书本）学习和反对学习中的十大"敌人"（贪多、无计划、不虚心、不求甚解、懒惰、脱离实际、冷热病、自满、不懂装懂、思想开小差）。他总结的这些经验，对青年科学技术人员有很大启发。

深入第一线

一九六〇年八月，赫鲁晓夫修正主义集团背信弃义，撕毁协定，撤走了全部专家。十月，聂元帅在五院九级以上技术领导干部会上提出了技术骨干深入第一线的号召。张履谦同志怀着奋发图强，自力更生，争一口气的激动心情，以实际行动响应了这一号召。他用了很多功夫阅读毛主席的《实践论》，毛主席的教导："只有人们的社会实践，才是人们对于外界认识的真理性的标准。……人们要想得到工作的胜利即得到预想的结果，一定要使自己的思想合于客观外界的规律性，如果不合，就会在实践中失败。"成为他重视实践，积极深入科学研究、试验和试制生产第一线的指导思想。据不完全统计，从一九六〇年以来，他以大部分时间，用于深入科学研究、试验和试制生产第一线。罗总长在中共五院首届代表大会上的讲话中指出："任何自然科学成果都是来源于生产和科学实践的。承认这点的话，科学家除了搞论文、啃书本、搞试验外，还必须亲自参加研究、设计的活动，参加试制、生产的活动，要亲临前线。"张履谦同志正是这样做的。

深入研究、设计第一线。据一九六一年春季统计，他每周用于技术工作（参加调试、制订和讨论方案、研究技术问题、审查技术报告等）的时间为三十二至三十六小时，占整个工作时间的百分之八十到九十；用于技术行政工作（计划、布置、总结工作，参加各种技术行政工作会议等）的时间为四至八小时，占百分之十到二十。他在三室工作时狠抓××××的研制工作，在研制过程中，他非常重视掌握第一手材料，从调试测量到计算、分析数据，都是亲自动手。每当一个新的样品生产出来，他都要亲自做试验，不管工作有多忙，从不放过一次。为了从理论上解释试验中出现的新现象，他常常查看文献、资料到深夜。有一次，正好赶上星期天，他一股劲就看了十二小时的文献。为了能够和大家一道进行调试，使研究工作取得较快的进展，时间晚了，他就睡在办公室，在围攻××××的过程中，大小设计方案先后修改五十余遍，试验失败达二百多次，特别是在试验中出现了××现象真假难分的时候，更是困难重重。但他没有在困难面前退缩，而是更加谨慎细致，踏实耐心地去看文献、找原因、做试验，白天晚上，苦心探索。就这样，试验——失败——总结——再试验——再失败——再总结。在党支部的大力支持下，他和大家一道终于战胜了各种困难，找到了产生假象的原因，提出了鉴别真假××的六个条件，调出了大家渴望已久的真××，为该项课题的深入研究奠定了基础。这项课题，当时在国内和国外都还是一项新技术。这项课题的研制成功，对我们今后工作具有重大作用。今年第二季度在制订××方案时，他和领导小组同志一起，一面深入群众，发扬技术民主，集中群众智慧；一面查看文献资料，掌握了国外的××动向，认真分析了群众提出的问题，并按问题性质分别提出不同要求，组织群众加以分析论证，因而有效地指导了××方案的制订工作。由于广大群众和制订××方案领导小组其他同志的努力，也由于他本人提出了许多有益的建议和做了大量的组织工作，终于订出了一个切实可行的方案。这就为今后××型号工作的展开打下了一个良好的基础。制订××型号方案是一项十分艰巨而复杂的工作，也是总体设计师的一项重要任务。这就是要充分利用专业分队的许多先进技术成果，综合制订出一个技术上非常协调的、先进的、优质的和可靠的方案。在这次制订方案的过程中，张履谦同志又一次较好地完成了党所交给他的任务。

深入科学试验第一线。从一九六二年九月至今年三月，他先后两次深入试验场地，参加大型联合试验。在第一次大型联合试验工作中，从建立场地到进行试验工作共五个月的时间，他和大家同吃、同住、同试验、同研究。哪里发现技术难题，他就到哪里；哪里的机器发生了故障，他就在哪里同大家一道排除。有一次雷达车随动系统发生故障，当打开车上的地板，看到一个磁力启动器接触不好，大家都认为是坏了，无法解决，便下车讨论问题去了。可是，张履谦同志不放过这个“小”问题。他扒在地板上仔细测量，结果发现启动器是好的，只是表面上看来有问题。于是他又把大家找回来，继续分析、研究，终于找到了问题发生的真正原因，排除了故障，保证了试验工作的进行。在完成这项试验任务的同时，在他的具体指导下，还完成了六项研究成果。这六项成果，对今后工作的开展具有重要作用。仅就其中的一项，即×××的三化（系统化、表格化、条理化）材料。其中有一张大图，这张图的工作量是相当大的。因为×××本身的关系非常复杂，它是由两千多个电子管和数万个电阻、电容等元件组成的。在苏联是分别把它们画在一百多张图里，因此它们之间的相互关系也看不清楚。搞成一张总图以后，它们之间的相互关系就很清楚。这不仅对解决工作中的问题提供了极大的方便，也大大有利于新同志尽快熟悉和掌握×××的特点，而且为今后的设计工作提供了一定的便利条件。

深入试制生产第一线。从一九六〇年一月到一九六三年十二月，他先后到过四个试制厂和八个协作厂，其中重点在一个厂连续蹲了六个月。他到工厂时，工厂主动给他办公室他不要。他不是只停留在厂部听取大家的汇报，而是直接到车间、工段和试验室去了解情况，发现问题，掌握第一手材料。他非常重视深入现场一个车一个车（试验车）地去看、去问、去听，去试，甚至连组合面板上的调谐电位器固定得好不好，也不放过。他不但了解每个问题的现象，而且对产生每个问题的原因都了解得比较清楚。这样，就使他在解决试制生产和产品鉴定试验中提出的大量技术问题做到心中有数，提出的处理意见比较切合实际。在深入工厂期间，他共审定了由于苏联专家撤走未作交代而遗留下来的，图纸设计原则性更改命令一百五十四项，一般性更改命令四百多项，并和群众一道处理了工厂提出的大小二百多个技术难题。不仅直接促进了试制生产的进展，保证了产品的质量，而且通过生产实践的锻炼，使他获得了许多在书本上学不到的实际知识。同时，通过下厂和广大工人的接触，也增强了他对劳动人民的感情，加强了自己的思想锻炼。

几年来，由于他一贯重视深入实际、深入群众，掌握第一手材料；同时又能够紧紧围绕当前的任务，带着工作中迫切需要解决的问题去阅读文献资料和学习系统的理论知识，所以他在技术上的见解往往比较正确、比较切合实际。几年来，特别是从一九六二年下半年担任××××××主任设计师的工作以来，在党和上级的正确领导下，在各兄弟单位和协作厂的大力支持下，他和广大群众一道，解决了×××生产用的大量元件材料代用问题；对影响国产×××的精度、作用距离等质量问题进行了处理；拟订了综合试验大纲；对××试验细则（十八本三百六十二项）逐项进行了研究和审定；制订了××方案。此处，还解决了试制生产和产品鉴定中的许多复杂的技术问题，共同写出了《产品质量鉴定技术报告》、《×××试验大纲》等重要技术文件。因而，有效地推动了试制生产和试验工作的进展，较好地完成了领导上交给的任务。

他在深入试验和试制的第一线中，同兄弟单位的团结协作搞得好，也是他完成任务好的一个重要原因。今年一月到基地执行任务时，他根据去年在协作厂工作的经验提出了工作组处理问题搞好团结协作的六条原则：（一）对待别人成绩，要充分估计；（二）发现产品问题，要一丝不苟；（三）分析技术问题，要水落石出；（四）商量研究问题，要谦虚谨慎；（五）讨论分析问题，要以理服人；（六）处理解决问题，要实事求是。由于全组同志在工作中认真贯彻执行了这六条原则，所以同兄弟单位的关系搞得比较好。

他从自己的切身体会中深深感到，技术领导干部在深入第一线时要注意以下六点：（一）认清深入第一线的重大意义，要有决心深入第一线。深入第一线、直接参加具体工作，是促进工作开展的有效方法；是密切联系群众，克服官僚主义、命令主义的重大措施；也是加强思想改造，防止现代修正主义侵蚀和把自己逐步培养成为一个又红又专的无产阶级革命事业接班人的重要途径。（二）全面安排好工作。把全室的工作加以整理排队，找出重点，狠抓关键，亲自承担关键课题的工作。抓紧、抓狠，一抓到底。（三）培养干部。在抓重点时，注意培养技术骨干，充分发挥课题组长的作用，不断提高他们的科学技术水平和实际工作能力。防止包办代替。（四）深入现场，亲自动手。通过和课题组同志，同工作、同研究、同试验、同讨论等，切实掌握第一手材料，以便作出正确的判断，抓住主要矛盾，集中力量打歼灭战，一个一个地解决技术关键问题。（五）虚心向群众学习。向课题组的同志、向工人同志学习。先向他们请教，甘心做群众的小学生，然后再当先生。不要指手划脚。（六）不断总结经验。解决一个问题之后，要及时总结经验，加以推广，通过典型来指导全盘工作，以求普遍提高。

狠抓研究室的建设

张履谦同志认为技术领导干部要深入第一线，亲自解决技术关键，必须同时重视研究室的建设，建立必要的工作制度和注意培养“三敢三严”的工作作风。这样，才能为深入第一线创造有利条件，才便于促进出成果。

他开始到三室当主任时，面临着任务重，要求高，时间紧，设备缺，人员新的情况。加上当时室里既没有政工干部，又没有技术助理员，他既是室主任，又是党支部书记。技术工作、政治思想工作、器材工作和行政生活，样样都得管，工作相当忙乱。他想：党号召各级技术领导干部深入第一线，解决技术关键问题。自己这样忙乱下去，怎么得了。于是，他便带着问题去看毛主席著作，寻求解决矛盾的方法。他反复阅读毛主席的《矛盾论》，从《矛盾论》中看到“……仅仅站在那里远远地望一望，粗枝大叶地看到一点矛盾的形相，就想动手去解决矛盾（答复问题、解决纠纷、处理工作、指挥战争）。这样的做法，没有不出乱子的。”又从《中国革命战争的战略问题》中看到：“不论做什么事，不懂得那件事的情形，它的性质，它和它以外的事情的关联，就不知道那件事情的规律，就不知道如何去做，就做不好那件事。”毛主席著作给了他很大启示，就像灯塔那样照亮了他前进的道路。他便从调查研究入手，深入到工程组，摸情况，找原因。他发现过去工作忙乱的主要原因是：（一）对本室的技术任务和主要技术关键，特别是要建设成一个什么样的研究室，以及它在整个雷达系统中的作用和地位，还不清楚；（二）对本室的基本建设，为完成任务所需要的标准设备、非标准设备，以及各种仪器等，还弄不清；（三）对本室技术人员所需要掌握的专业、现有人员的技术状况和思想水平；以及将来培养的方向，心中还无数；（四）研究工作缺乏严密计划和必要的工作制度等。同时，经过调查研究，也初步掌握了本室工作的一些特点。这就是：（一）任务重，工作量大，生产周期长；（二）非标准设备多，特殊器材需要量大；（三）课题新，技术复杂；（四）人员新，缺乏经验。当把情况和原因摸清以后，他就着手抓试验室的建设、研究室的工作制度建设和作风建设。

首先，抓试验室的建设，当时，试验室所需要的各种设备和仪器都还没有，即使进行一项最简单的试验，也无法保证。怎么办？有两种办法：一种是伸手向上级要，完全依靠领导上解决；一种是发动群众，亲自动手。他采取了后一种办法。在“自力更生，发愤图强”的思想指导下，边工作，边建设。由于全室同志的努力和兄弟单位的支援，在不到两年的时间里，共建设了非标准设备六十余种、二百多项，满足了大部分试验的需要，给研究工作创造了良好条件。为了加强试验室的管理，提高试验质量，充分发挥试验工作的作用和建立正常的工作秩序，他在和群众同研究、同试验、同搞器材的过程中，总结了群众的经验，制定了试验技术管理工作“五固定”的制度。即（一）人员固定（便于深钻）；（二）任务固定（免于忙乱）；（三）设备固定（防止损坏）；（四）位置固定（建立正常秩序）；（五）记录固定（便于检查和积累资料）。

其次，抓紧研究室的制度建设，建立良好的科研工作秩序。他在三室期间，根据当时的情况，与大家共同总结并建立了《如何当专业组长》、《怎样制订专业组的工作计划》、《如何制订技术方案》、《如何找资料和看资料》、《如何进行调试》、《如何做试验记录》、《如何进行结构设计》、《如何写技术报告》、《如何排除机器故障》、《怎样使用仪表》、《如何搞器材工作》、《如何处理专业组的协作关系》、《如何开好技术讨论会》、《如何进行个人学习》、《专业组内的互助问题》、《如何指导别人》、《每个科学研究人员必须养成的作风和习惯》等十七项规定和制度。由于贯彻执行了这些规定和制度，很快就克服了工作中的忙乱现象。在试验连工作期间，他又根据群众的经验，总结并建立了搞大型联合试验行之有效的《一、三、五、二制度》。所谓一，就是试验要在统一领导下进行；三，就是在试验前要经过课题答辩、书面报告、加电前的检查三个审查关；五，就是在试验前查准备工作是否完善、查线路插接是否正确、查电源电压是否对、查仪器操作使用是否合理、查加电后果是否估计到；二，就是在试验后作两项交代：对仪器设备进行检查交代，所用资料及试验记录要整理交代。这对试验工作的进展起了很大作用。这些制度建设，他都是紧密结合科研任务进行的。通过完成任务，逐步加强研究室的建设；通过建立必要的制度和良好的工作秩序，又促进了科研任务的完成。

他还抓紧了工作作风的建设。他十分重视在工作中培养“三敢三严”作风。特别是在聂元帅报告以后，他进一步认识到：一种好的科研作风的养成，是一项基本建设，是完成任务的重要保证。在这一思想指导下，他在工作中总是踏踏实实，耐心细致，认真负责，一丝不苟。他说：“一种好的研究工作作风的养成，一切研究工作制度的建立与贯彻，主要取决于技术领导同志的以身作则。如果技术指挥员能做到用自己的行动去影响别人，那就是无声的命令”。他自己是这样做的，也要求大家这样做。他在工作中从不放过任何违背“三严”作风的现象。如在试验工作中他看到有的人不讲方法，不尊重实践，主观地凑答数；有的人事先不分析，心中无数，靠碰运气，试多少、就算多少；有的人习惯于定性分析，不作定量计算；等等。对这些现象他总是及时地严肃地向大家说明它们所带来的严重后果，然后，结合当时的具体情况，提出明确的要求。在三室工作时，他曾根据当时的情况，提出了“当家作主，勤俭节约，刻苦钻研，大胆创造，严格认真，实事求是，搞好协作，团结互助”等要求，到一室后，他又根据一室的特点增加了“积极谨慎，顾全大局”两条。这就给群众指出了一个明确的努力方向。严格要求，耐心说服，具体指导，是他培养青年科技人员养成“三敢三严”作风的一贯做法。有一次一室有两个青年同志合写了一份技术报告，写得很乱。他在审查时指出：这样的报告不合要求，没法拿出去给别人看。于是他便把他们叫来，用了一个多小时，指出三十多处不合要求的词句、符号、单位和图表，并拿出其他同志写得较好的技术报告给他们看。这件事不仅教育了这两位同志，大家知道后，也都主动进行了检查。凡是不够正规的技术报告，都主动作了更改和誊清。另一次张履谦同志发现波导组的试验记录不正规。他便在记录本上就试验记录的内容、格式、作图和结果分析等，提出了十八条意见。从此以后，试验记录就逐步走上正规。又有一次在野外做试验时，因为天冷，做试验的同志马虎了一些，线接得很乱。他在检查时发现了，立即指出：这样乱，不安全；电源线应当从下面走，信号线应当从上面走。并帮助大家按要求把线重新接好。他说，对青年技术人员应该要求严格，就像在战场上严格要求战士一样。只有平时要求严，战场上才能过得硬。他这种严格要求和耐心说服的精神，对培养大家的“三敢三严”的作风具有深刻的影响。

由于张履谦同志的重视和抓紧，随着每一项工作任务的进行和完成，研究室的各项建设也就随之前进一步。

通过工作实践，大力培养干部

培养与提高技术干部的问题，既是适应当前研制工作进展的迫切需要，又是在科研战线上培养革命接班人的问题。张履谦同志在实际工作中，也深切地体会到“像×××这样复杂的尖端技术，没有大批的技术专家是不行的。”他在自己的工作本上曾写下了这样的话：“培养干部是党交给我的任务”，“必须结合工作，采取一切办法，提高干部水平。”“培养出来的干部，必须是既有政治觉悟，又有技术水平；既有技术理论，又有实际知识；既能自己动手，又能组织别人。”这就是他对培养干部的认识和要求。一九六〇年，聂元帅号召技术领导干部要“提高自己，培养后辈”。他积极响应了这一号召。他在加速新生力量成长方面，做出了明显的成绩。

张云龙同志是一九六〇年回国参加工作的留苏生。在组织的培养和张履谦同志的具体带领下，技术上进步很快，能较好承担和完成工作任务。国产的××××，技术较新，负责工作的十多位同志，以前都没有接触过。张云龙同志具体地组织大家边干边学，不到一个月，就提前完成了任务。他写的技术报告质量较高。他在三室举行的技术报告会上提出了两篇技术报告。其中一篇是他同别人合写的“高功率微波滤波器”，被评为一等。这两篇报告，在一九六二年全国电子学会上引起了到会专家们的极大兴趣。

王大志同志是一九六〇年提前毕业的大学生，技术底子较薄。原来是计划科助理员，一九六二年八月调到一室。在张履谦同志的培养下，已经成为一个能够独立承担试验工作的工程组长，是一室完成试验任务的主要骨干。

一九六二年七月当张履谦离开三室时，技术方面进步速度类似张云龙的有七人。一九五九年以前参加工作的同志，绝大部分成了技术骨干；一九六〇年以后来院的五十六人中，已有二十二人（约占40%）具备了不同程度的独立工作能力；室内所需要的高频放大、频率稳定、波导元件等九个方面的人才，有八个方面适应了工作要求。因此，领导上和同志们都说：三室是出干部出人才的地方。

试验连在九个月内，在完成任务的同时，培养了两套总调和专业人才（四十八人）。其中一部分同志，去年在执行×××鉴定试验任务过程中，曾解决了工厂提出的二百多个技术问题（有的是苏联专家撤走时遗留下来的），较好地完成了任务，工厂反映较好。

张履谦同志调到一室后，一室任务要求比较高，人员比较新。全室四十七名大专学生中，一九五九年毕业的二人，一九六〇年毕业的六人，其余都是一九六一年以后毕业的。试验、设计、理论三套人材成长得较快。其中试验人员从一九六三年五月起，已经能够独立完成试验任务。

取得这些成绩，原因是多方面的。但张履谦同志善于结合工作，从实践中培养干部，起了很大的作用。

他培养干部最大的特点，就是遵照毛主席关于理论与实践相结合的教导，把干和学紧密地结合起来。他强调在出成果中出人材，又要重视人材的培养，促进更快更好地出成果。他强调通过工作实践，提高大家的水平。他说："必须亲自动手去干，去实践，学到的知识才能巩固。"他每调到一个单位，就通过深入的调查研究，全面地了解这个单位的工作和情况，对培养干部作通盘打算。把本单位当前和今后工作任务的需要，现有技术人员的水平和特点，作为培养干部的出发点，将干部按工作和专业配起套来。使他们方向明确，任务具体，有计划地领导大家在完成工作任务中，边干边学，及时总结经验，吸取教训，得到真正的锻炼和提高。他培养的具体方法是：

（一）坚持下厂仿制，过好实物关。一九五九年开始仿制×××设备，他以极大的热情，带领大批人员下厂，参加仿制生产。一九六〇年转入自行设计，有的研究室过多地撤回了下厂的骨干。而张履谦同志认为，通过仿制和摸透×××，把它的技术真正掌握了，才能提出改进意见，才能举一反三，这样，就有可能培养出一支坚强的技术队伍，为自行设计奠定良好的基础。因此，他始终保持了四十人（大学生二十一，中技生十九）在工厂。这些同志参加了仿制生产的实践锻炼，逐步成长为研制中的主要技术力量。其他室的领导同志事后反映：张履谦看得远，看得准，抓下厂仿制抓对了。他在一室，把“过实物关”作为培养技术干部的重要途径。凡是调来的新同志，首先都要到机器上去接触实物。全室六十五人中，有六十二人参加过试验连或机器的调试工作。经过实际锻炼，大家反映，学的东西消化快，记得清，记得牢，这几个月胜过两、三年。有的同志说，过去不熟悉的东西，现在掌握了，过去熟悉的东西，现在理解得更深刻更全面了。凡是经过实际工作锻炼的同志，提出的方案就比较接近实际，有较高的水平。同那些只跑图书馆、只有书本知识，没有实践知识的人提出的方案相比，成了鲜明的对照。

（二）采取“带、帮、放”的办法。带，就是带着干，做给你看，教你知道是什么、为什么、怎样处理；帮，就是提出要求，让你干，在干的过程中进行具体帮助，有缺点指出纠正，做得对做得好的及时表扬；放，就是指点方向，交代原则，提出要求，大胆放手让你干。他要求工程组长带专业组长，大学生带中技生，老同志带新同志。自己则有重点地培养技术骨干。他说，培养技术骨干是培养干部的一个重点，特别是工程组长和技术助理员。如果他们缺乏独立工作能力，必然什么事都来找室主任，室主任就很难摆脱事务、深入第一线。他根据骨干的特点和水平，具体帮助他们订出学习计划。通过指出方向，明确重点，启发自觉，严格要求，带着他们在完成工作任务中，逐步使学习计划得到实现。张云龙等同志，就是他带出来的。他用同样方法，培养了技术助理员谭国林，成为自己的得力助手。今年三月份，在基地执行任务时，工厂提出四十七个技术问题。他出主意，当参谋，事先组织大家研究，统一了看法和处理意见，让副主任和各组长出面，在会上作解答。这样，使他们得到了锻炼，提高了工作信心，有利于工作的开展。他说：培养干部和教小孩走路差不多，开始必须领着他走，以后可以站在旁边看他走，少扶两下，最后只要指出方向，他自己就可以走了。

（三）组织各种科学技术报告会和各种专业讲座。他在三室时，从一九六一年下半年到一九六二年八月共举办了两次全室范围的大型技术报告会，主要是进行干部技术考核，检查科研成果，评定技术报告。工程组每月举行一次小型报告会，主要是介绍工作成果，推广先进经验。前后共组织了四十多次小型报告会和两次大型技术报告会，评了三十七篇技术报告，评为一等的一篇，二等的八篇。他还根据大部分同志在工作中遇到的困难和要求，组织了“微波技术”、“脉冲技术”等专业讲座。每月一次，聘请骨干讲课。对中技生组织了基础课讲座。平时，还通过调查，发现学习中的问题，以介绍亲身体会、组织学习较好的同志介绍经验等方法来进行示范教育，及时进行指导。这样就培养研究室有浓厚的学术空气，促使大家更快地熟悉业务。

（四）抓基本训练。技术人员的基本功，有如战士二百米内的过硬本领一样，是非常重要的。因此，他把基本训练，作为培养干部的一个重要环节。根据工作中的体会，他在三室时归纳了试验人员的十项基本功：算——掌握工程分析计算方法，能正确处理实验数据；绘——掌握工程设计图纸的绘制技术与熟悉图样管理制度；摆——调试时，能正确摆置仪表，特别是微波仪表；接——仪表及设备的电路接线正确、合理、迅速；焊——正确牢靠地焊接线路、元件；调——掌握仪表性能和使用特点。正确进行调试；读——正确判读仪表数据；记——正确记录实验原始数据；校——能校正仪表，掌握仪表计量知识；修——能进行一般仪器修理。排除试验设备的故障。在一室，他又根据一室的特点，归纳了八项基本功：即三项基础（专业、外文、数学）和五项功夫（实物、实验、写作、计算、制图）。他要求大家苦学苦练，争取有熟练的本领。同时要学好外文。他说：学好外文，才能使毛主席的指示“充分利用资本主义国家的科学研究成果”贯彻到我们的实际工作中去。并以专题讲座、交流经验、参观访问、轮训等方法，使基本训练得到落实。如在试验连，八名总调人员，起初做十个项目的功能检查，需要四小时，经过基本功的训练，最后只要二十分钟就行了。

（五）组织学习毛主席著作，进行具体帮助。许多同志出校门不久，没有工作经验。有个专业组成立了，还不知干什么，怎样干，张履谦同志就耐心地由浅入深地向他们讲了雷达发展趋势及尖端技术对雷达的要求，引导大家思考问题。使大家知道了怎样开展工作。一九六三年十月，在工厂执行任务时，他发现几个组长的工作方法有问题。尽管当时工作很忙。还是挤出一个晚上的时间，领导大家学习毛主席的《党委会的工作方法》，并亲自讲解。结合自己的体会，告诉大家如何当好“班长”，如何学会“弹钢琴”，怎样做到“心中有数”。几个组长学习后反映：张主任领导我们学习这篇文章，非常实际，收获很大。即使在室务会上，他也不放过机会，经常谈自己的工作和学习的体会。建议、督促大家去看一些好文章。因此，大家感到参加室务会，不仅是办公会，解决了工作中的疑难；而且是学习会，学习了许多新知识。

通过这些实践，张履谦对培养干部的深刻体会是：关键在于抓好以下五个问题：(一) 全面规划。按照培养共产主义事业接班人的要求和本室当前及今后任务，将全室干部按工作与专业配套，使全室干部培养的方向明确，重点突出。(二) 严格要求。既要在技术方面有严格的要求，又要在政治上有严格的要求，使他们沿着又红又专的道路前进。(三) 具体指导。根据每个人的特点和工作需要，结合工作实践给予具体指导，一般培养与重点培养相结合，帮助他们不断提高技术水平。(四) 联系实际。让技术干部在生产、试验、使用等实际工作中锻炼，在群众活动中锻炼，将理论与实际紧密结合起来，防止脱离实际，脱离群众。(五) 考核鉴定。通过课题任务的鉴定，进行干部考核；通过鉴定，不断启发干部自觉，不断提出新的要求，使他们踏踏实实，不断前进。

依靠组织，依靠群众

长期以来，张履谦同志在工作中牢牢记住毛主席的教导："我们应当相信群众，我们应当相信党，这是两条根本的原理。如果怀疑这两条原理，那就什么事也做不成了。"(《关于农业合作化问题》) 他说："要做好室主任的工作，依靠党委的领导、依靠党支部的保证，是一个很重要的方面。"

他能主动争取组织的领导和监督。不管工作多忙，在一定时间内，或工作告一段落，他总是积极主动向组织汇报自己的工作、思想和生活等情况。正因为这样，他能及时得到领导的指示和支持，工作方向明确，能比较快地克服困难。今年年初在基地进行试验时，试验人员来自院内外好多个单位，看问题的角度不同，各单位又存在许多具体情况。对基地提出的试验细则，分歧意见很大。分歧意见不解决，试验就不能顺利进行，于是他便根据基地首长指示并和基地同志一道把详细情况及时地向四机部王部长作了汇报。王部长听了汇报后，给了他明确的指示："基地负责试验工作的组织领导，你负责解决技术问题。"怎样才能使首长的指示不成为单纯的行政命令而真正落实呢？他和大家一道花了十天时间，把十八本、三百六十二项试验细则，逐条认真研究，提出了四条取舍的原则。根据这些原则，增加了十六项，减去了十多项，统一了认识，最后经上级批准实施，从而保证了试验工作的顺利展开。

他紧紧依靠党的直接领导，依靠党支部的保证与支持，进行和完成了各种任务。如他在三室时，在党支部的具体保证和做好思想工作的前提下，与室的干部拧成一股劲，建立了一个以主任、指导员为首。工程组长为骨干的技术领导核心。他们以互相通气、互相学习、互相关心、互相支持、互相体谅，来统一思想和行动。发挥在技术工作中的领导作用。三个正副主任在分头管好三个工程组的同时，各有侧重地抓干部培养。党支部委员会除明确分工要求他（副支书）做好技术工作外，还设法减少他的技术行政事务。当时的室政委康治平同志，协助他安排工作计划，处理行政，器材、技术安全等方面的问题，甚至连《工作通讯》、《北京工作》等刊物，都给他标出重点，或者向他介绍文件的中心内容，保证他有更多的时间做技术工作。这些使张履谦同志深有感受。他说："如果不依靠组织，如果没有上级的领导和支部的保证，我是无法做好室主任工作的。"

依靠群众，走群众路线是张履谦同志做好工作的又一个重要方面。他把毛主席在《党委会的工作方法》一文中如何当"班长"的指示，作为领导工作的指南。他说："当好'班长'，在我来说就是如何当好技术指挥员，如何下决心把全室同志的力量调动起来的问题。""一个室的工作很多，任务很重，光靠少数人是不行的，必须依靠群众，调动各方面的积极因素，群策群力，才能完成任务"。

他有很好的民主作风，善于虚心倾听群众的意见。不论大会、小会、汇报工作，不管群众意见多长，他总是认真听、仔细记，从不打断别人的发言，也不轻易下结论。他说："群众有意见是否愿意提，关键在于领导上是否虚心。打断别人发言，抢着回答问题，对事实不符的立刻反驳，对爱提意见的人持有不同看法等，都会挫伤群众积极性，应该坚决避免"。讨论技术问题时，他启发大家开动脑筋、各抒己见。设身处地去解释那些虽然正确但暂时还做不到的意见；耐心说服那些不正确的意见；条件允许时，积极试验那些有分歧，但不能肯定是否正确的意见；坚决采纳那怕只有一点可取的合理意见。有一次讨论××方案，对其中的一个技术关键问题的处理，有个同志提出不同于众人的见解。当时，大家都反对，说行不通，不愿他继续往下说。张履谦同志则要求大家静听这位同志的发言。等他讲完后，一面给予鼓励，一面肯定他的意见有道理。经过试验，证明是正确的。采纳了这位同志的意见，不但解决了一个技术关键，还给大家上了一堂深刻的技术民主课。聂元帅指示过："在技术问题上，有时少数人甚至个别人的意见比多数人的意见更正确。"因此，学会善于听取各种不同意见，尊重少数人以至人别人的意见，是技术指挥员在技术问题上能够集思广益的一个关键。同志们反映，在张主任面前，心里有什么想法告诉了他，心情才舒畅。有的同志说，张主任能这样谦虚听取大家的意见，我们这些青年人更需要这样做了。此后，组里讨论问题时，就很少发生你不服我，我不服你，互相争吵等不团结现象。研究室里，相互尊重，相互商量，取长补短，寻求更完整的结论的风气，在张履谦同志的模范行动影响下，便逐渐培养起来了。

他始终坚持了从群众中来、到群众中去的原则。在三室时，对环行器、波导元件等，都是经过讨论，在采纳了同志们正确意见的基础上定下来的。在试制某项设备时，由于线路设计室、结构设计室和车间互不了解意图，往返转递，第一次就搞了半年。后来，他采取了电讯、结构、工艺三结合，领导、设计人员、工人三结合的方法，彼此了解意图和困难，统一了认识，调动了群众的积极性，使试制时间缩短到一个月。最近制订的××方案，又是一个贯彻群众路线的例子。他与许多同志一样，认为提方案必须走群众路线，不能由少数人冷冷清清地搞。他概括上级指示精神，结合本单位实际情况，提出了一个体制和采用十条新技术的意见。部里成立的型号领导小组，由设计部李蕴滋主任担任组长，陈敬熊副主任和他担任副组长，广泛发动了群众。他在发动群众过程中，做了大量的工作。群众一发动，办法就出来了。连同张履谦同志提的方案和意见在内，共提出了六十个方案四十八条意见。通过分析论证，提高、归纳为三十条意见。四个方案。这样上下结合，经过三个多月的努力，最后确定并经上级审批的××方案，从目前来看，是比较切实可行的。这个方案是有组织有领导开展技术民主的产物，是群众智慧的结晶。他经常说："群众的智慧是无穷的，有很多东西自己想不出来，是经过大家集思广益得到圆满解决的。我个人只有和群众结合在一起，才能起到一点作用。"

他虚心向群众学习，汲取养分充实自己，改进领导。他牢记毛主席的教导：共产党员"每天都是民众的教师，但又每天都是民众的学生。""先做学生，然后再做先生"，并按此去做。试验连有五辆试验车，他原来只熟悉其中的一辆车，经过向群众学习，他能全部掌握了，有利于指导大家。有一次他发现有五个人搞一项试验，三天还没有完成；而另一次，只有一个同志一天就完成了。他抓住这两个事实，对比分析，总结了经验教训，从而大大缩短了试验时间，平时在工作中，他经常用卡片向同志们征求意见，适时指导群众总结点滴经验，在迅速推广的同时，加以综合提高，形成种种制度，坚持贯彻，加强了研究室建设，促进了技术工作。

思想领先，以身作则

张履谦同志不但是一个优秀的基层技术指挥员，而且也是一个出色的基层政治工作人员。他在技术工作中，能以政治统帅业务，以思想工作为动力，充分调动群众的积极因素。他说："技术工作和思想工作是不能截然分开的。平时在工作中常常遇到许多思想问题，这些思想问题如果不及时解决，就会影响技术工作的进展和质量。思想工作做好了。群众思想通了，积极性就高，技术工作就好做了。"

他很重视启发大家学习毛主席著作，用毛泽东思想来指导科研活动。有些同志在制订方案和确定课题时，常常不是客观地全面地去观察问题。分析它们的内部联系，寻找它们的特点和规律。他便引用毛主席在《矛盾论》中的有关论述教育大家，并身体力行，做出榜样。在总结工作时，也引用毛主席的有关论述，说明问题。遇到同志们在工作和思想上有了问题，他或者把自己学习毛主席著作的体会讲给大家听。或者指定一篇毛主席著作叫大家去读，要求大家按毛主席的指示解决自己的问题。这些都取得了良好的效果。

他在布置工作时，不光是交代任务，而且是结合思想情况讲形势。把工作任务、当前形势、上级指示、现实思想四者紧密地结合起来，激发大家的政治责任感和工作积极性。在试验连时，完成六项成果是某工程主要任务之一。起初大家对这项工作有不同的看法，特别是对×××资料的系统化、条理化、表格化工作有抵触。张履谦同志针对这些反映，作了深入的动员。说明在当前国内外新形势下，加速仿制×××的重要性，全国人民，全世界人民的眼睛都望着我们，我们的责任十分重大。说明完成六项成果，是解决仿制工作中的问题。仿制出×××设备，是熟悉基本功和积累资料最重要的方法。并且讲了完成任务的具体方法和步骤。同志们经过动员，深深感到"自己的工作是和国家任务紧密连在一起的"，"非常重要，压力很大，非搞好不可”。这样就大大激发了大家的革命热情，为出色地完成这项任务奠定了良好的思想基础。

张履谦同志能抓住国内外形势变化的时机，及时教育大家以新的姿态去对待。一九六〇年秋天，苏联修正主义集团背信弃义地撤走了全部专家。严重影响了我们的工作。张履谦同志参加聂元帅召集的座谈会回来；就对工程组长进行了教育。他激动地说：“帝国主义欺负我们。修正主义也欺负我们。他们可以从技术资料上、物质上封锁我们，但是我们的革命意志和智慧是封锁不住的。我们一定要积极响应党的自力更生、发愤图强的号召，早日拿出成果来。”他的话扣响了同志们的心弦，大家感到“自己的双肩突然沉重起来”，恨不得早日搞出自己的东西来。

在技术工作过程的各个阶段，会出现大量的活思想。这些活思想不解决，就会阻碍技术工作的进行。因此，张履谦同志把解决这些活思想，作为解决技术难关和完成技术任务的一种重要手段。一九六〇年十月，他领导一些同志突击一项新课题。这项课题是近几年来国际上的新技术。当时他们只有一本关于这项技术原理的书，试验室里只有几张三屉桌和一块电源接线板。参加课题的同志，刚出校门不久，有的连这项技术的原理还没有搞清楚。因此，大家感到“挺胆怯”，要攻克技术关键，首先必须解决思想认识问题。于是张履谦同志向大家讲清完成这项课题的意义和作用，介绍了国内有关的研究情况，指出了工作的有利条件。教育大家在战略上藐视困难，在战术上重视困难；要有雄心壮志，外国人有的东西我们要有，外国人没有的东西我们也要有。还组织大家学习《实践论》明确了正确的认识来源于实践，必须干字当头，苦干实干加巧干。于是大家精神振奋，干劲倍增，都以“不入虎穴，焉得虎子”的勇气和决心，从事紧张的准备工作。经过一个月的辛勤劳动，准备工作初步就绪了。大家满怀信心，以为一个季度可以完成任务。但三个月之后，并没有理想的结果，因此产生了急躁情绪，信心也有些动摇。张履谦同志在指导员的大力协同下，一面作技术分析，一面说明科学试验有失败是正常的。如“六〇六”就是经过六百多次试验；常用的红药水，也是经过二百二十次试验，才获得成功。以此鼓励大家百折不挠，再接再厉。还针对有的同志试验不讲究方法，主观凑答数，提出了“严格要求，实事求是”。同时，继续与大家一起试验，表现了异常的认真、耐心与冷静。有一次一夜之间换了四十多个元件，还看不出效果。在这种情况下，他还是和颜悦色地安慰大家：“别忙，不要急，慢慢来。”事后有的同志反映：“我看张主任那样沉着、和气，心也定了。如果他发了脾气，我们不知会急成什么样子呢！”在困难面前，指挥员的镇静和鼓励，成了最好的思想工作，产生了巨大的动力。大家头脑清醒了，完成任务的信心也就增强。边试验、边分析、边外出取经。一次次失败，一次次改进。经过二百多次试验，在一九六一年五月，终于拿到了初步成果。这是技术工作的胜利，也是政治思想工作的胜利。说明一个技术指挥员在带领群众攻克技术关键中，把思想工作、技术组织工作与技术指导紧密结合起来，就能取得显著的成绩。

他还善于现身说法，启发自觉，循循善诱，将思想工作做到人的心坎里去。有些青年同志在学习上好高骛远，在工作上不够踏实。他经常教育他们要干什么，爱什么，学什么，专什么；学习与工作结合起来。踏踏实实、一点一滴、一个问题一个问题地学深学透，积少成多。有的人身在福中不知福，他用新旧社会对比，以自己的亲身经历告诉大家：“解放前，大学毕业就是失业。而现在，党不仅安排了每个人的工作，各方面的条件都很好。我刚从大学毕业，国家就安排好我的工作，我深受感动。当时看到我国的工业、科学技术水平很落后，就下决心苦干十年，很好地为新中国服务。十年很快过去了。十年显得太短了，许多问题还只了解个皮毛。现在，我决心刻苦学习一辈子，埋头苦干一辈子”。以此勉励大家热爱新社会，激发上进心，搞好工作，更快地赶上世界先进水平。有些人认为总体工作周期长，不容易出成果。他便对他们说：“什么叫出成果？出色地完成党给的工作任务，就是出成果。我们应该学习雷锋同志的精神，不要光想发表几篇论文，出出风头，做那些表面上出头露面的工作。”有些同志嫌试验连工作艰苦，离城又远，“没有戏院、电影院，星期天不好过……”。张履谦同志却说：“这里学习条件是最好的：有东西可学；没有商店和电影院，也没有马路，环境安静，思想杂念少；宿舍离饭堂很近，少跑路，可以抽出更多的时间来学习。大家应该趁年青力壮、精力旺盛的时期，抓紧时间，刻苦学习，打好基础。机不可失，时不再来啊！”而且自己就是这样去做。从此以后，情况不同了。原来认为“星期天在那里过没有意思”，总想回分院玩玩的同志，也觉得“没事回分院游游逛逛，才真正没有意思，应该在这里多看些书”。以前试验连的专用班车，每周开回分院时，人总是挤得满满的，以后每两周开一次，还是没有几个人。有的同志星期六在分院办完事，也要赶回试验连过星期天。

为什么张履谦同志做思想工作有说服力呢？这与他把自己看成是普通劳动者，处处以身作则，把言教建立在牢固的身教基础上，与群众打成一片，是紧紧关联着的，冬季野外作业，寒风刺骨，他自己拿着十磅重的大铁锤，与大家轮流往冻土上打下几尺深的大铁桩。在工作上怎样要求大家，他自己首先就怎样做，做出样板来，这样，大家就容易接受他的话。在其他方面，同样是大家的表率。他平时住在集体宿舍里，一有空，就找大家谈心拉家常；谁要是病了，他一知道就去问寒问暖，关怀备至。有人刚结了婚，却想搞小炉小灶，他就诚恳地劝导他："自己起伙看来不是件大事，但可怕的是养成习惯和兴趣。生活上兴趣浓了，必然会妨碍钻研技术；到那时，后悔就晚了。"终于说服了这位同志。今年一月份，他率领一些同志乘火车去基地，快到基地时，要下车走一段路再换车。连续五昼夜的旅途生活，大家感到很疲乏，都把个人的东西，放在公物托运车上托运，自己空着手走。张履谦同志却披起大衣，扛着两大包书，提着自己的东西，鼓足精神去办转车手续。在基地协作期间，天气很冷，常常是零下二十摄氏度，从宿舍往返试验场地，他总是和大家一起乘坐敞蓬汽车。连驾驶室都不坐。同志们看了张履谦同志以上表现，既惭愧又感动，说："张主任处处是我们的榜样，他不仅是刻苦钻研的模范，在生活上也是我们的榜样。"

张履谦同志的先进事迹，给了我们一些什么重要的启示呢？

第一，要努力学好毛泽东思想。正如罗总长所指出的："凡是已经成长起来的英雄模范人物，没有一个不是由于认真学习毛主席著作，认真按毛主席指示办事而长成的"（一九六三年七月在军委办公会议扩大会议上的讲话）。张履谦同志之所以能够较快较好地成长起来，根本的原因是由于他活学活用毛主席著作，用毛泽东思想把自己武装起来。张履谦同志学习毛主席著作也是有一个由不自觉到自觉、由不经常到经常、由学得不好到学得比较好的发展过程的。开始，他对毛主席著作只是一般地进行学习。通过一九五一年三反整党和学习党史，使他进一步认识到毛泽东思想的伟大和学习毛主席著作的重要。《关于加强军队政治思想工作的决议》、反修斗争、《关于自然科学工作中若干政策问题的请示报告》和中央的批示等学习，都是张履谦同志前进道路上的转折点。从此，他学习毛主席著作的自觉性更提高了，活学活用，学用结合的方法运用得更好了，学习的效果也更显著了。学习毛主席著作，使张履谦同志提高了阶级觉悟，树立了革命的世界观，增强了克服困难、攀登科学技术高峰的决心，把革命干劲与科学精神，敢想敢说敢干与严肃、严密、严格的作风更好地结合了起来。从而逐步掌握了科学研究工作的规律，不断改进了工作。张履谦同志学习毛主席著作，有三个显著的特点：第一，目的明确，感情深厚。他把学习建立在“坚定的纯洁的无产阶级的立场和理想、革命到底的决心和革命斗争实践”的基础上，学习的动机纯正，态度老实，因此，就比较容易理解和掌握毛泽东思想。第二，活学活用、学用结合。他把学习毛主席著作与改造思想改进工作，与贯彻执行党和上级的方针、政策、指示，与学习时事、认清当前国内外形势紧密的结合起来。第三，抓住重点，学深学透。他每次读毛主席著作，都把最有启发的一点抓住不放，学深学透，并运用到工作中去。学一点，用一点。他把学习毛主席著作的体会归纳为“抓住问题，认真精读，深入思考，反复实践”四句话。张履谦同志学习毛主席著作的过程，就是不断改造思想，促进思想革命化的过程，就是不断改进工作作风和工作方法，促进工作科学化的过程，就是在又红又专的道路上逐步成长的过程，这个过程也是每个科学技术人员又红又专的必经之路。

第二，要到斗争实践中去锻炼成长。毛主席在谈到知识分子的改造问题时说：“我们的国家机关工作人员、文学家、艺术家、教员和科学研究人员，都应该尽可能地利用各种机会接近工人农民。”“知识分子如果同工农群众结合，和他们做了朋友，就可以把他们从书本上学来的马克思主义变成自己的东西。学习马克思主义，不但要从书本上学，主要地还要通过阶级斗争、工作实践和接近工农群众，才能真正学到。”（《在中国共产党全国宣传工作会议上的讲话》）张履谦同志正是朝着这个方向努力的。他在学校念书时就在党的领导下，参加过反对美蒋的革命的学生运动，也参加过农村医疗队、职工夜校和石景山钢铁厂工人教育等工作，使他有机会接触工人、农民。听了工人对旧社会的控诉，这对他分清敌我，明确立场，解决站在哪一边，依靠谁这个革命化的根本问题，起了重要作用。他入伍后，又参加了抗美援朝和福建前线反对蒋匪骚扰的实际斗争锻炼，较长时期在解放军这个大熔炉中熔炼，受到周围许多老干部的深刻教育和影响，在三反五反、整党、整风反右等历次政治运动中，他既是积极参加者，又是基层的领导者。这样，就使党和军队的优良传统作风逐渐在他身上扎下了根，就为他锻炼成为一个又红又专的基层技术领导干部和把我党我军的优良传统作风运用到科学技术工作中去创造了有利条件。张履谦同志在担任技术领导工作以后，以大量的时间以普通劳动者的身份深入研究、设计、试验、生产前线，这不但使他获得了丰富的实践知识和经验，而且又进一步改造了自己的主观世界。罗总长说："不亲临前线的科学家，不能说是很革命的，也不能算很有出息的，是不可能不断前进，不断提高的。"（在中共五院首届代表大会上的讲话）张履谦的先进事迹证明了罗总长的指示是完全正确的。要成为一个又红又专的科学技术工作者，必须自觉地积极参加阶级斗争、生产斗争和科学实验的三大革命运动，时刻不离研究、设计、试验、生产的第一线，不断的锻炼，永远前进。

第三，要正确处理政治与技术、理论与实践、工作与学习、集体与个人的关系。这些是科学技术干部在思想改造和日常工作中经常遇到的问题。在处理这些问题中人们不断得到改造。而这些问题处理的好不好，也反映了一个人思想改造的程度。张履谦同志是怎样处理这些问题的呢？在政治与技术的关系上，他既明确技术应该为无产阶级政治服务，为党的国防建设事业服务，技术必须由政治统帅，而不是把技术当作自己的私有财产，当作牟取个人名利的资本和手段。所以他十分重视政治，重视自己的思想改造，重视做人的工作，所以他有坚强的共产主义的事业心和远大的革命抱负。同时，他又明确作为一个科学技术工作者，必须通过自己的专业实践活动，努力拿出科学技术成果来为政治服务。红必须落实在专上。所以，他又十分重视技术，他把专建立在牢固的红的基础上，使专有明确的目的，正确的方向，无穷的动力。所以，他能排除万难，刻苦钻研，率领大家攻克尖端技术。张履谦同志作为一个毛泽东时代的科学技术工作者，他首先是一个革命者。他处处以毛泽东思想为指针，坚持"四个第一"，把革命精神与科学方法正确地结合起来，把政治挂帅，思想领先，依靠组织，深入实际，调查研究，发扬民主，走群众路线等党的优良传统作风运用到技术工作中去，所以把工作做好了。张履谦同志既是一个好党员、又是刻苦钻研技术的模范，做到了政治与技术、红与专的统一。

在理论与实践的关系上，张履谦同志始终坚持把实践摆在第一位，同时又十分重视在实践中不断总结经验，学习理论。他从一参军就投入了雷达抗干扰的对敌斗争，以后又进行型号仿制和自行设计工作。他在这个过程中，不但做了许多组织工作，而且亲自进行了大量的科学实验，他带着对敌斗争、工作任务和科学实验中的问题去深钻理论，又用这些理论去解决工作中的问题，指导实践。他把不断的科学实验、完成工作任务与理论学习紧密地结合在一起，活学活用，学用一致。他把自己的理论知识建立在有丰富实践经验的基础上。在理论学习中，他又以主要力量钻研当前迫切需要解决的问题，同时以一部分力量照顾将来的发展需要，做到了远近结合，专博结合，做到了理论与实践的一致。

在工作与学习的关系上，张履谦同志明确学习是为了工作，要工作好又必须学习好，他把学习看作是为了完成党的任务必不可少的手段。工作是为了党的需要，学习也是为了党的需要，而不是单纯为了长知识，更不是为了个人名利。他把工作、学习和党的需要融合在一起，因此他既做到工作好，又做到学习好。他既重视书本的学习，更重视在工作中学习。通过工作，发现问题，认真解决，总结经验，善于向别人的优点虚心学习，这是他一个很重要的特点。他既不因为工作繁忙而放松学习，也不离开工作去关门看书，做到了工作与学习的统一。

张履谦同志所以能把上述各方面的关系处理好，归根到底，关键还是在于思想革命化。是由于他树立了革命的世界观，战胜了资产阶级个人主义，明确解决了为谁工作和生活的目的是什么，他坚决做一个无产阶级的知识分子，坚决不走资产阶级专家的道路。他把个人利益放在集体利益之下，把小我融合于大我之中，时刻警惕资产阶级思想的侵蚀。因此，他胸怀开阔，光明磊落，生气勃勃，公而忘私。他把自己放在群众之中，虚心从群众智慧中汲取营养，滋养自己。他有较高的改造思想的革命自觉，处处以党员的高标准严格要求自己，加上组织的教育，同志的帮助，所以能够正确地处理集体与个人的关系。

张履谦同志的先进事迹生动地说明了：生长在社会主义新中国的知识青年，只要听从党的教导，自觉地以毛泽东思想武装自己，不断地加强思想改造投入到三大革命运动中去锻炼，深入实际，联系群众，刻苦钻研，顽强努力，就能够在革命化的大道上向前迈进，成为一个又红又专的科学技术干部。

（国防部第五研究院供稿）

附录四

张履谦书法作品选登*

【祖国篇】

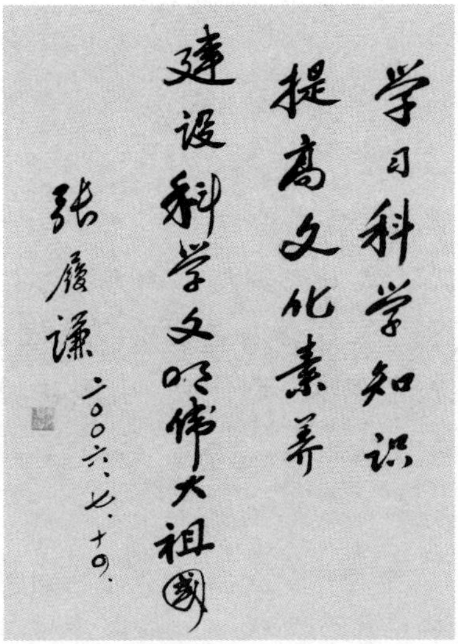

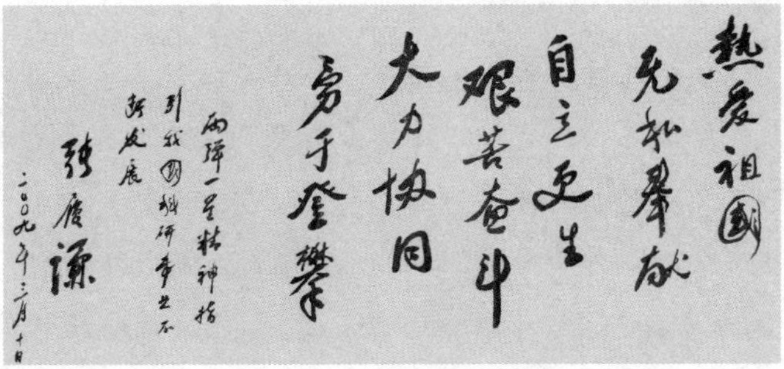

* 书法是一种艺术，科技与艺术结合，创新社会精神文明；书法畅舒胸怀，以此激励人生。

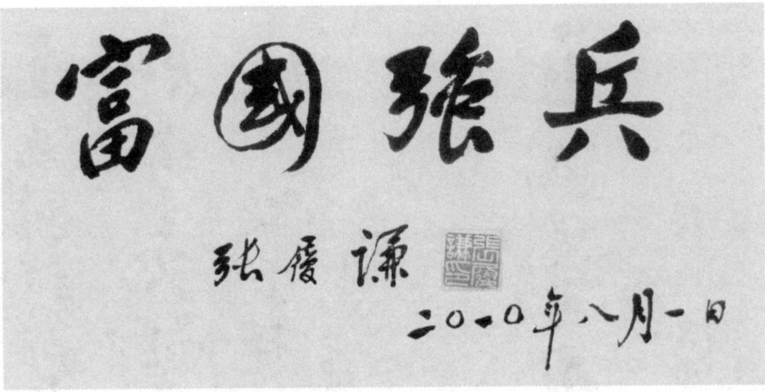
富國强兵
张履谦
二〇一〇年八月一日

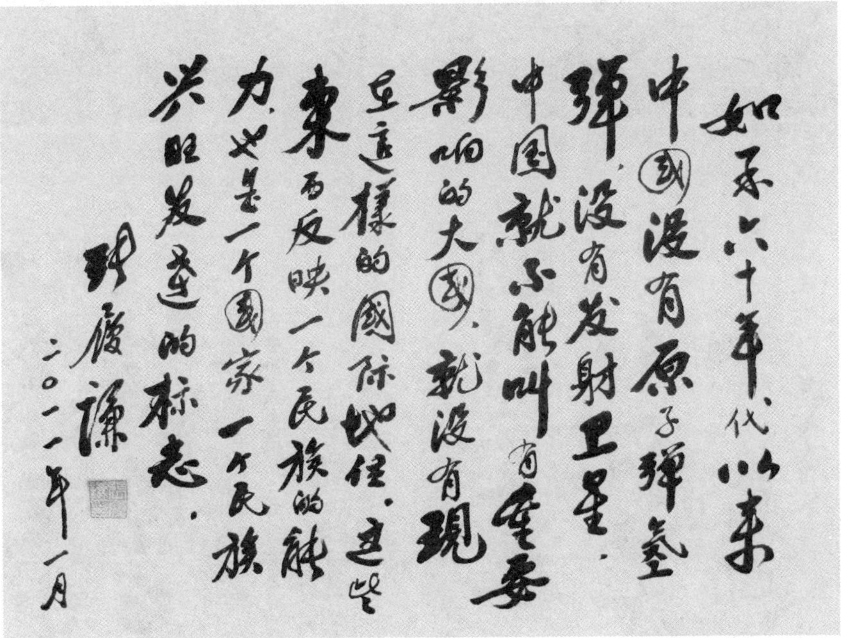
如果六十年代以来
中國没有原子彈氫
彈、没有发射卫星、
中國就不能叫有重要
影响的大國、就没有現
在這樣的國际地位。這些
東西反映一个民族的能
力、也是一个國家一个民族
兴旺发达的标志。
张履谦
二〇一一年一月

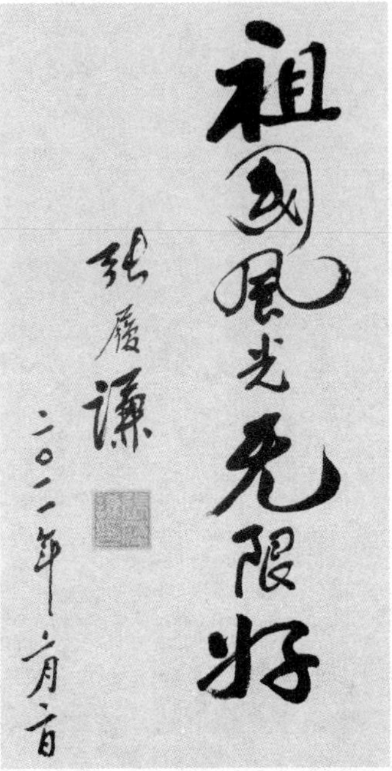
祖国风光无限好
張履謙

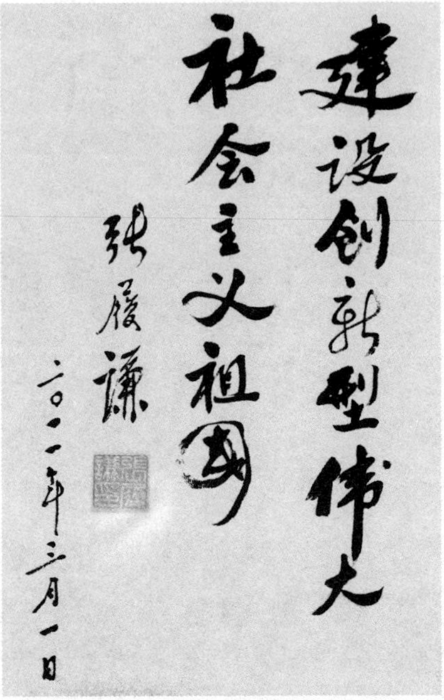
建设创新型伟大社会主义祖国
張履謙

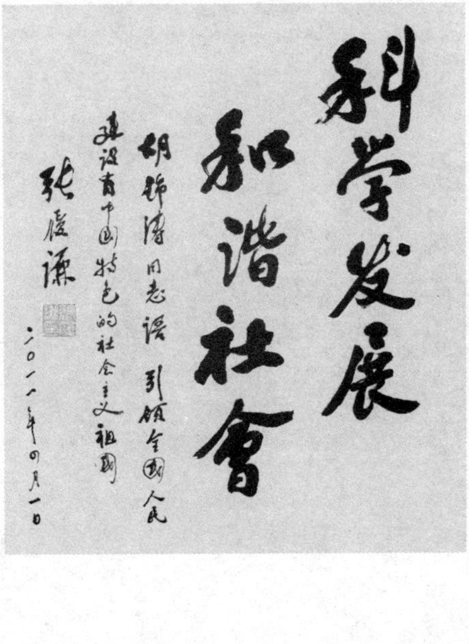
科学发展和谐社會
張履謙

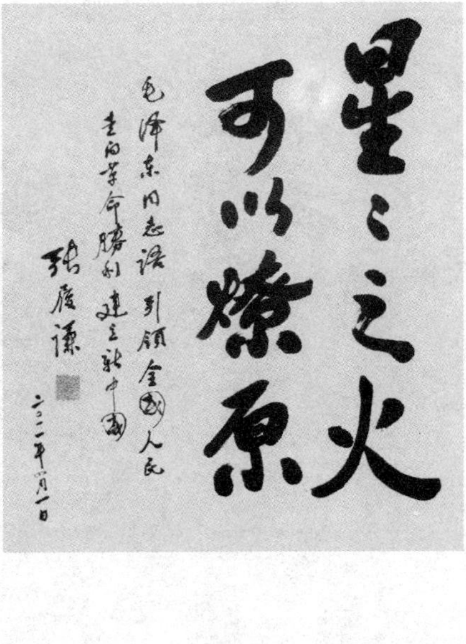
星星之火可以燎原
張履謙

【事业篇】

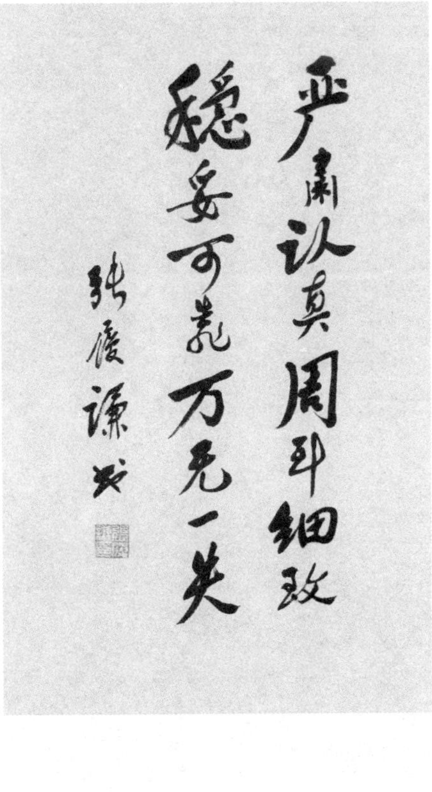

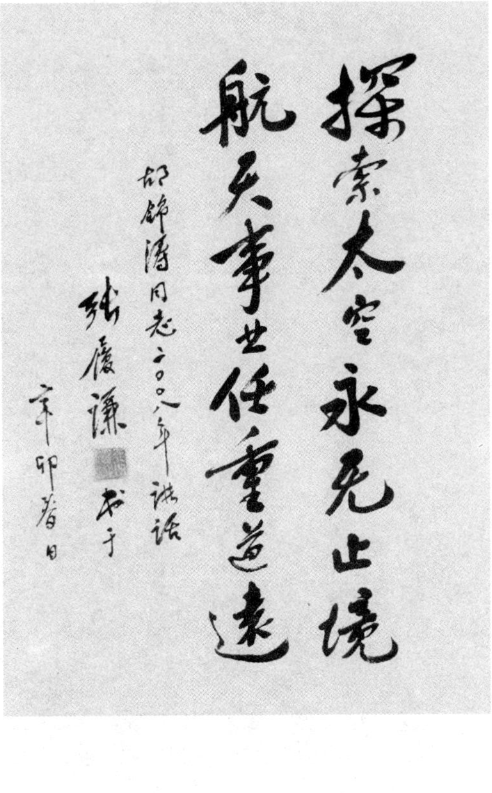

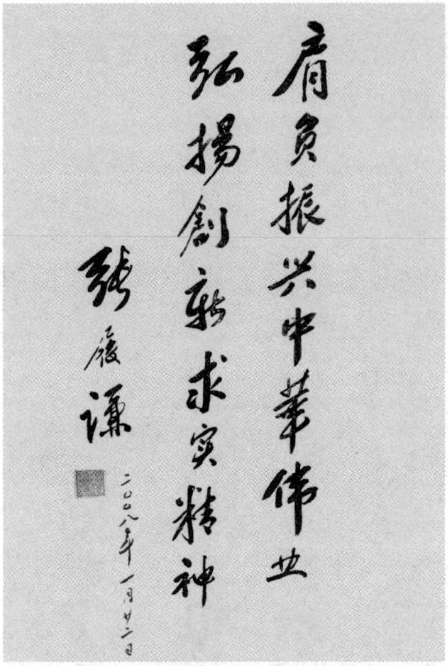
肩负振兴中华伟业
弘扬创新求实精神
张履谦
二〇〇八年一月廿二日

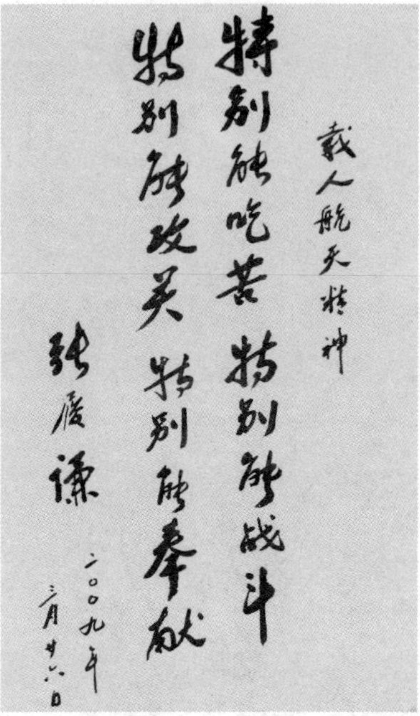
载人航天精神
特别能吃苦 特别能战斗
特别能攻关 特别能奉献
张履谦
二〇〇九年三月廿六日

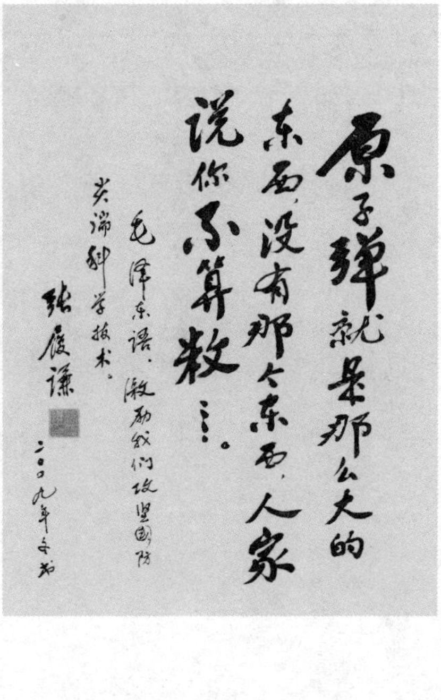
原子弹就是那么大的东西，没有那个东西，人家说你不算数。
毛泽东语，激励我们攻坚国防尖端科学技术。
张履谦
二〇〇九年手书

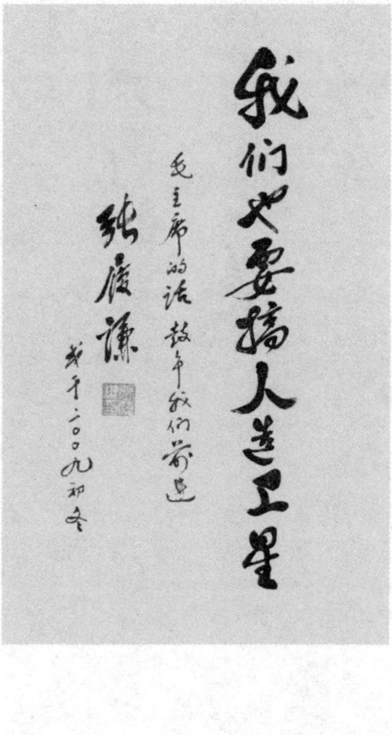
我们也要搞人造卫星
毛主席的话 鼓舞我们前进
张履谦

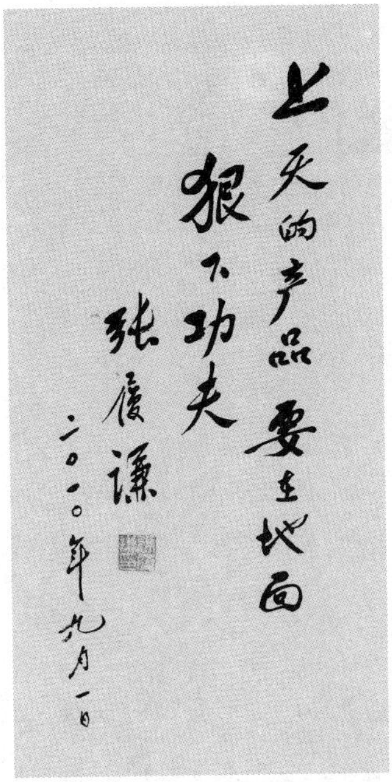
上天的产品
要在地面
狠下功夫
张履谦
二〇一〇年九月一日

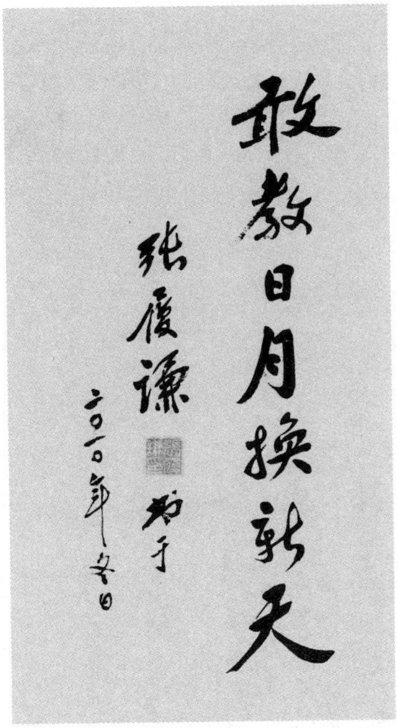
敢教日月换新天
张履谦书于
二〇一〇年冬日

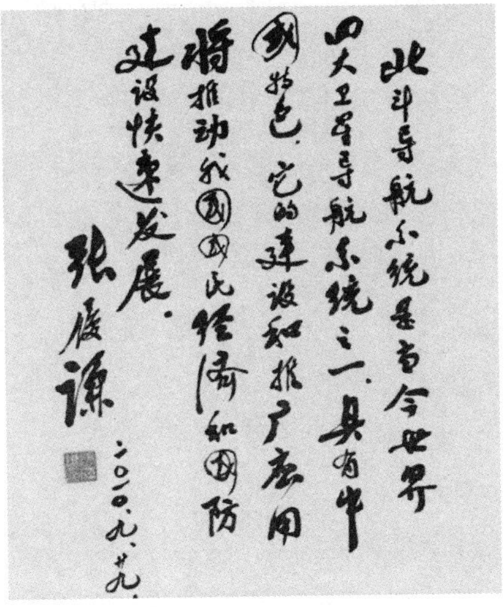
北斗导航系统是当今世界
四大卫星导航系统之一，具有中
国特色，它的建设和推广应用
将推动我国国民经济和国防
建设快速发展。
张履谦
二〇一〇.九.廿九.

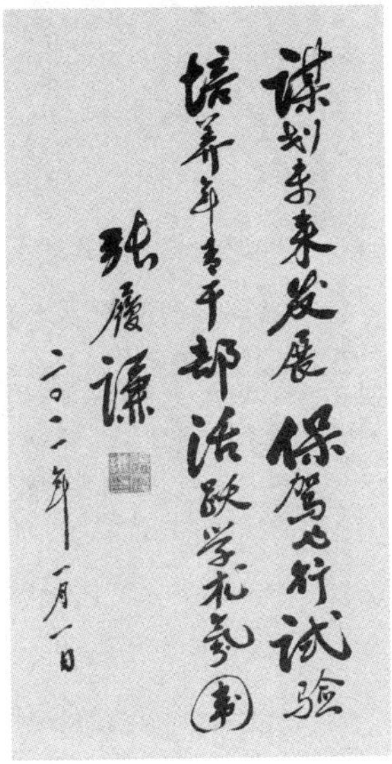
谋划未来发展 保驾飞行试验
培养年青干部 活跃学术氛围
张履谦
二〇一一年一月一日

【做人篇】

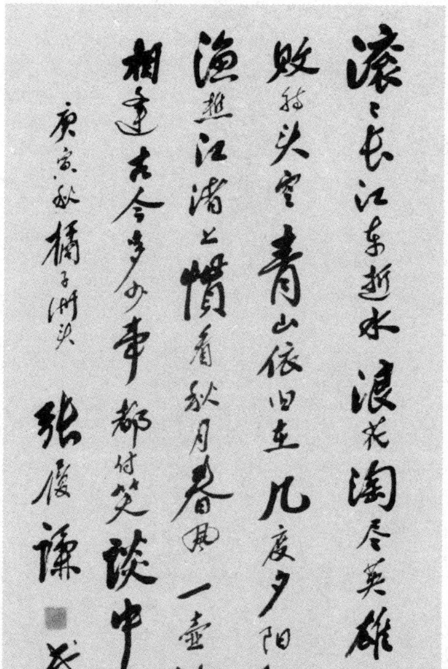
滚滚长江东逝水
浪花淘尽英雄
是非成败转头空
青山依旧在
几度夕阳红
白发渔樵江渚上
惯看秋月春风
一壶浊酒喜相逢
古今多少事
都付笑谈中
庚寅秋
张履谦

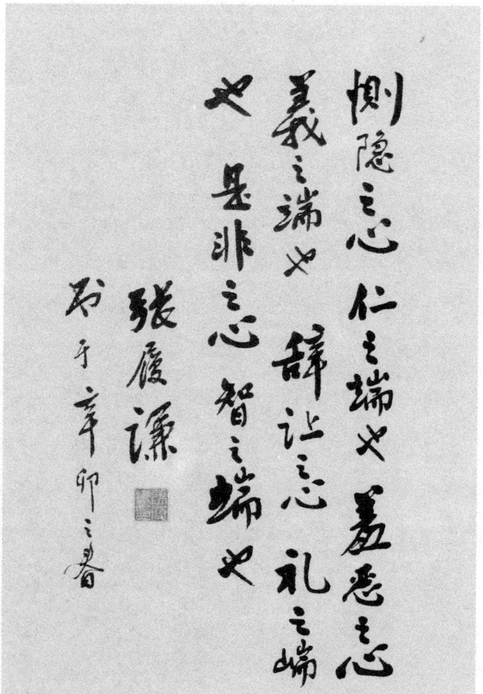
恻隐之心 仁之端也
羞恶之心 义之端也
辞让之心 礼之端也
是非之心 智之端也
张履谦
书于辛卯之春

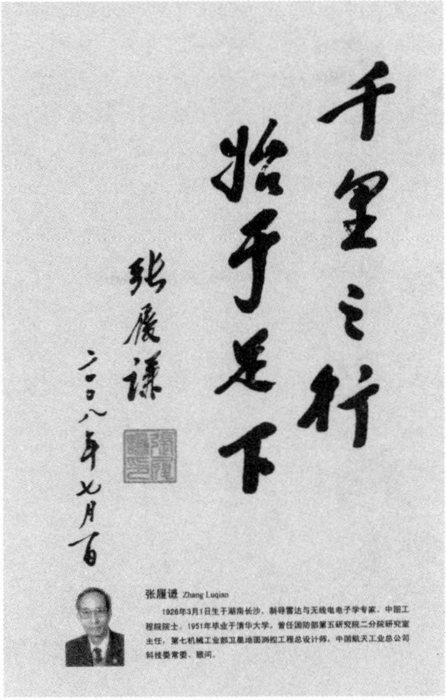
千里之行
始于足下
张履谦
二〇〇八年七月
张履谦 Zhang Luqian
1926年3月1日生于湖南长沙，制导雷达与无线电电子学专家，中国工程院院士。1951年毕业于清华大学，曾任国防部第五研究院二分院研究室主任，第七机械工业部卫星地面测控工程总设计师，中国航天工业总公司科技委常委、顾问。

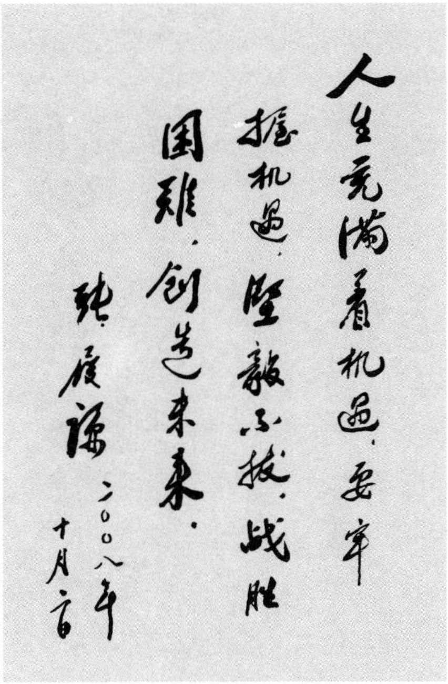
人生充满着机遇，要牢
握机遇，坚毅不拔，战胜
困难，创造未来。
张履谦
二〇〇八年
十月

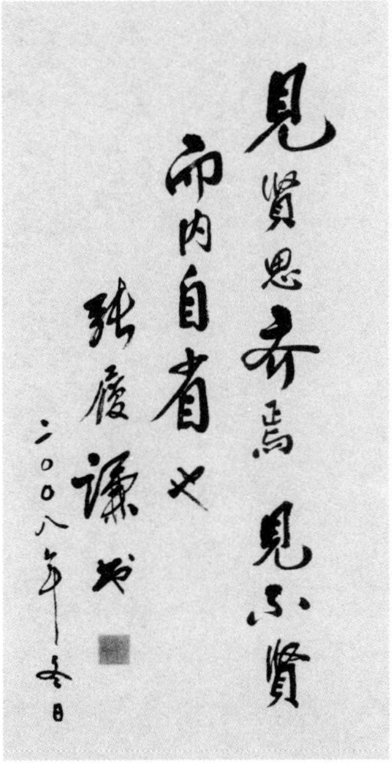
見賢思齊焉 見不賢
而内自省也
张履谦书
二〇〇八年

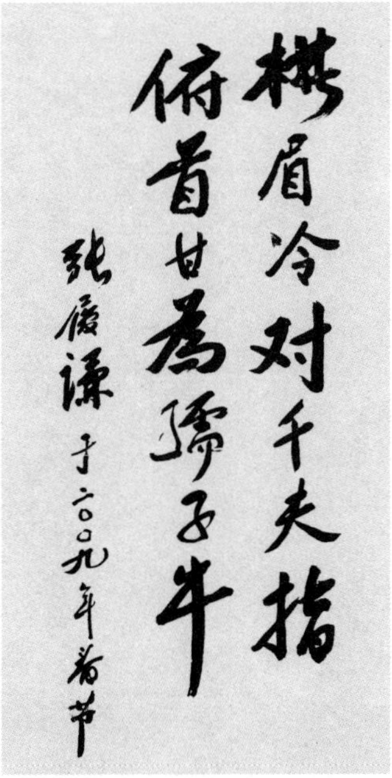
横眉冷对千夫指
俯首甘为孺子牛
张履谦 于二〇〇九年春节

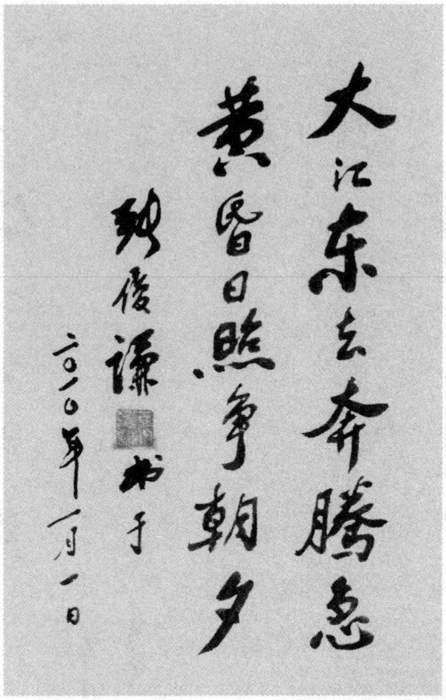
大江东去奔腾急
黄昏日照争朝夕
张履谦书于
二〇一〇年一月一日

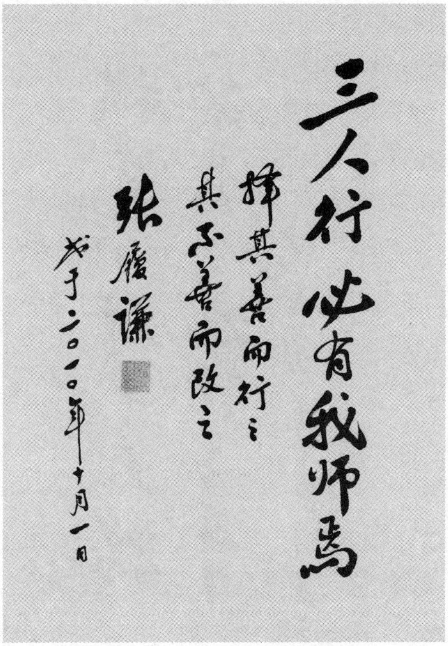
三人行必有我师焉
择其善而行之
其不善者而改之
张履谦
书于二〇一〇年十月一日

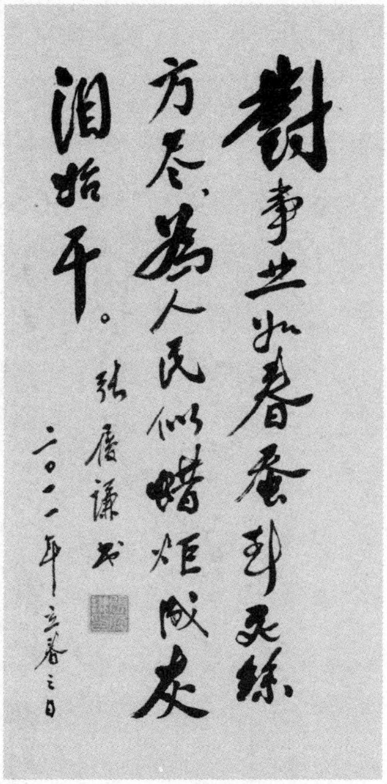
樹事业如春蚕到死丝方尽、為人民似蜡炬成灰泪始干。
张履谦书
二〇一一年立春之日

【学习篇】

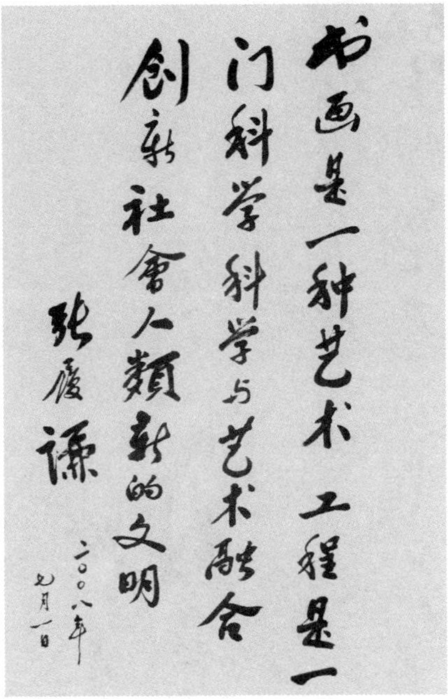
书画是一种艺术 工程是一
门科学 科学与艺术融合
创新社会人类新的文明
张履谦
二〇〇八年
七月一日

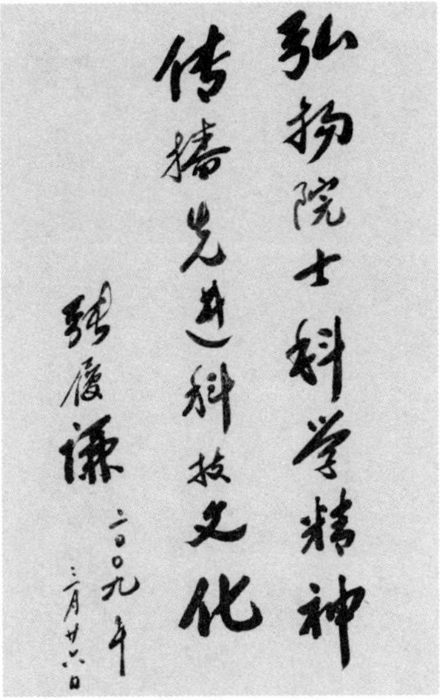
弘扬院士科学精神
传播先进科技文化
张履谦
二〇〇九年
三月廿六日

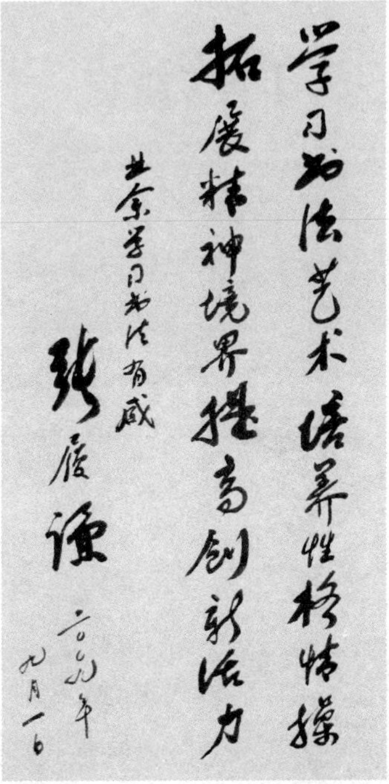
学习书法艺术 培养性格情操
拓展精神境界 提高创新活力
业余学习书法有感
张履谦
二〇〇九年九月一日

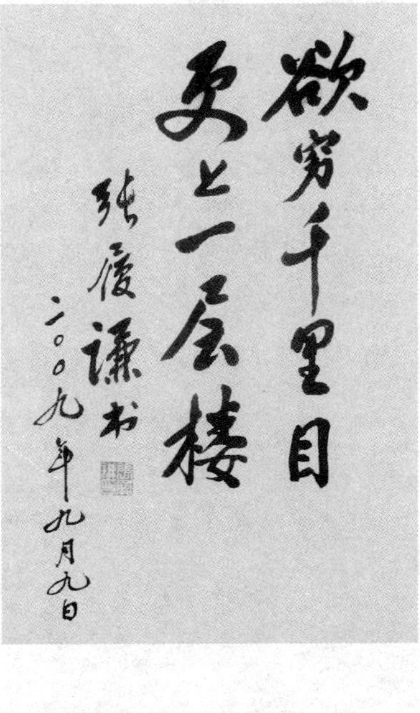
欲穷千里目
更上一层楼
张履谦书
二〇〇九年九月九日

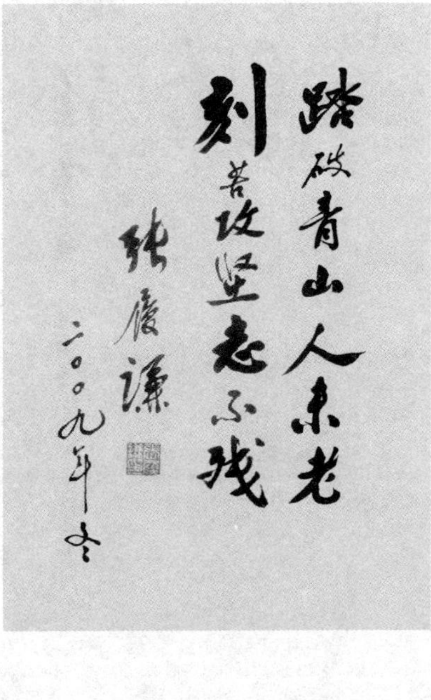
踏破青山人未老
刻苦攻坚志不残
张履谦
二〇〇九年冬

【励志篇】

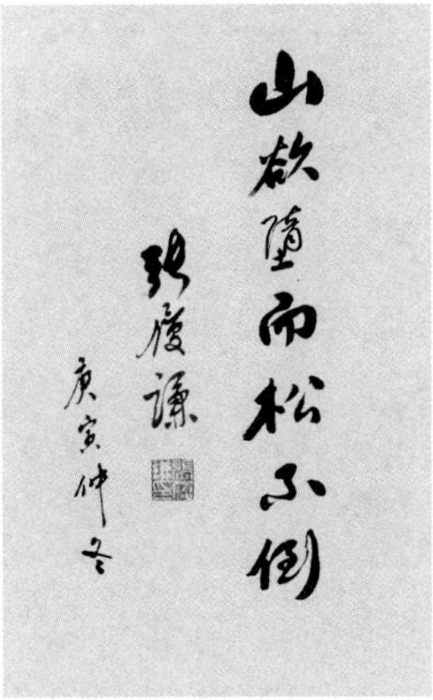
山欲堕而松不倒
张履谦
庚寅仲冬

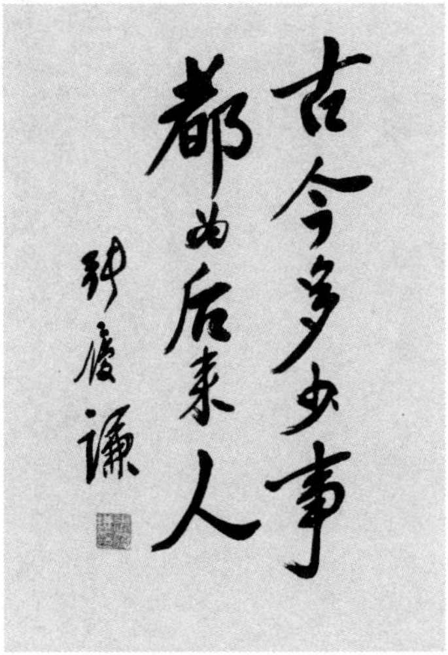
古今多少事
张履谦

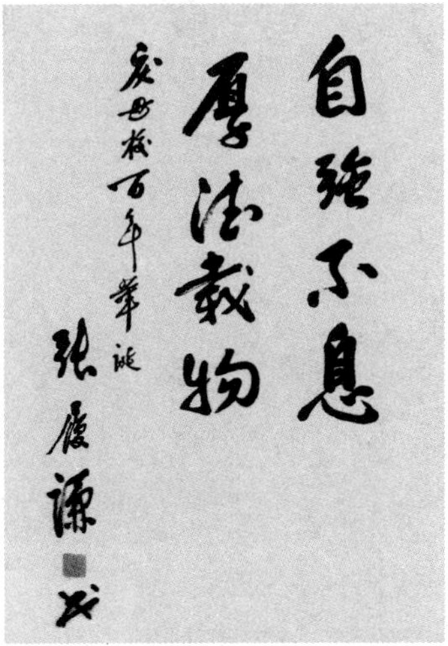
自强不息
厚德载物
庆母校百年华诞
张履谦书

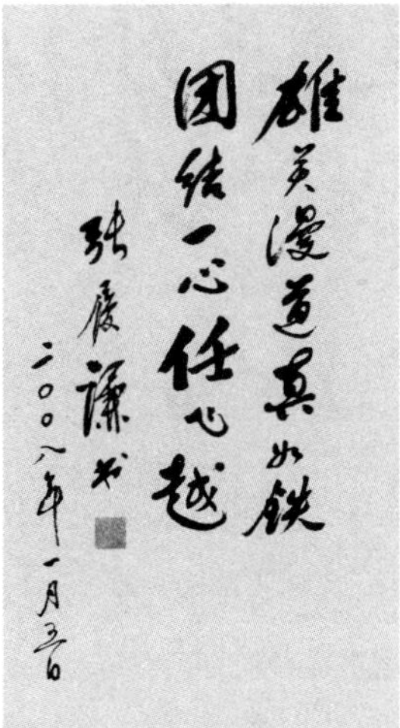
雄关漫道真如铁
团结一心任飞越
张履谦书
二〇〇八年一月三日

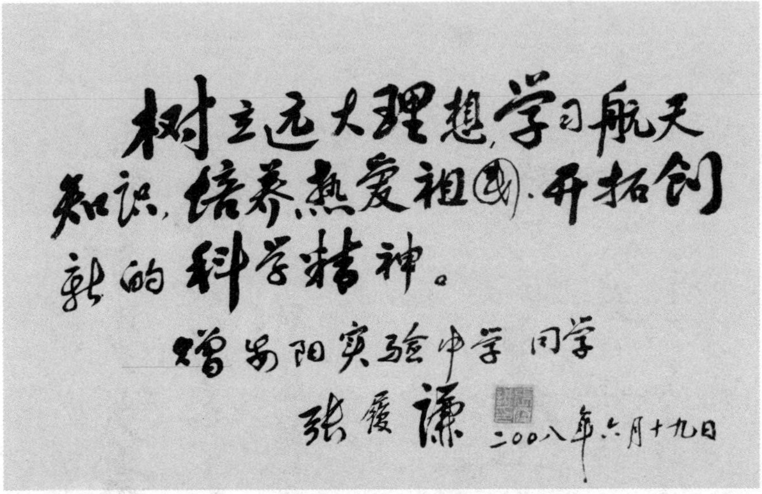
树立远大理想，学习航天
知识，培养热爱祖国、开拓创
新的科学精神。
赠安阳实验中学 同学
张履谦
二〇〇八年六月十九日

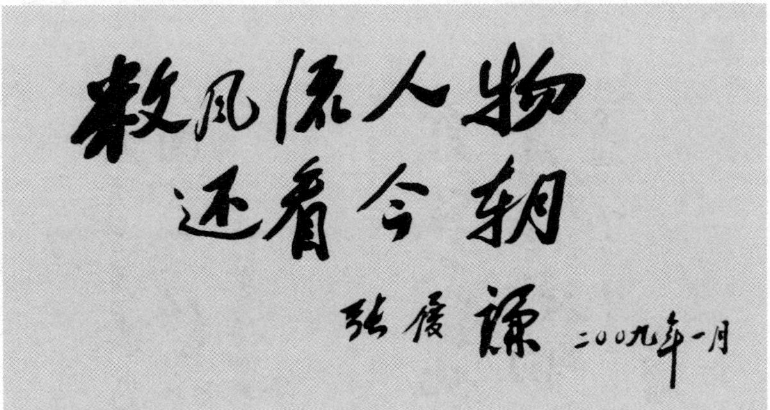
数风流人物
还看今朝
张履谦
二〇〇九年一月

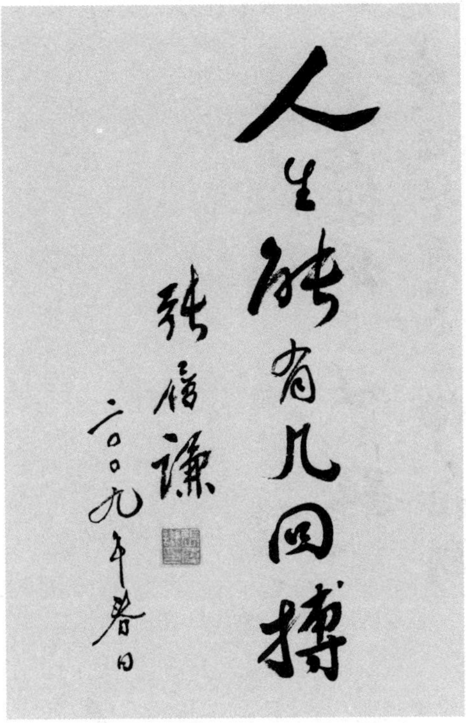
人生能有几回搏
张履谦
二〇〇九年春日

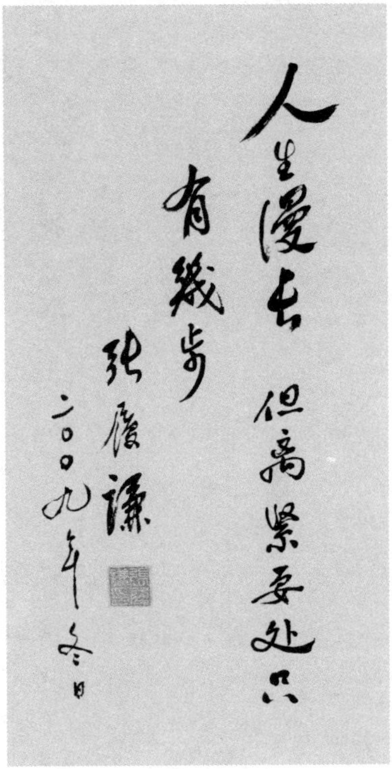
人生漫长
但离紧要处只有幾步
张履谦
二〇〇九年冬日

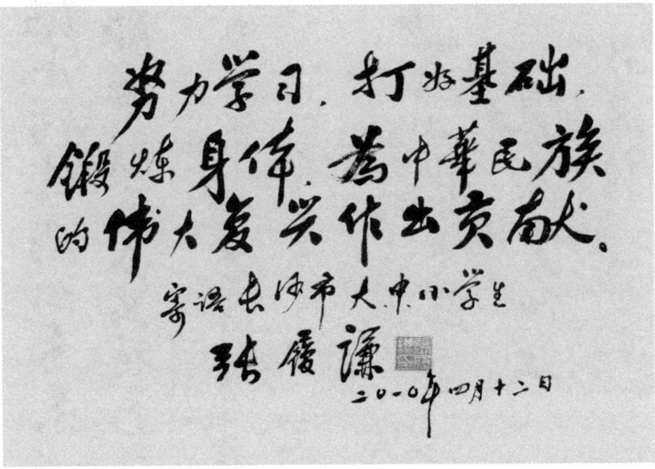
努力学习，打好基础，
锻炼身体，為中華民族
的伟大复兴作出贡献。
寄语长沙市大中小学生
张履谦
二〇一〇年四月十二日

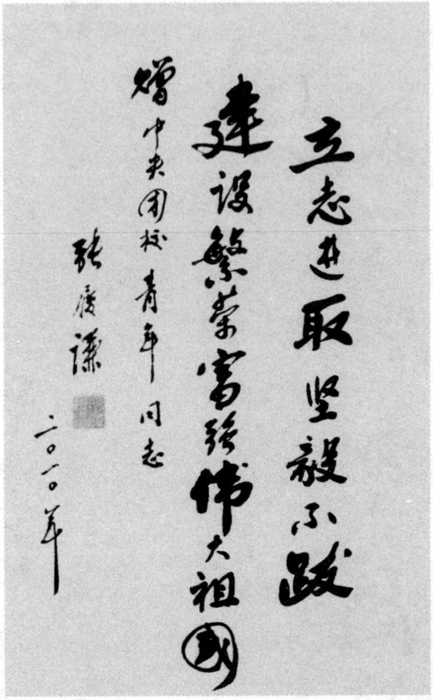
立志进取 坚毅不跋
建设繁荣富强伟大祖国
赠中央团校青年同志
张履谦
二〇一〇年

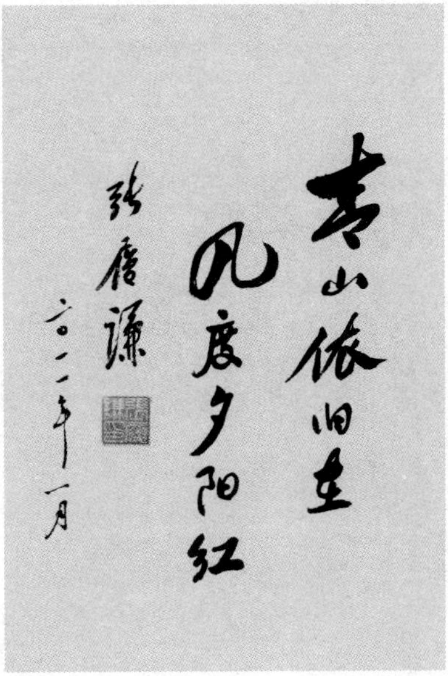
青山依旧在
风度夕阳红
张履谦
二〇一一年一月

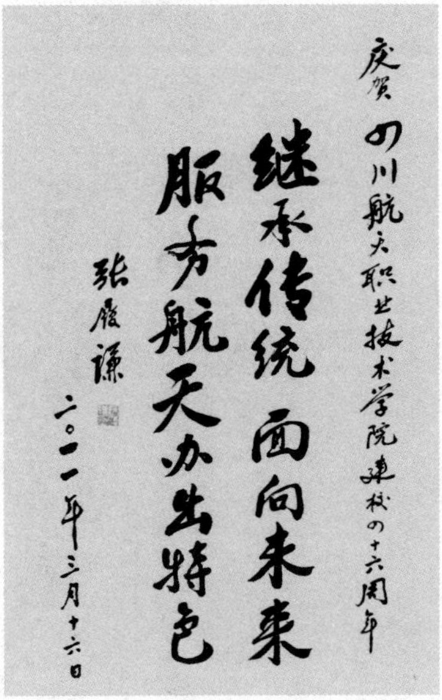
庆贺四川航天职业技术学院建校四十六周年
继承传统 面向未来
服务航天 办出特色
张履谦
二〇一一年三月十六日

【友谊篇】

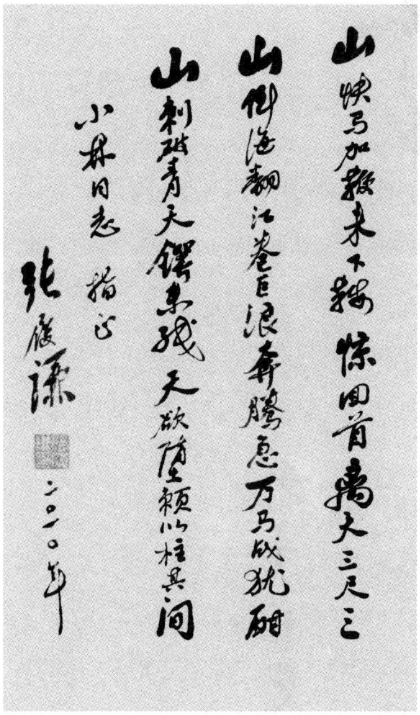
山快马加鞭未下鞍惊回首离天三尺三
山倒海翻江卷巨澜奔腾急万马战犹酣
山刺破青天锷未残天欲堕赖以拄其间
小林同志指正
张履谦
二〇一〇年

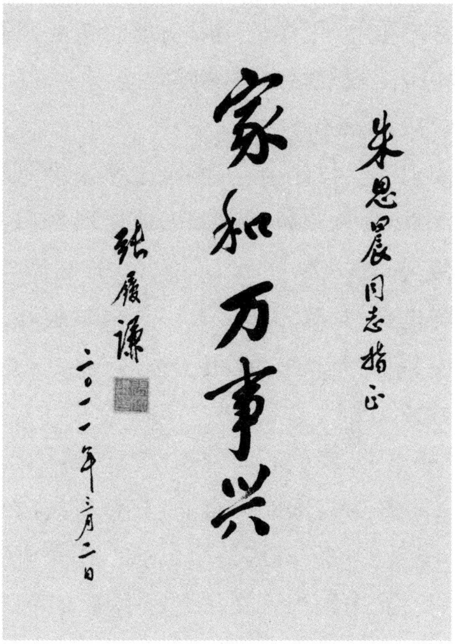
朱思晨同志指正
家和万事兴
张履谦
二〇一一年三月二日

参考文献

[1]中国科学技术协会.中国科学技术专家传略:工程技术编:航天卷2.北京:宇航出版社,2002.

[2]丛书编委会.当代中国的航天事业.北京:中国社会科学出版社,1986.

[3]国防科学技术委员会.中国航天50年回顾.北京:北京航空航天大学出版社,2007.

[4]鲁之玉等.王诤传.北京:电子工业出版社,2008.

[5]中国工程院科学道德建设委员会.工程科技的实践者.北京:中国科学技术出版社,2007.

[6]湖南省科技协会.三湘院士风采录.湖南:湖南科技出版社,2002.

[7]周立军.首都科学讲座名家讲科普(1)北京:中国出版集团中国对外翻译出版公司,2008.

[8]陈世高.党魂.北京:人民日报出版社,2007.

[9]中国航天科技集团公司企业文化部.航天人生.北京:中国宇航出版社,2005.

[10]胡群芳.我的心向着高空.北京:中国航天报,2004-08-27.

[11]李霞.为祖国航天事业点睛.科技成果管理与研究,2010,11.

[12]王凡,东平.红墙医生.北京:作家出版社,2006.

[13]黄俭.中国当代文化名家书画大系.北京:中国文联出版社,2005.

[14]四川科技馆.中国科学家书画手迹集藏.四川:四川美术出版社,2006.

后记

书稿付梓之际，犹如看见一个孕育良久的婴儿哇哇坠地，喜悦之情难以言喻。

作为我国著名的雷达与空间电子技术专家，张履谦院士见证和参与了我国航天事业、雷达与电子对抗技术发展的全过程，其身上积淀的厚重历史和爱国情怀，就像是一幅精彩壮美的人生画卷。

出生于20世纪20年代的张履谦院士历经了新中国成立前的诸多磨难。新中国成立后，他以极大的热情和高昂的斗志参与到祖国的建设中，为我国的国防和航天事业作出了重要的贡献。而支撑起张履谦院士人生的两根基柱，是对祖国的无比热爱和对党、对事业的无比忠诚。在图书写作、编辑、出版过程中，我们无时无刻不在感受张履谦院士身上闪耀的这种高尚情怀。

张履谦院士在学术上有很深的造诣，1995年当选为中国工程院院士。谈及张履谦院士，跟他工作或接触过的同事、朋友，对其厚实的专业知识积累和工作上攻坚克难的诸多事迹，无不透露着敬佩和景仰之情。作为科学家，张履谦院士谈及专业问题时热情高涨，而说到自己在事业上的成就和对国家的贡献时，却经常吝于词汇。在这不愿多谈自己的背后，是张履谦院士对名利的淡泊。

成书过程中，与张履谦院士有过许多次的接触。在与张履谦院士一起回顾他的人生历程时，他就像一位长辈，带着我们走进他那精彩壮美的人生画卷，亲自梳理着这幅画卷的线条和框架。逐渐地，张履谦院士对祖国的无比热爱，对党、对事业的无比忠诚，无私奉献、严谨求实、勇于创新的形象不断清晰。梳理这些脉络的过程，无疑使我们接受了一次次的启迪与洗礼，受益匪浅。张履谦院士等老一辈科学家身上所焕发出的爱国情怀，正是当代中国青少年身上所缺少的。

成书过程中，张履谦院士提供了诸多资料，为书增色不少，直至书稿的多次审阅修改乃至亲自补充撰写，不厌其烦，细心备至。与张履谦院士相处，完全感受不到他昔日参与多项重大国防和航天工作时的极致与威严，有的只是他作为长者的耐心与爱护。逢年过节之际，几乎每位为此书出过一点微薄之力的人，都能收到来自张履谦院士的祝福短信，寥寥数语，却是真挚情意，温暖至深，一点也没有大科学家的架子。

书稿的完成，凝聚了众多人的心血。中国社会科学院研究生院王姝等同学利用业余时间，对张履谦院士进行了多次采访，并对相关资料进行整理，大致拟定了全书的框架结构；《科学时报》记者郑金武完成了图书的部分采访和书稿前期的写作工作，并对全书标题及导语进行拟定与修改；中国宇航出版社石磊同志改写了本书的若干章节，保证了书稿的最终完成。

本书的出版得益于中国宇航出版社的帮助和支持，同时还要感谢中国航天科技集团公司科技委办公室杨利伟主任、李卫东副主任以及何立萍、周武等同志，为书稿提供的宝贵意见和建议。另外，张履谦院士的同事和朋友虽大都年逾古稀，但对受邀采访极为重视，他们为本书提供了许多极为珍贵的资料，在此一并致谢。

一位科学家的一生经历，很难通过一本书完全诠释，更难用有限的文字，涵盖科学家宽阔的胸怀、谦逊的美德和高尚的人格魅力，但我们确信这本书将是一笔不可多得的精神财富，将使读者特别是青年朋友从中汲取成长的营养。

由于我们水平有限，书中难免有挂一漏万之处，恳请广大读者批评指正。

编　者

2011 年 9 月